KB265247

개화기 종교계의 교육운동 연구

개화기 종교계의 교육운동 연구

개화기 종교계의 교육운동 연구

鄭 英 熹 著

혜안

책머리에

우리 사회가 복잡해지면서 한국사 특히 근대사에 관한 일반인의 관심이 높아가고 있다. 이러한 사회적 현상 때문에 역사학계에서도 현대사와 직접적인 연관성을 맺고 있는 근대사에 대한 관심이 크게 고조되고 있다. 아울러 이 분야에 대한 재조명 작업이 활발하게 이루어지고 있다.

그 동안 역사학계의 연구 성과에 의하면, 한국의 근대사는 국내외적으로 대립과 갈등이 심하게 표출되는 가운데 악순환이 거듭된 민족적 시련기 내지는 격동기였다고 보고 있다. 그렇지만 한민족은 어려운 조건 속에서도 민족사적 고난을 스스로 극복하기 위하여 끊임없이 노력해 왔다. 특히 반봉건·반외세에 대한 민중의 투쟁의식은 '자주부강'을 목표로 실력양성운동을 전개하면서 이를 자주적인 근대국가를 건설하기 위한 교육개혁운동으로 승화·발전시켰다.

근대교육에 관한 연구는 그 동안 선배학자들의 관심이 집중되면서 많은 논저가 출간되었다. 그러나 이들 대부분은 교육사나 교육사상사 연구에 초점이 맞추어져 있다. 더구나 개화기 근대교육의 발전에 직·간접으로 많은 영향을 미친 종교계의 교육운동에 관한 연구는 각 교계를 중심으로 단편적인 연구성과가 있을 뿐이다. 따라서 종교계 교육에 관한 총체적이고 종합적인 연구는 이루어져 있지 않은 실정이다.

그러므로 필자는 현실의 시대적 요청에 부응함과 동시에 한국 근대사의 발전과정을 올바르게 규명하기 위한 시론으로서 교육입국을 내세우면서 근대화운동에 적극 동참하였던 종교계의 교육운동을 종합적으로 고찰하였다. 그러나 막상 책으로 묶어 세상에 내놓으려니 미흡한 점이 적지 않아 기쁨보다는 두려움이 앞선다. 그렇지만 불충분한 내용을 다시 깁고 다듬어 계속 보완해 나가겠다는 생각에서 이 졸고를 출판하기로 결심하였다. 선후배제현의 많은 질책과 지도와 편달이 있기를 바라는 바이다. 아울러 본서가 독자들에게 개화기 종교계의 근대교육은 물론 근대교육사 내지는 근대사 더 나아가 한국사를 총체적으로 이해하는 데 조금이라도 도움이 된다면 더 없는 보람으로 생각하겠다.

끝으로 이 책이 출간되기까지 어려울 때마다 필자에게 힘을 주시고 격려해 주신 여러분들에게 감사를 드린다. 특히 필자에게 배움의 길을 인도해 주신 韓興壽 선생님, 본 연구 전반에 걸쳐 적극적인 지도와 격려로 시각의 폭을 넓혀 주신 車文燮·李炫熙·元裕漢·宋炳基·金鎬逸 선생님께 마음속 깊이 존경과 감사를 드린다. 그리고 이 책을 세상에 내놓을 수 있도록 편집에서 출판에 이르기까지 적극 협조해 주신 혜안출판사의 오일주 사장님과 편집부 여러분의 헌신적인 노고에도 깊은 감사를 드린다.

1998년
龍鳳下에서
鄭英熹 씀

차 례

제1장 서론

한국사에서 19세기 말부터 20세기에 이르는 시기는 전통적인 유교사회를 근대적 사회체제로 혁신하여 근대국가로의 발전적 계기를 마련하고자 했던 변혁기였다. 따라서 이 시기를 일반적으로 '개화기'·'개항기'·'애국계몽기'라고 지칭하고 있다.[1]

이런 점에서 한국 개화기는 유교사회의 전통체제에서 탈피하여 서구적인 근대화를 이룩하려는 개화의 열망이 고조되던 시기였다. 뿐만 아니라 일본을 비롯한 서양 열강이 한국을 대상으로 이권쟁탈을 가속화시킨 한민족의 시련기이며, 동시에 제국주의 열강이 세계시장 지배체제를 구축하기 위해 한국에 대한 경제적 침탈을 가속화시킨 시기이기도 하다. 근대사상은 이러한 사회적 현상에 대한 불만과 유교적 전통사회에 대한 비판의식 속에서 싹트기 시작하였다. 때문에 개화기 근대교육 역시 전통적인 유교교육 체제에서 벗어나 서양의 신문화·신문물을 적극 수용하는 데 주력하였다. 이러한 의미에서 개화기의 근대교육은 전통사회에서 근대사회로의 전환을 도모하기 위한 근대화운동의 일환으로 추진되었다.

근대화 과정에서 각계의 지도층 인사들은 급변하는 시국에 대처하는 데 많은 인식의 차이를 보이고 있었다. 하지만 그들이 지닌 인식의 차이는 근대화를 추진하는 과정에서 표출되었기 때문에 결국 다양한

---

1) 姜在彦, 『近代朝鮮の變革思想』, 東京 : 評論社, 1973 ; 李光麟, 『韓國開化史研究』, 一潮閣, 1969 ; 申淳鐵, 「愛國啓蒙運動期의 儒教改革思想運動」, 『韓國宗教』 8, 圓光大宗教問題研究所, 1983.

사회변혁운동을 추동시키는 주동력으로 작용하게 되었다. 때문에 개화
자강론자들조차도 각기 다른 개혁사상을 통하여 민중들에게 개화의식
을 고취시키기 위한 애국계몽운동에 앞장섰을 뿐만 아니라 '자주'·'자
강'을 목표로 한 교육근대화운동에도 적극 동참하였다.[2] 근대화를 이
룩하려는 개화의 열망이 고조된 변혁기에 표출된 이러한 근대교육에
관한 제 문제를 고찰함으로써 한국사에서 개화기 교육이 갖는 역사적
성격과 그 의의를 규명하고자 한다.

근대교육에 관한 연구는 이미 선배 학자들의 많은 관심과 노력이 집
중된 결과 적지 않은 논문[3]과 연구서[4]가 출간되었다. 하지만 이들 연
구는 대부분 근대교육사와 교육사상을 살피는 데 집중되어 있다. 그러
므로 개화기 근대교육에 직·간접으로 영향을 미친 종교계의 교육활
동에 관한 연구는 상대적으로 미흡한 실정이다. 그리고 종교계의 교육
활동도 각 교계에서 단편적인 사례연구로 발표되었을 뿐이다.

개화기 종교계의 근대교육에 관한 연구성과를 살펴보면, 그나마도
기독교계와 천도교(동학)계에 집중되고 있다. 즉 김양선의 「한국 근대
교육사상에 있어서 기독교학교의 위치와 그 공헌」을 비롯하여 기독교

---

2) 金光敏, 『開化期의 敎育近代化論議에 관한 研究』, 서울大 博士學位論文,
   1985.
3) 金敬泰, 「韓國近代敎育形成의 思想的 背景」, 『梨花史學研究』 10, 1978 ; 金
   鎬逸, 「近代私立學校의 設立理念 研究」, 『史學研究』 23, 1973 ; 金鎬逸, 「韓
   國近代敎育의 成立」, 『韓國史學』 2, 韓國精神文化研究院, 1980 ; 李起龍,
   「韓國近代敎育機關의 發展過程」, 『牧圓大論文集』 2, 1983 ; 李元浩, 「近代
   民族敎育의 展開와 葛藤」, 『釜山大敎育論集』 3, 1978 ; 丁淳睦, 「韓國開化
   敎育의 理想과 展開」, 『韓國敎育研究』 1, 精文研, 1980 ; 車文燮, 「舊韓末 武
   官學校 研究」, 『亞細亞問題研究』 16-2, 1973 ; 崔明仁, 「韓國近代의 敎育運
   動」, 『人文科學研究』 2, 聖信女大, 1982 ; 鄭英熹, 「開化期 近代學校 設立에
   관한 研究」, 『龍巖車文燮敎授回甲紀念 史學論叢』, 1989.
4) 金元姬, 『韓國의 開化敎育思想』, 載東文化社, 1979 ; 孫仁銖, 『韓國開化思想
   史』, 載東文化社, 1964 ; 孫仁銖, 『韓國開化敎育史』, 延世大出版部, 1971 ;
   孫仁銖, 『韓國開化敎育研究』, 一志社, 1981 ; 吳天錫, 『韓國新敎育史』, 現代
   敎育叢書出版部, 1964 ; 車錫基, 『韓國民主主義 敎育研究』, 進明文化社,
   1978 ; 韓基彦, 『韓國敎育史』, 博英社, 1963.

계의 근대교육과 관계된 연구서5)가 대부분을 차지하고 있다. 그리고 유교계의 근대교육에 관한 연구는 신용하의 개신 유교계 사상을 다룬 「박은식의 유교구신론·양명학론·대동사상」과 「신채호의 애국계몽사상」 정도가 고작이었으나 근간에 이르러 몇 편의 논문이 간헐적으로 발표되고 있다.6) 또 불교계의 근대교육에 관한 연구 역시 남도영의 「개화기 사원의 교육제도」를 비롯하여 5편에 불과하다.7) 이에 비하여 천도교(동학)계의 활동에 관한 연구는 매우 활발하여 가장 많은 연구서가 발표되었다.8) 그렇지만 천도교계의 근대교육과 관련한 연구는 장대회의 「동학의 민중교육사상연구」와 최무석의 「동학의 민족교육운동」 등이 있다. 그 이외에는 대부분 사회사 내지는 사상사 측면에서 종

---

5) 金良善, 「韓國 近代教育思想에 있어서 基督教學校의 位置와 그 貢獻」, 『崇實大論文集』 3, 1970 ; 金亨錫, 「韓國近代史와 基督教教育」, 『韓國의 近代化와 基督教』, 崇實大基督教文化研究所, 1983 ; 李春蘭, 「美國監理教 朝鮮宣教部의 宗教教育活動」, 『한국문화연구원논총』 23, 梨花女大韓國文化研究院, 1974 ; 李廷彬, 「韓國教育에 미친 新·舊教影響에 관한 研究」, 『林漢永博士華甲紀念論叢』, 1979 ; 李忠浩, 「舊韓末 天主教의 教育活動」, 『歷史教育論集』 4, 1983 ; 鄭在哲, 「韓日合邦初期의 基督教主義 研究」, 『中央大論文集』 9, 1964 ; 洪德昌, 「基督教가 韓國開化 및 學校教育에 미친 影響」, 『總神大論文集』 4, 1984 ; 白樂濬, 『韓國改新教史』, 延世大出版部, 1973 ; 柳洪烈, 『韓國天主教會史』, 카톨릭大出版部, 1963.

6) 金孝善, 『朴殷植의 教育思想研究』, 延大大學院 博士學位論文, 1985 ; 愼鏞廈, 「朴殷植의 儒教求新論·陽明學論·大同思想」, 『歷史學報』 73, 1977 ; 愼鏞廈, 「申采浩의 愛國啓蒙思想」, 『韓國學報』, 一志社, 1980 ; 李光麟, 「書堂에서 學校로」, 『韓國現代史』, 新丘文化社, 1969.

7) 南都泳, 「開化期 寺院의 教育制度」, 『南溪曹佐鎬博士回甲紀念論叢』, 1977 ; 南都泳, 「韓國寺院 教育制度」, 『歷史教育』 28, 1980 ; 南都泳, 「舊韓末의 明進學校」, 『歷史學報』 90, 1981 ; 朴善泳, 『佛教의 教育思想』, 同和出版社, 1981 ; 韓基斗, 『韓國佛教思想研究』, 一志社, 1980.

8) 李元浩, 「東學의 人間觀과 現代教育的 意味」, 『韓國傳統教育思想』, 精文研, 1983 ; 李炫熙, 『韓國近代史와 民衆意識』, 探求堂, 1981 ; 李炫熙, 『東學思想과 東學革命』, 청아출판사, 1984 ; 李炫熙, 『東學革命과 民衆』, 大光書林, 1986 ; 崔東熙, 「東學의 基本思想」, 『韓國史學』 1, 1980 ; 崔武錫, 「東學의 民族教育運動」, 『教育哲學』 4, 韓國教育哲學會, 1983 ; 吳知泳, 『東學史』, 永昌書館, 1940 ; 李敦化, 『天道教創建史』, 天道教中央教理院, 1933.

교계의 근대화운동을 분석하는 한계성을 탈피하지 못하고 있다.

따라서 필자는 개화기 근대교육의 역사적 성격을 규명하기 위한 작업의 일환으로 개화기 종교계의 교육운동을 총체적으로 고찰해 보고자 한다. 먼저 개항 이후 근대교육을 통한 민중계몽운동이 싹트기 시작한 이래 1910년 일본 제국주의에 국권이 피탈된 속에서도 줄기차게 전개되어 온 종교계의 근대교육운동에 대하여 분석하고자 한다. 즉 개화기 종교계의 근대교육운동에 대한 실상을 근대화라는 목표에 투영시켜 어떻게 전개되었는지를 파악해 보고자 한다. 아울러 각 종교계의 선각자들에 의해서 전개되었던 구국적인 교육활동의 실체도 함께 살펴보고자 한다.

제2장에서는 개화기 근대교육활동을 민중계몽운동과 주권수호운동에 초점을 맞추고 그 기반이 되었던 근대교육사상의 형성과정과 역사적 배경을 파악하고자 한다. 이를 위하여 개화의 개념과 개화기의 기점, 그리고 근대화로의 의식변혁을 위한 사회적·사상적 배경을 살펴봄으로써 민족교육의 발전과정을 고찰해 보고자 한다.

제3장에서는 서양의 신사상과 신문물에 대한 관심이 고조되면서 크게 부각되기 시작한 근대교육의 이념과는 상반된 유교계의 근대교육 실상을 규명해 보고자 한다. 이를 위하여 전통적인 유교계 교육의 역사적 배경을 파악하고, 이를 토대로 유교계가 개화기의 근대교육에 어떻게 대처하여 왔는가를 고찰함으로서 개화기 유교계 근대교육의 변천과정을 파악하고자 한다.

제4장에서는 삼국시대 이래 한민족을 정신적으로 이끌어 오면서도 조선의 배불정책으로 인하여 침체를 면치 못하고 있던 불교계가 개화기의 근대교육에 어떻게 대처하면서 발전하여 왔는가를 규명하고자 한다. 이를 위하여 먼저 불교계 교육의 역사적 배경과 근대교육의 개편과정을 살펴보고자 한다. 그리고 불교계가 자체 교육기관을 어떻게 개편시키면서 근대교육체제로 연계시켜 왔는가를 분석하여 개화기 불교계의 근대교육 실태와 변천과정을 파악하고자 한다.

제5장에서는 근대교육의 시금석을 마련하는 데 절대적인 영향을 미친 기독교계의 근대교육이 전통적인 유교교육 내지는 유교사상과의 관계를 어떻게 접목시키면서 근대교육으로 발전하여 왔는가를 규명해 보고자 한다. 이를 위하여 기독교가 수용된 사회적 배경과 근대교육을 통한 민중계몽운동을 살펴보고자 한다. 특히 기독교 선교사들의 포교활동 속에서 나타난 교육이념과 근대교육을 위한 기독교계의 교육사업활동, 그리고 근대학교 설립운동의 실태를 고찰함으로써 근대교육사에서 기독교계가 차지하고 있는 역사적 의의를 도출해 보고자 한다.

제6장에서는 서양의 신사상과 신문물이 전래되면서 민족정신의 정체성을 확보해야 한다는 구국적 사명감에 입각하여 한민족의 주체성을 강조하면서 민족정신을 일깨워 주는 데 앞장섰던 천도교(동학)계 근대교육의 성격을 규명해 보고자 한다. 이를 위하여 천도교가 창도된 사회적 배경과 조직 그리고 동학의 사상적·교육적 지도이념과 이에 따른 교육사업활동을 고찰함으로써 천도교계의 민족교육운동의 실상을 파악해 보고자 한다.

이와 같은 연구를 목적으로 개화기에 종교계가 근대화 과정에서 담당한 사회적 역할이 무엇이었던가를 규명하고자 한다. 그것은 종교계의 근대교육 실태와 그 발전과정을 고찰함으로써 개화기 종교계의 근대교육운동은 물론 근대교육의 성격을 규명할 수 있을 것이라고 사료되기 때문이다. 또 이를 토대로 근대교육사 내지는 근대사, 더 나아가 한국사의 발전과정에서 종교계가 추진하였던 근대교육활동의 역사적 성격과 의의를 도출해 낼 수 있을 것으로 생각한다.

제2장 개화기 교육의 사회적 배경

1. 개화기 교육의 사상적 배경

1) 개화의 개념과 기점

교육이란 "한 사회의 공동목적과 관계를 맺고 있는 일련의 실제적 활동"이라고 말하고 있다.[1] 그러나 교육은 그 형태가 다양하게 분화된다 하여도 일정한 사회적 기반 위에서 수행될 수밖에 없다. 더구나 교육은 인간의 활동을 전제로 하고 있다는 점에서[2] 사회개혁의 원천적인 힘은 민중의 교육 내지는 민중의 교화에 바탕을 두고 있다. 때문에 진정한 사회개혁은 교육을 통하여 사람들의 기존 의식을 바꾸게 할 때에만 이룩할 수 있다.

이런 점에서 개화기 민족선각자들의 개화사상은 곧 넓은 의미의 교육사상을 내포하였을 뿐만 아니라 민중교육이나 개화를 통하여 근대화를 추진하려 하였다는 데 그 특징이 있다. 따라서 개화사상은 근대화를 실현할 수 있는 계기를 맞게 된 근대사상으로 인식되었을 뿐만 아니라 교육개혁을 통하여 근대화를 추진하려 했던 교육근대화운동이었다고 이해할 수 있다.[3]

---

1) D. J. D. Commer 著, 成起山 譯, 『敎育哲學』, 集文堂, 1982, 112쪽.
2) 金仁會, 『韓國人의 價値觀』, 文音社, 1980, 25쪽.
3) 근대교육에 관한 연구 논문의 대략을 정리하면 다음과 같다. 金敬泰, 「韓國近代敎育形成의 思想的 背景」, 『梨花史學研究』10, 1978 ; 金鎬逸, 「近代私

특히 한국에서의 개화사상은 근대화로의 발전과정에서 보다 더 진보적인 사상으로 인식되었다. 그러므로 개화사상은 일반적으로 "지혜가 열리고, 사상과 민속이 진보한다"는 의미로 사용되어 왔다. 이런 점에서 '개화'는 곧 '개국' 또는 '근대화'라는 의미와 동일한 개념으로 인식되었다. 따라서 개화운동은 서양의 선진 과학기술은 물론 서양문물에 관한 새로운 지식을 적극 수용하여야 한다는 근대화운동으로 간주되어 왔다.

그러면 개화사상가들은 '개화'의 의미를 어떻게 수용하였는가를 살펴보자.

黃玹(梅泉 : 1855~1910)은 「言事疏」에서 "대저 개화라고 말하는 것은 별건이 아니라 개물화민을 말하는 데 불과한 것이다. 그런즉 개물화민 하는데 그 근본이 없이 이에 이를 수 있겠는가"[4]라고 정의내림으로써 '本'을 무시한 '末'로만 개화를 이룩할 수 없다고 주장하고 있다. 그가 지적한 '본'이란 親賢遠姦·愛民·節用·信賞必罰 등의 정신적 측면을 강조한 것이다. 그리고 '말'이란 軍隊·技術·貿易 등의 물질적 측면을 지칭한다. 이런 점에서 황현은 개화를 위해서는 물질적 측면보다는 정신적 측면이 선행되어야 한다는 점을 강조하고 있다.

兪吉濬(矩堂 : 1854~1914)은 『西遊見聞』에서 "대개 개화라는 자는 인간의 천사만물이 지선극미흔 경역에 抵흠을 謂흠"[5]이라 규정하고,

---

立學校의 設立理念 研究」, 『史學研究』 23, 1973 ; 金鎬逸, 「韓國近代教育의 成立」, 『韓國史學』 2, 精文研, 1980 ; 李起龍, 「韓國近代教育機關의 發展過程」, 『牧園大論文集』 2, 1983 ; 李元浩, 「近代民族教育의 展開와 葛藤」, 『釜山大教育論集』 3, 1978 ; 丁淳睦, 「韓國開化教育의 理想과 展開」, 『韓國教育研究』 1, 韓國精神文化研究院, 1980 ; 車文燮, 「舊韓末 武官學校 研究」, 『亞細亞問題研究』 16-2, 1973 ; 鄭英熹, 「開化期 近代學校 設立에 관한 研究」, 『龍巖車文燮教授回甲紀念論 史學論叢』, 1989.

4) 黃玹, 『梅泉集』 卷7, "夫開化云者 非別件也 不過開物化民之謂 則開物化民 可以無其本 而致之乎 若親賢遠姦·愛民·節用·信賞必罰之類 則所謂本也 若鍊軍伍 利器機通商販之類 則所謂末也 西人之法 雖與中國異 今考彼所謂 萬國史 則其興也 必由於立基本 苟無本山 雖强必弊興亡之跡 種種可考 由是觀之 開化之名屬創見 其實與中國之治 無以異也".

이어서 개화의 방법에 대해서

> 五倫의 行實을 純篤히 ㅎ야 人이 道理를 知ᄒ則 此ᄂ 行實의 開化
> 며 …… 學術의 開化며 …… 政治의 開化며 …… 法律의 開化며 ……
> 機械의 開化며 …… 物品의 開化[6]

라고 구체적으로 설명하였다. 즉 '개화'란 인간이 마땅히 실천해야만 하는 것으로 인륜·도덕을 근간으로 학술·정치·법률·기계·문물 등을 한 차원 높은 단계로 발전시키는 것이라고 규정하였다. 그러므로 누구라도 더욱 발전된 개화를 이룩하기 위해서는 "千事와 萬物을 窮究ᄒ며 經營ᄒ야 日新ᄒ고 又日新ᄒ기를 기약"하여야 한다는 점을 특별히 강조하였다. 즉 유길준은 서구의 선진국들로부터 새로운 문물을 수용하여 종래와 다른 새로운 문화와 문명을 창조하자고 주장하였다. 이런 점에서 유길준의 개화론은 방법론적으로 사물에 대한 이치의 근본을 밝혀 국가의 시세에 맞도록 하자는 '實狀開化論'과, 사물상의 지식이 부족하면서도 함부로 시행하여 경비만 낭비하는 풍조를 지양해야 한다는 '虛名開化論'으로 양분할 수 있다.[7]

한편 徐載弼(松齋 : 1863~1951)은 『독립신문』에서 개화란 "실샹디로 만ᄉ를 힝ᄒ자는 뜻시라"고 정의내리고, 개화의 실천 방향에 대하여 "사람의 일과 물건의 이치를 時勢를 따라 극진한 데 나아감이 곧 개화라"고 주장하였다.[8] 그것은 인간의 사고나 행위에 있어서 시세에 순응하지 않는 불합리적이고 虛한 것을 배제하면서 시세의 변화에 따라가는 합리적이고 實한 것을 얻어야 한다는 점을 강조한 것으로 이해할 수 있다.

그런데 開化 또는 文明化에서 '化'의 의미(뜻)에는 교화라는 말에서 표현되어 있는 바와 같이 인도한다는 의미가 내포되어 있다. 그런 만

---

5) 兪吉濬全書刊行委員會, 『兪吉濬全書(1)』, 一潮閣, 1971.
6) 兪吉濬, 「開化의 等級」, 『西遊見聞』, 東京 : 交詢社, 1985, 375쪽.
7) 兪吉濬, 위의 글, 375~380쪽.
8) 『독립신문』 1896년 1월 20일.

큼 개화사상은 근대지향적인 의식이 강한 민족지도자들이 민중을 계
도하면서 문화와 문명을 한 단계 높여 보다 나은 세계로 끌어올리려는
진보적인 교육사상과도 일치하는 것으로 이해할 수 있다. 이런 점에서
한국의 개화사상은 서양의 계몽주의 내지는 계몽사상과도 맥을 같이
하고 있다. 여기서 말하는 계몽은 곧 물질적인 근대화의 개명이 아니
라 정신적인 근대화로서의 교육이라는 뜻과 같은 의미로 사용되었다.[9]
때문에 교육의 기능은 사회적 문화현상에 대한 적응 능력을 길러 주는
문화전달의 기능과 새로운 문화를 창조하려는 능력을 배양해 주는 문
화개조의 기능을 동시에 지니고 있다고 할 수 있다.[10] 따라서 개화사
상이나 계몽사상은 모두 전근대적인 사회현상을 보다 근대적인 사회
현상으로 한 단계 발전시키려는 교육사상과도 일치한다.

이렇게 보면 개화라는 단어(낱말)는 다양한 의미로 정의·사용되고
있는 것처럼 보이지만, 결국 물질적 개명과 정신적 개화를 통한 근대
화라는 의미로 통용되었음을 짐작할 수 있다. 그렇다면 개화란 낡고
전통적인 문화와 문명의 수준을 한 단계 높여 보다 나은 단계로 향상
시키기 위한 정신적 진보 내지는 물질적 진보를 창조한다는 포괄적인
의미를 함축하고 있다고 이해할 수 있다.

이런 점에서 한국사의 시대구분에 개화기라는 특정한 시기는 필연
적으로 근대화와 연관될 수밖에 없다. 때문에 근대의식의 성장과정을
먼저 살펴보아야 할 것이다.

趙芝薰은 한국 근대의식의 발달과정에 대하여 사상·정치·사회적
인 측면에서 근대화의 기점을 세 단계로 구분하고 있다. 이를 정리하
면 다음 <표 2-1>과 같다.[11]

---

9) 李光麟, 『韓國開化史研究』, 一潮閣, 1969, 33쪽.
10) G. F. Kenllers, *Education Anthropology*, New York : John Willet & Sons Inc., 1965, 11~20쪽.
11) 趙芝薰, 『韓國民族運動史』, 高麗大民族文化研究所, 1979, 554~555쪽.

<표 2-1> 한국 근대의식의 발달과정

過　程	第 一 段 階	第 二 段 階	第 三 段 階
思　想	實 學 思 想	天 主 敎 思 想	開 化 思 想
政　治	倭亂·胡亂	丙寅·辛未洋擾	淸 日 戰 爭
社　會	洪 景 來 亂	三 政 騷 擾	東 學 革 命

위의 <표 2-1>에서 대별되고 있는 바와 같이 제1단계는 근대의식의 '여명기'로 임진왜란(1592~1598)을 전후하여 실학사상이 싹트고 천주교의 존재를 인식하면서 민족의식이 싹트기 시작한 시기이다. 제2단계는 '성장기'로 천주교가 전래됨에 따라 민주주의·민권사상이 싹트고 실학파가 전성기를 맞은 19세기 초까지의 시기이다. 제3단계는 '변혁기'로서 근대화운동에 따라 전통적이고 전근대적이던 사회구조에 일대 개혁이 시도된 20세기 초반까지의 시기이다.

李光麟은 개화기는 사상사적인 측면에서 일대 전환기를 맞게 된 시기였다고 규정하면서 '개화'를 곧 '개국'과 같은 개념으로 사용하였다. 즉 그는 '개화기'는 서구의 신문물에 대한 새로운 인식과 이를 수용하여 사회 전반을 변혁하려는 의지가 표출된 시기라고 간주함으로써 1870년대를 개화의 시발점이라고 규정하고 있다.[12] 千寬宇는 개화의 기점에 대하여

1. 17세기 이래의 實學
2. 19세기 초 純祖 이래의 만성화된 민란
3. 1876년 개항과 그 뒤의 근대화 정책
4. 1884년 갑신정변
5. 1894~95년의 갑오경장
6. 1896~98년의 독립협회운동
7. 1905년 을사조약을 계기로 본격화한 민족주의운동[13]

---

12) 李光麟, 앞의 책, 18쪽.
13) 千寬宇, 『韓國史의 再發見』, 一潮閣, 1974, 267~268쪽.

등 역사적 사건(사실)을 중심으로 그 시기를 세분하여 제시하고 있다. 그럼에도 그 역시 1894년 이후 청일전쟁·갑오경장·동학혁명 등으로 이어진 역사적 대사건이 계속되었다는 점에서 1894년이야말로 근대 시민사회를 지향하는 출발점인 동시에 근대화가 구체적으로 가시화된 기점으로 보아야 한다는 점을 강조하고 있다.

이상에서 살펴본 바와 같이 근대화의 출발점을 어느 시기로 보느냐 하는 문제는 학자의 관점에 따라서 견해 차이를 나타내고 있다. 그렇지만 근대화의 출발점은 결국 정부에서 서구의 발달된 선진 과학기술과 문물을 수용하게 된 시기와 관련될 수밖에 없다. 그러나 1863년 고종이 즉위한 이후 근대화정책을 점진적으로 추진함으로써 열강들에게 문호를 개방할 수 있을 만큼 내적 기반이 성숙되어 있었다는 사실도 간과해서는 안 될 것이다.

더구나 1876년 '병자조약'을 체결한 이후 일본·미국·영국·독일·러시아를 비롯한 서구 열강과 각종 통상조약을 체결함으로써 정식 외교관계를 수립하였다. 이런 점에서 개항은 사상적 측면에서 일대 전환기를 맞이하는 계기를 마련하였을 뿐만 아니라 근대화로 발전하는 직접적인 동기가 되었다고 할 수 있다. 거기에 1860년대 들어서면서 민중의식이 크게 고양됨에 따라 사회개혁을 은근히 기대하는 대다수 민중들의 사회 참여의식이 확대되고 있었다는 사실도 부정할 수 없다.14) 이런 점에서 한국의 근대화는 고종이 즉위하면서 근대화정책을 점진적으로 추진함으로써 이룩할 수 있었다는 사실에 주목하지 않으면 안 될 것이다.

그러면 한국 근대화의 종점은 어디로 보아야 하는가?

이에 대해서는 '을사조약'의 체결로 한국의 외교권이 상실된 1905년

---

14) 문일평의 「환제박규수」(『湖岩全集』, 1941)에 의하면, 박규수는 1861·1872년의 두 차례에 걸쳐 중국을 다녀왔다. 그는 이 방문을 통하여 많은 신서적을 접하고 이것들을 들여왔을 것이다. 이런 점에서 이후 이 땅에서 서구에 관한 관심이 크게 고조되었을 것이라고 주장하고 있다. 동학은 이러한 사회적 요인을 배경으로 창도되었을 것이다.

으로 설정할 수도 있을 것이다. 그러나 그보다는 일본 제국주의에 국권을 강탈당함으로써 조선의 생명력을 완전히 상실하였다는 점에서 국권 피탈과 함께 일본의 식민지로 전락한 1910년으로 설정하는 것이 더 설득력이 있을 것이다. 이런 전제 하에서 한국 근대화의 시기는 고종이 즉위한 1860년대를 전후한 시기에서부터 조선의 국권이 피탈된 1910년에 이르는 약 40~50년 간의 시기가 여기에 해당된다고 할 수 있다.

2) 실학의 배경

조선사회를 이끌어 왔던 중심사상은 성리학이었다. 조선의 성리학이 정치·경제·사회·문화적 측면에서 성리학적 사회질서와 국가 공인의 관학이념을 확립시키는 데 절대적인 영향력을 발휘하였다는 사실에는 이론의 여지가 없다. 조선사회에 가장 큰 영향을 미친 사상은 李滉(退溪 : 1501~1570)과 李珥(栗谷 : 1536~1584)를 중심으로 한 理氣論과 禮論이었다. 그러나 조선의 성리학은 관념론적 이기론과 형식적 예론에 너무 집착하였을 뿐만 아니라 그 심화과정에서 사변화 내지는 공리공론에 치우쳐 있었다. 특히 조선 중기 이후 사회적 모순의 표출로 지배층의 분열과 대립이 더욱 격화되면서 국가와 사회를 유지·발전시키기 위한 현실성을 차츰 상실해 갔다.

이와 같이 비현실적이고 관념론적인 성리학에 대한 자각과 반성에서 실제적이고 실용적인 학풍을 일으키고, 붕괴되어 가는 보수적 전통사회를 개조함으로써 보다 전향적인 사회발전을 추구하기 위한 개혁적 차원에서 대두한 새로운 사상이 실학사상이었다. 이는 실학자들 스스로가 실학사상에 대하여 "천사와 만물을 궁구하여 경영하며 일신하고 우일신하기를 기약하는 것은 넓은 의미에서의 개화"라고 파악하고 있는 사실에서도 개화사상의 일환으로 이해할 수 있을 것이다.[15] 더구

---

15) 洪一植, 「韓國思想」, 『韓國現代文化史大系(3)』, 高麗大民族文化研究所,

나 실학이 經世致用·利用厚生·實事求是 등을 목표로 유학의 범주 안에서 근대지향적 사상을 체계화시킨 것이라면, 그 중에서도 이용후 생의 학문과 사상을 계승·발전시킨 것이 개화사상이었다고 이해할 수 있을 것이다. 따라서 실학은 개화사상을 포괄적으로 내포하고 있는 근대지향적 사상이라고 할 수 있다.

실학사상이 대두한 사회적 배경과 내적 요인은 여러 측면에서 파악 할 수 있다. 우선 千寬宇는 다음과 같은 측면에서 살펴보았다.

첫째, 사화와 당쟁 이후 문란해진 정치와 관료들의 가렴주구에 따른 현실정치의 비판
둘째, 임진왜란·병자호란 이후의 경제 피폐에 따른 경제적 재건을 부르짖는 반성
셋째, 천주교 도입에 따른 새로운 사상인 '천주교 교리'의 대두와 그에 따른 서구의 근대 과학기술에 대한 재인식
넷째, 양명학·고증학의 도입에 따른 성리학 자체에 대한 반성과 비판16)

즉 그는 실학 발생의 배경으로 정치기강의 문란에 대한 현실 비판, 두 번에 걸친 전란에 따른 전후 복구사업의 필요성, 서양문물의 유입 에 의한 가치관의 변화, 고증학의 도입에 의한 성리학의 교조적 학풍 에 대한 비판과 각성 등을 지적하고 있다.

반면 劉明鐘은 다음과 같이 파악하고 있다.17)

첫째, 양명학과 고증학 및 서구 과학·기술·천주교의 수용
둘째, 주체의식 및 인간평등의식 고취
셋째, 과학적인 합리주의의 강조
넷째, 관념론의 거부에 따른 경험론의 중시 현상

1980, 587쪽.
16) 千寬宇, 앞의 책, 96~100쪽.
17) 劉明鐘, 「實學思想」, 『韓國民族思想大系(4)』, 螢雪出版社, 1982, 31쪽.

다섯째, 적극적인 민생 문제의 해결책 모색
여섯째, 문예혁명 및 학문의 실용화

이와 같이 실학사상은 기본적 이념을 爲民에 두고, 이용과 후생을 대단히 중요시함으로써 '경세치용'·'이용후생'·'실사구시'를 목표로 근대적 학문으로 발전시키는 데 기여하였다. 천관우가,

근대 지향의식과 민족의식의 일체적인 파악은 조선 후기 실학사상에서 왕조 말의 개화·자강 사상으로 나아가 일본 강점기의 근대화를 전제로 한 민족주의로 이어졌고 오늘날의 자주적 근대화의 욕구도 기저에 있어서는 그 발전된 형태라고 할 수 있다.[18]

고 설명하고 있는 데서 엿볼 수 있는 바와 같이, 실학사상이야말로 전근대 의식에 대립되는 '근대의식이고 민족의식'으로 인식됨으로써 개화사상 속에서 구체적으로 반영되었다고 할 수 있다. 이는 실학사상이 전통사관을 극복하는 통로로 작용하였고, 나아가 북학파의 통상개국론과 무역부국론은 근대적인 개화사상으로 발전할 수 있는 기반을 마련하였다. 이러한 내용은 다음과 같은 주장에서도 그 맥락을 찾을 수 있다.

만일 실학과 개화사상을 퍽 설득력 있게 연결시킬 수 있다면 그것은 곧 전통의 내부에서 근대화로 이어지는 주체적인 自己屬關의 한 논리를 말해 주는 것이요, 아울러 전통과 근대의 단절사관을 극복할 수 있는 한 통로를 열어주는 셈이다[19]

또 李德懋(雅亭 : 1741~1793)는 『武藝圖譜通志』「兵技總紋」에서

---

18) 千寬宇, 「韓國實學思想史」, 『韓國文化史大系(12)』, 高麗大民族文化研究所, 1972, 967쪽.
19) 金泳鎬, 「近代의 새벽 開化思想」, 『韓國現代史(6)』, 新丘文化社, 32쪽.

朝廷이 實用의 政을 講하고 黎庶가 實用의 政을 守하고 文苑이 實用의 書를 撰하고 卒伍가 實用의 技를 肄하고 商賈가 實用의 貸를 通하고 工匠이 實用의 器를 作하면 어찌 衛國을 걱정하고 得民을 근심하겠는가

라고 하여 실용론을 제시하고 있다. 아울러 高宗의 傳旨와 당시의 언론에서도 부국강병과 이용후생을 시세의 급선무로 인식하는 실용론을 제시하였다.[20]

朴泳孝(玄玄居士 : 1861~1939)도 "학자는 동·서양을 물론하고 실용을 先으로 문화를 後로 하는 것"이라는 상소를 올렸다.[21] 이는 모두 虛名을 버리고 실용의 일에 힘쓰자는 실사구시론을 강조한 것으로 이해할 수 있을 것이다. 이러한 사실에 의거하면 실학자나 개화사상가들의 이념이 모두 현실적·실용적 문제에 치중하고 있었고, 이 점에서 서로 공통의 관심사를 갖고 있었음을 확인할 수 있다. 이러한 논리는 朴齊家(楚亭 : 1750~1815)의 『北學議』「自序」와 유길준의 『서유견문』에서 제시된 이용후생론과도 서로 맥을 같이하고 있다.[22]

한편 방법론에서도 실학을 집대성한 丁若鏞(茶山 : 1762~1836)은 『經世遺表』「序文」에서 "利用監을 開하고 北學法을 가르쳐서 부국강병을 도모"할 것을 강조하였다. 이는 李國應이 상소를 통하여 '부국강병의 방법'을 역설하고 있는 점과도 일맥상통함을 보여준다.

이런 점에서 실학사상가들과 개화사상가들의 인맥관계를 통하여 실학사상이 개화사상으로 계승되었는가를 살펴볼 필요가 있다. 그 대략

---

20) 『承政院日記』 高宗 21年 6月 15日條. 『漢城旬報』 創刊號, 1883년 10월 30일자에서도 "낮에는 富强의 策을 講하고 밤에는 利用의 方을 講하라"고 하여 實事求是論을 제시하였다.

21) 朴泳孝, 「上疏文(1888)」, 『新東亞』 1966년 1월호 부록.

22) 朴齊家는 『北學議』에서 "무릇 利用과 厚生 중에서 하나라도 不修하는 것이 있으면 위로 正德을 侵하는 것"이라고 하였으며, 兪吉濬은 『西遊見聞』에서 "諸學者의 日夜로 苦心하는 結論의 實狀은 天下人을 위하며 其用을 利하게 하고 因으로 其生을 瞻하게 하며 又生하여 其德을 正하게 함"이라고 하여 利用厚生論을 제시하였다.

을 정리하면 <표 2-2>와 같다.[23]

<표 2-2> 실학자와 개화지도자의 인맥도

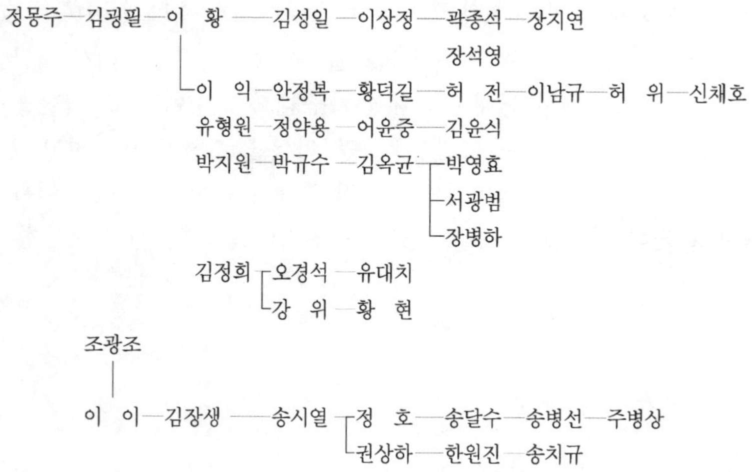

```
정몽주─김굉필─이 황 ──── 김성일 ─이상정─ 곽종석 ─장지연
                                    장석영
         └이 익─안정복─ 황덕길 ─허 전─이남규─허 위─신채호
          유형원  정약용  어윤중─김윤식
          박지원─박규수─김옥균┬박영효
                            ├서광범
                            └장병하

          김정희┬오경석─유대치
                └강 위─황 현

    조광조
     │
    이 이─김장생────송시열┬정 호─송달수─송병선─주병상
                        └권상하─한원진─송치규
```

이를 통해서 보건대, 개화사상가와 실학자들 사이의 인맥은 물론이고 연계성과 지속성을 파악할 수 있다. 그 중에서도 가장 대표적 인물은 朴珪壽(瓛齋 : 1807~1876)였다. 그는 朴趾源(燕巖 : 1737~1805)의 손자로 조부의 통상개국론·무역부국론을 계승·발전시켜 개화사상의 기초를 확립하였다. 그는 정약용과 더불어 시대를 함께하지 못하였음을 개탄하면서, 정약용은 물론 徐有榘(楓石 : 1764~1845)·洪奭周(淵泉 : 1774~1842) 등의 실학자를 선배로 모셨을 뿐만 아니라 개화를 주도하던 박영효를 비롯한 유길준·金玉均(古筠 : 1852~1893) 등에게 많은 영향을 끼쳤다는 점에서 그 같은 관련성을 이해할 수 있다.[24]

개화사상에는 서구적인 외래사상의 영향이 컸다는 점을 부정할 수 없다. 하지만 이와 같이 실학사상과 개화사상의 인맥 관계를 설정할

---

23) 李鉉淙,「舊韓末의 靑年運動」,『靑年硏究』1, 유네스코 韓國委員會, 1978, 31쪽을 참조하여 작성하였음.
24) 朴鍾鴻,「西學思想의 導入과 影響」,『韓國思想論考』, 瑞文堂, 1977, 370쪽.

때, 개화사상가들이 지닌 근대화를 위한 개혁 내지는 변혁의식은 단순히 서구적인 외래사상의 수용에서 표출된 것이 아니라 실학사상에 내재되어 있는 개혁의지를 모태로 하였다고 이해해야만 할 것이다. 따라서 근대교육사상 역시 조선 중기 이후의 실학사상 속에서 이미 싹트기 시작한 개혁의식의 바탕 위에서 발전할 수 있었음을 간과해서는 안 될 것이다. 이런 점에서 근대교육 내지는 근대화 과정에서 큰 역할을 담당했던 민족선각자들은 미래지향적인 의식을 강하게 내포하고 있던 실학사상을 구국적 교육이념의 정신적 본체로 높이 평가하고, 이를 바탕으로 근대 민족교육운동을 승화·발전시키는 데 앞장섰다고 할 수 있다.

3) 서학의 배경

한국 근대사에서 서학은 일반적으로 기독교사상(천주교·개신교 포함)을 지칭한다. 기독교사상은 인간의 존엄성을 인정하고, 현실사회에서 정의를 실천함으로써 박애·평등 정신에 입각한 세계평화를 이룩하겠다는 이상을 목표로 근대화 추진에 개입하는 등 지대한 역할을 담당하였다.

실학사상이 널리 확산되던 18세기경에 전래된 기독교사상은 한국인의 근대의식을 성숙시키는 데 크게 기여하였다. 그것은 기독교사상이 지니고 있는 인간의 존엄사상과 박애·평등 사상이 서민층에 깊숙이 파고 들어갈 수 있었기 때문이다. 물론 기독교가 전래된 초기에는 종교와 서구 과학이라는 두 가지의 이질적인 요소를 함께 내포하고 있었다. 때문에 천주교도 학문(서학·천주학)으로 이해하여 많은 지식인들이 학문 또는 호기심의 대상으로 연구하기 시작하였다. 그렇지만 기독교 정신은 차츰 민중의식 속으로 급속하게 확산되면서 민중들 스스로 자각·반성하는 데 직·간접적으로 많은 영향을 미쳤다.[25]

---

25) 洪一植, 앞의 논문, 591쪽.

서학은 조선 중기 朴燕(Jan James Weltevree) 일행이 표류해 오면서 널리 알려지기 시작하였다. 그러나 서학에 대한 관심이 구체적으로 나타나기는 '燕行使'들이 북경을 왕래하면서 서양 신부들과 자주 접촉하면서부터였다. 즉 연행사들이 천주교와 관련된 많은 서적을 들여오면서부터 서학에 대한 이해와 관심이 더욱 심화되기 시작하였다.[26] 특히 1603년(선조 46) 사신으로 북경에 갔던 李光庭이 마테오 리치(Matteo Ricci)의 『萬國坤輿圖』를 들여온 이후『天主實義』를 비롯한 종교 서적은 물론 서양 학문과 관련된 서적이 대량 유입되어 서학은 학문의 대상으로 자리잡기 시작하였다. 이러한 서학은 임진왜란·병자호란을 겪은 이후 정치적·경제적·사회적 모순을 극복하기 위해 민족적 반성과 구국의 방법을 찾고 있던 실학자들에게 적극 수용될 수 있었다.

그러나 정부가 서학을 수용한 시기는 개항 이후 청·일 양국에 파견된 사신들에 의해서였다. 특히 일본에 파견된 신사유람단과 청국에 파견된 영선사, 그리고 개화사상가들에 의하여 적극 수용되었다.[27] 그 선두주자가 개화운동에 앞장선 유길준이었다. 그는 일본 전역을 두루 돌아보고 귀국한 다음『競爭論』을 통하여

> 人生의 萬事가 競爭을 依持ᄒ지 아니ᄒᆫ 者가 업스니 …… 萬一 人生이 競爭ᄒᄂᆫ 바가 업스면 何物로써 其智德과 幸福을 崇進홈을 得ᄒ며 國家가 競爭ᄒᄂᆫ 바가 업스면 何物로써 其光威와 富强을 增進함을 得ᄒ리요[28]

라고 주장하면서 인간사회는 진화론적 입장에서 볼 때, 서로 경쟁해야만 진보할 수 있다는 점을 강조하였다. 이러한 견해는 그가 미국을 돌아보고 귀국한 다음『서유견문』을 저술하여 세계의 지리·역사·정치

---

26) 柳洪烈,『韓國社會思想史論攷』, 一潮閣, 1980, 348쪽.
27) 李光麟,『韓國開化思想研究』, 一潮閣, 1979, 217쪽.
28) 兪吉濬,『兪吉濬全書』, 一潮閣, 1971, 43~60쪽.

·사회·경제·과학·교육 등을 상세히 소개하였다는 사실에서도 짐작할 수 있다. 이런 점에서 그는 세계의 근대문명사에서 뒤떨어진 조선의 현실을 개탄하면서 민중들에게 개화의식을 인식시켜 주는 데 큰 역할을 하였다고 볼 수 있다.

그러면 한국의 근대교육 발전에 절대적 영향을 미친 개신교와 개화사상가들의 관계는 어떠하며, 또 어떠한 개화교육정책을 추구하였는가를 살펴볼 필요가 있다. 金玉均과 尹致昊는

> 외국의 종교[기독교]를 도입하여 교화를 도와 남부럽지 않은 나라를 만들자.29)

> 아국 교육을 도와주고 인민의 기상을 회복한 그 계는 야소교 밧긔 없다.30)

고 하여 서구의 선진국들이 문명개화를 이룩할 수 있었던 원천적인 바탕이 기독교교육이었다는 점을 강조하고 있다. 박영효는 상소를 통하여 구미제국이 강국으로 발전하게 된 이유에 대하여 야소교를 숭배하였기 때문이라고 지적하고, 유길준은 개화의 원동력이 개신교에 있었다는 견해를 피력하고 있는 것이다.31) 이는 민족선각자들이 근대교육을 발전시키기 위한 방법으로 耶蘇敎(기독교) 수용에 대해 일치된 견해를 갖고 있었음을 알 수 있다.

이와 같이 서학으로 통칭되던 기독교는 천주교와 개신교로 나뉘어 별개의 형태로 이 땅에 전래되었다. 하지만 이들 종교는 이미 국내에서 싹트기 시작한 실학사상 속에서 성숙되어 온 사회변혁의식을 근대적인 개혁의식으로 승화시키는 데 함께 큰 영향을 미쳤다. 뿐만 아니

---

29) 閔泰援, 『金玉均傳記』, 乙酉文化社, 1974, 125쪽.
30) 『尹致昊日記』 1899년 4월 29일.
31) 朴泳孝는 "우리 백성이 지금 필요로 하고 있는 것은 敎育과 基督敎"라고 上疏하고 있으며, 兪吉濬은 "독립과 자유를 못하는 이유가 어디에 있느냐 하면 종교상의 수립에도 있다"고 주장하고 있다.

라 개항 이후 개화사상의 발전에도 작용함으로써 근대교육의 발전에 크게 공헌하였다. 더구나 기독교사상은 민중 속에 뿌리를 내리면서 기독교가 지닌 본래의 신앙심과 더불어 자유와 평등의 인권사상을 고취시키는 등 민족정신을 배양시키는 데 크게 기여하였다. 이런 점에서 기독교는 白樂濬이 『韓國改新敎史』에서 주장한 바와 같이, "수천 년의 옛 역사를 가진 이 나라에 새 기원을 이룩하는 데 생명을 약동시키는 원동력이 되었다"고 할 수 있다.32)

이런 점에서 기독교사상은 개화사상사적 입장에서도 대단히 중요한 위치를 차지하고 있다. 그러나 어떤 외래사상도 새로운 사상을 받아들일 수 있을 만큼의 내적인 발전과 진보 없이는 도저히 수용될 수 없다는 사실을 간과해서는 안 된다. 따라서 개화선각자들은 이미 기독교사상을 수용할 수 있을 만큼 의식이 성숙되었던 사실을 결코 과소평가해서는 안 될 것이다.

4) 동학의 배경

'동학'사상은 개화기 일반 서민계층을 주축으로 근대의식의 한 줄기를 형성하였다는 데 그 중요성이 더욱 크다. 원래 전통사상은 '官認思想'과 '民間思想'으로 양분할 수 있다.33) 관인사상이란 국가권력의 보호 아래 도입·연구되면서 발전한 사상을 말하고, 민간사상이란 국가권력의 탄압을 받으면서도 일반 서민들의 생활 속에서 무형으로 발전·전승된 민족의 고유사상을 말한다. 따라서 민간사상은 위정자는 물론 지식인들에게조차도 종교 이전 또는 사상 밖의 것으로 취급되는 등 천대와 멸시를 받을 수밖에 없다.

그러나 민간사상에 대하여 洪一植은 다음과 같이 지적하고 있다.

---

32) 白樂濬, 『韓國改新敎史』, 延世大出版部, 1973, 445쪽.
33) 洪一植, 「宗敎思想上의 本質」, 『民族文化硏究』 6, 高麗大民族文化硏究所, 1972, 115~119쪽.

> 한국의 원시종교적 고유사상은 一見으로 그 생리가 표면적으로 약하
> 고 저자세이고 또 사대적인 것 같으면서도 …… 언제나 기회가 오면
> 웅비하려는 강인하고도 진취적인 기상이 그 심층부에 의연히 도사리
> 고 있다.[34]

동학사상은 강인하고도 진취적인 생명력을 지니고 있는 것이다. 민
간사상에서 발전한 동학사상은 민간사상이 지닌 특유의 생리와 잠재
력을 통해 사회 저변층(민중)을 중심으로 끈질긴 생명력을 지속적으로
유지하면서, 외래종교나 외래사상을 흡수하여 독자적인 사상체계를 도
모해 나갔다. 즉 '동학'은 유교·불교·선교 사상과 더불어 샤머니즘
(Shamanism)적인 무속·주술·이적·풍수지리·주문·천어 등 민간
신앙적 요소를 모두 지니고 있다.

申一澈은 동학사상의 사상적 연원에 대하여 민간전통사상에서 발원
하여 기존의 모든 외래종교사상을 주체적으로 흡수·종합한 민간신앙
이라는 점을 다음과 같이 지적하고 있다.

> 이 민간신앙적 요소는 단순히 대중에게 널리 '동학'을 펼 수 있는 방
> 편적 의의보다는 오히려 그 요소가 기성 종교를 주체적으로 종합하여
> 토착적인 민간신앙으로 발전시킬 수 있는 활력소가 되었다.[35]

이렇게 볼 때 동학에는 외래종교적 요소나, 이미 토착화된 기존의
종교사상이 모두 담겨 있다. 동학이 지니고 있는 이러한 포용성은 외
래종교를 무조건 배척하기보다는 한국의 전통사회를 근대사회로 전환
시키는 데 이득이 될 수 있다고 인식되면 오히려 이를 주체적으로 수
용하여 종합적으로 발전시켜 나가도록 만들어 주었다. 따라서 동학 속
에는 개화사상으로 승화될 수 있는 내적 기반이 이미 조성되어 있었던
것으로 이해할 수 있다.

그러면 민족사상사적인 측면에서 동학사상과 개화사상은 어떻게 연

---

34) 洪一植, 위의 논문, 595쪽.
35) 申一澈, 「崔水雲의 歷史意識」, 『開化思想』 12, 韓國思想研究會, 1974, 12쪽.

계되었는가를 살펴볼 필요가 있다.

趙芝薰은 동학사상의 원천은 단군신화에 있다고 전제한 후, '人乃天'의 인간중심주의와 後天開闢의 지상천국주의적 현실중심주의는 민족적 주체사상 및 민중적 생활 관념과 결부되어 있어서 전근대적 요소를 가지고 있으면서도 전형적인 한국사상이 근대사상으로 계승된 요소가 많다고 보았다.36) 그리고 李瑄根은 동학사상의 발원점을 신라의 화랑도사상에서 찾으면서도 근대 민족주의의 선구적 사상이라고 주장하고 있다.37) 金龍德은 동학사상 속에는 "평등주의·혁명주의·민족주의적 요소가 모두 내포되어 있다"고 주장하고 있다.38) 또 홍일식은 동학사상을 다음과 같이 평가하고 있다.

> 동학은 자기 극복을 실현한 하나의 표상인 동시에 한국의 원시종교적 민간사상에서 근대 고등 종교사상으로 승화할 수 있었던 사상적 전환점이며, 또 근대의식과 근대 민족주의의 표상……39)

그러면 동학이 근대지향적인 자기 극복을 실현할 수 있었던 요인은 무엇인가. 이는 여러 측면에서 살펴보아야 하겠지만, 다음과 같이 요약할 수 있다.

첫째, 도덕적인 가치를 추구하였다는 점을 들 수 있다. 즉 원시종교는 민간신앙으로서 기원적인 요소가 대단히 많으나, '동학'은 '守心正氣'와 '道成德立'을 강령으로 채택함으로써 사회집단체제의 규범으로 도덕적 가치를 특별히 강조하였다.

둘째, 유일신·절대신을 표방하고 있다는 점을 들 수 있다. 즉 원시종교는 범신론적 다신교의 성격을 특징으로 하고 있는 데 반하여 '동학'은 조상신을 정면으로 부정하지는 않지만, 일체의 신을 포함한 절대

---

36) 趙芝薰, 『韓國文化史序說』, 探求堂, 1964, 128쪽.
37) 李瑄根, 「東學運動과 韓國의 近代化過程」, 『韓國思想』 4, 一新社, 1962, 15쪽.
38) 金龍德, 「東學思想研究」, 『中大論文集』 9, 1964, 182~220쪽.
39) 洪一植, 앞의 논문, 596~598쪽.

신으로서 '天主' 곧 '한울님(하느님)'을 인정하고 있다.[40]

셋째, 신앙집단을 조직적으로 운영하였다는 점을 들 수 있다. 즉 원시종교는 비조직적으로 잡다하게 발전하여 왔는 데 반하여 '동학'은 접소·접주제 등을 통하여 조직을 확대시켜 나갔다.

넷째, 행복의 대상을 국가와 민족으로 확대·승화시켰다는 점을 들 수 있다. 즉 종래의 민간신앙에서는 구복·기원의 대상이 '나'를 중심으로 하는 개인과 가족에 한정되어 있어서 이기주의적인 요소가 없지 않았다. 하지만 '동학'은 '輔國安民·布德天下·廣濟蒼生'이라는 좌표를 설정해 놓음으로써 개인은 물론 국가와 민족을 모두 구제한다는 데 궁극적인 목적을 두고 있었다.

다섯째, 인간의 평등을 제창한 점을 들 수 있다. 즉 崔濟愚(水雲 : 1824~1864)는 포교를 통하여,

> 우리 도는 지벌을 보는 것이 아니니라. 지벌이 무엇이기에 군자에 비유할 수 있겠느냐? 지벌은 사람이 만들어 낸 것이 아니냐 …… 도덕은 사람이 만든 것이 아니라 한울님이 바른 천성을 거느리는 것이니 만일 귀천을 논한다면 지벌은 천한 것이요 도덕은 귀한 것이니라. 누가 내 생명을 권세로 바꾸는 자 있으며 내 몸을 물건으로 바꾸는 자 있더냐? 도덕은 곧 내 목숨이니 그보다 귀한 것은 둘도 없나니라.[41]

고 하여 '동학'은 누구나 '천주' 즉 '한울님'을 마음에 가지면 모두가 '君子'나 '한울님'이 될 수 있다고 주장하고 있다. 이는 원시신앙으로부터의 탈피라기보다는 당시 사회적 모순에 대한 도전으로서, 후일 동학농민혁명의 저항정신으로 발전하는 데 결정적인 요인이 되었다고 할 수 있다.

특히 최제우가 동학을 창도한 1860년대의 시대적 상황에서 볼 때, 조선은 내우외환이 가중되는 등 사회적 모순이 극대화되어 있었다. 이

---

40) 李敦化, 『天道敎創建史』, 天道敎中央宗理院, 1933, 19~21쪽.
41) 金敬宰, 「崔水雲의 神槪念」, 『韓國思想』 12, 韓國思想硏究會, 1974, 36쪽.

러한 상황에서 '동학'의 창도는 방황하고 있던 많은 민중에게 주체적인 좌표를 제시해 주는 데 적합한 사상이었을 뿐만 아니라 사회참여의 계기를 적극 마련해주었다. 더구나 동학의 경전인『東經大全』이나『龍潭遺詞』에서 찾아볼 수 있는 바와 같이, 동학의 특징은 서학으로부터 민족의 주체성을 고수하면서 '보국안민'을 추구한다는 시대적 상황에 보조를 같이함으로써 민중의 숭배사상으로 발전할 수 있었다. 따라서 동학사상은 19세기 국내외적인 위기의식에 대처하려는 민족적 자각의 표상인 동시에, 동아시아 정치질서의 붕괴를 예견하고 새로운 활로를 모색하려는 한민족의 근대지향적 의식의 발로에서 크게 성장하였다고 볼 수 있다.

이와 같이 개화사상의 주된 원류는 실학사상과 동학사상에서 찾을 수 있다. 앞에서 언급한 실학사상은 양반계층을 중심으로 발전하여 민중 속에서 완전히 뿌리 내리지 못하였고, 기독교사상도 역시 한민족의 주체적 의식이 결여되어 있었다. 이에 반하여 동학사상은 일반인의 의식 속에 깊숙이 파고들어 뿌리를 내림으로써 한민족의 주체사상으로 발전할 수 있는 토대를 마련하였다. 그렇다고 해서 동학사상이 개화사상의 전부라는 의미는 결코 아니다. 다만 개화사상은 종래의 실학사상이나 서학사상과 서로 상호관계를 유지하면서 확대되고 구체화되었다고 보아야 할 것이다.

2. 개화기의 민족교육

1) 개화교육의 태동

1876년 개항과 더불어 밀려들기 시작한 서양의 신문화·신문명은 위정자들에게 신학문과 근대교육의 필요성과 중요성을 인식시켜주었다. 이에 정부는 일본(1876·1880·1881·1882년), 청국(1881년), 미국

(1883년) 등지에 유학생과 사절단 등을 파견하여 견문을 넓히도록 배려함과 동시에 근대교육에 관심을 갖기 시작하였다. 그리고 1882년 ‘韓美條約’, 1886년 ‘韓佛條約’의 체결을 계기로 대외통상을 관장하는 기구를 설치하면서 이에 대한 관심은 더욱 고조되었다. 그 결과 1881년 ‘統理機務衙門’의 설치를 시작으로42) 二營制度(武衛·壯禦營)·別技軍·海關(1883년)·八衙門(1894년) 등을 설치하였다.43) 정부의 근대교육에 대한 의지는 고종의 「敎育詔書」에 잘 함축되어 있다.

한편 1876년 제1차 수신사로 일본을 다녀온 金綺秀는 『日東記遊』를 저술하여 일본의 근대교육제도에 대한 자세한 기록을 남겼다.44) 또 1880년 제2차 수신사로 일본에 다녀온 김홍집은 왕에게 올린 복명서에서 일본 근대교육의 내용을 상세하게 기술해 놓았다.45) 그리고 1881년 청국에 파견되었던 영선사 일행도 天津機器局에서 과학기술을 습득하고 귀국하였다. 이들은 귀국하여 정부에 개화정책을 촉구함과 동시에 각국에 유학생 파견하는 것을 적극 지원하였다.

이들의 노력으로 1883년 말 일본에 파견된 유학생이 50여 명이나 되었으며, 1884년에는 慶應義塾과 陸軍戶山學校에서 공부하는 유학생 수도 100여 명에 이르렀다.46) 이러한 현상은 정부가 서구 열강과 체결한 각종 조약에서도 구체적으로 제시되고 있다. 특히 1882년 미국과 체결한 ‘조미통상조약’의 제11조와 1886년 프랑스와 체결한 ‘조법조약’ 제2조 2항에는 “兩國生徒往來 學習言語·文學·律例·藝業 等事 彼此均勸助 以敦睦誼”, “學習或敎論語言文字”47)라는 교육관계 조항을

---

42) 全海宗, 「統理機務衙門設置의 經緯에 대하여」, 『歷史學報』 17·18합집, 1962.
43) 愼鏞廈, 「開化政策」, 『韓國史(16)』, 國史編纂委員會, 1975, 351쪽 ; 李鉉淙, 『韓國開港場硏究』, 一潮閣, 1975, 28~118쪽.
44) 金綺秀, 『日東記遊』 3, 俗尙條, “有諸國語學校 師範尊重”.
45) 金弘集, 『修信使日記』 2, “凡有學習 皆有學校 測量·農商·技藝”.
46) 『漢城旬報』 5號, 開國 492年 11月 21日 ;「早稻田大學 우리同窓會」, 『韓國留學生運動史』, 早稻田大學, 1975, 28쪽.
47) 『舊韓末條約彙纂』 中卷, 249~307쪽 ; 下卷, 96~112쪽.

명시함으로써 근대교육에 대한 정부의 관심과 의지를 잘 반영하고 있다.

특히 고종은 임오군란 이후 「八道四都耆老에게 내리는 教書」를 내어 근대적인 정치제도의 혁신을 꾀하였다. 이 때 서구의 선진 과학기술과 새로운 문물은 물론 근대교육제도를 수용하여 정치혁신을 이룩하자는 개화상소를 올린 사람만도 17명이나 되었다.[48] 특히 卞沃은 『萬國公法』·『朝鮮策略』·『易言』을 무조건 斥邪之書로 몰아부치는 것은 부당하다고 지적하였을 뿐만 아니라, "해외의 새로운 서적은 오늘날의 시급함을 구하는 데 사용하여야 합니다. 원컨대 의심하지 말고 행하시옵소서"[49]라는 상소를 올려 근대교육의 필요성과 당위성을 특별히 강조하였다.

또 高穎聞과 柳根鎬도 선진국의 실상을 바로 인식하기 위해서는 선진국에 사절단을 파견하는 것은 물론 선진국에서 교사와 기술자를 초빙하여 신학문과 신기술을 배우고 익히게 해야만 부국강병의 초석을 견고히 다질 수 있다는 내용의 개화상소를 올렸다.[50] 또 池錫永(松村 : 1855~1935)은 인재를 모집하여 연구원을 설립한 다음 개화지식을 배양시킬 수 있는 근대교육과 함께 새로운 서구의 과학기술을 습득토록 해야만 새로운 기술을 전국에 보급시킬 수 있다고 주장하면서, "무릇 이러한 사람들의 자제나 후손은 물론 가까운 고을의 행실을 존경하고 복종할 만한 자들이 대개 모두 이러한 교화로 변화할 것이다"라는 상소를 올렸다.[51]

이러한 시대적 배경 속에서 자주독립국가로 발전할 수 있는 주권재민의 가능성을 보여준 사건이 1884년 발생한 '갑신정변'이었다.[52] '갑

---

48) 金鎬逸, 「韓國敎育振興運動史」, 『韓國現代文化史大系(7)』, 高麗大民族文化研究所, 1980, 53쪽.
49) 『承政院日記』高宗 19年 12月 7日條, "海外新書 此即今日救急之用也 願勿疑而行焉".
50) 『承政院日記』高宗 19年 9月 2日條 ; 高宗 19年 11月 11日條.
51) 『承政院日記』高宗 19年 2月 23日條, "則凡此人之子 若孫及隣堂之素敬服者 率皆得風而化矣".

신정변'은 비록 삼일천하로 끝나 실패함으로써 주도자들의 개화의지는 꺾였지만, 일반 민중들도 사회개혁에 참여할 수 있다는 사상적·사회적 배경을 형성시키기에는 충분한 대사건이었다. 이후 개화교육은 박영효가 1886년 「개화에 관한 상소」를 올리고, 유길준이 『서유견문』에서 개화의 필요성을 강조하면서부터 급진적으로 발전하기 시작하였다.53)

이와 같이 개화운동은 곧 근대교육운동으로 인식됨으로써 민족선각자들을 중심으로 근대교육의 터전이 마련되기 시작하였다. 특히 1883년 8월 덕원부사 鄭顯奭은 원산의 원로들과 협의하여 元山學舍(원산학교)를 설립하였는데, 이는 한국 최초의 근대식 교육기관이었다.54) 그러나 정부 차원에서 근대교육제도가 마련되기는 갑오경장 이후 새로운 학제가 마련되면서부터였다.

일찍이 千寬宇는 갑오경장에 대해 '타율적인 근대화'라고 지적한 바 있는데, 일본의 정치적 간섭 하에서 추진되었다는 사실을 부정할 수는 없다. 하지만 "청일전쟁의 와중에서도 우여곡절을 겪으면서 정치·경제·문화·사회 등 각 부문에서 뚜렷한 결과를 남긴 개혁"으로서, 수천 년 동안 이 나라를 지배하여 왔던 구질서를 일단 배척하고 새로운 세계사의 흐름에 발맞추면서 한국의 근대화를 이룩하겠다는 개화의식의 발로였다는 사실에서 그 역사적 의의는 매우 크다.

'갑오경장' 때 제정된 「洪範十四條」는 한국 최초의 근대적 헌법(1895년 1월 7일)이었다. 특히 제11조에서는 "국중의 총명훈 자제를 넓히 외국에 파견ᄒ야 학술과 기예를 젼습ᄒ는 일"55)이라 하여 서양의 근대 교육제도는 물론 근대 과학기술과 신문물의 도입이 반드시 필요

---

52) 金玉均, 「甲申日錄」, 『金玉均全集』, 亞細亞文化社, 1979, 37~38쪽.

53) 李光麟, 앞의 책, 45~92쪽.

54) 愼鏞廈, 「우리나라 最初의 近代學校設立에 대하여」, 『韓國史研究』10, 한국사연구회, 1974. 원산학사는 鄕中父老들이 모금한 5705兩과 西北經略使 魚允中·經理機務衙門 鄭憲時 등이 각 100냥씩 지출하여 德源府使 鄭顯奭이 관·민 합동으로 설립한 우리 나라 최초의 근대적인 사립학교이다.

55) 震檀學會, 『韓國史 - 近世篇 - 』, 乙酉文化社, 1961, 335쪽.

하다는 점을 강조하고 있다. 이는 개화론자들이 국권을 보존하기 위해서도 개화를 통한 서구의 근대교육·신기술·신문물의 도입만이 자력으로 부국강병을 이룩할 수 있다는 것을 인식하고 있었음을 반증하는 것이다.

근대교육의 활성화 방안에 대하여 前掌令 安翊豊도 1882년 상소[56]를 통하여 그 필요성을 강조한 바 있다. 『독립신문』에서도 "정부에서 학교를 지여 인민을 교육ㅎ는 거시 정부에 뎨일 쇼중흔 직무"[57]라고 주장하면서 근대교육이야말로 민중의식 향상과 민족중흥의 초석을 다지는 데 중요하다는 점을 인식시켜 줌으로써 근대교육의 중요성을 강조하였다. 또 민족선각자들도 개화정책을 통하여 스스로 국력부강의 토대를 구축할 수 있는 기술문명을 연마시키는 길만이 국력을 신장시킬 유일한 방법이라고 역설하였다. 이런 점에서 한국의 근대교육운동은 주권 수호를 위한 국권회복운동의 일환에서 추진되었다고 할 수 있다.

이러한 사회운동을 주도한 대표적 단체는 독립협회였다. 독립협회는 기관지인 『독립신문』을 통하여 근대교육의 당위성을 널리 홍보하였다. 이는 독립협회에서 주최한 첫번째 토론회에서 '조선에 급선무는 교육이다'[58]라는 주제를 선정하고 있는 사실과, 계몽활동과 함께 근대학교 설립을 위한 교육진흥운동을 적극 추진하였다는 사실에서도 엿볼 수 있다. 특히 『독립신문』은 국가발전을 위한 자주독립의 기초를 다지기 위해서는 무엇보다도 근대교육의 중흥이 필요하다는 점을 다음과 같이 강조하고 있다.

조선도 오날늘부터 시쟉ㅎ야 인민 교육ㅎ는 일만 멧 히 동안 힘쓰거드면 …… 정부와 인민이 서로 도와 줄 터이요 합심이 되야 츰 기화란 거시 될 터이니 …… 인민을 교육ㅎ야 멧 히 후에나 조선도 늠과 곳치

---

56) 『日省錄』 高宗 20年 3月 11日條.
57) 『독립신문』 1896년 5월 12일.
58) 『독립신문』 1897년 8월 31일.

되기를 브라노라[59]

朴殷植은「學規新論」에서 전국에 소학교 설립을 촉구하는 한편 "출연을 많이 내는 사람에게 褒證이나 官銜을 주어 이를 勸民하면 사립학교가 증설될 수 있을 것"이라는 구체적 방법과 함께 근대교육체제를 단계적으로 확립시킬 것을 역설하였다.[60] 또『皇城新聞』에서는 고종이 1906년 3월 28일「興學大詔」를 공포하자 이를 대서특필하고, 논설을 통하여 국력을 만회할 수 있는 길은 오직 민족의 실력을 양성하는 근대학교를 설립하여 근대교육을 활성화시키는 것밖에 없다는 점을 부각시켰다.[61]

이와 같이 근대교육은 갑오개혁 이후 국력부강의 기초가 교육에 있다는 사실을 인식한 민족선각자들과 독립협회를 비롯한 각종 사회단체에서 근대교육운동을 활성화시킴으로써 구국교육의식을 고조시켰다. 특히『독립신문』은 '논설'을 통하여 민족의 각성을 촉구하는 한편 부국강병은 근대교육의 실시 여하에 달려 있다고 주장하면서 근대교육을 위한 각종 학교의 설립을 다음과 같이 촉구하였다.

조선 사롬의 마음은 …… 교육이 업서 규칙과 법률을 직힐 줄 모르는 고로 …… 외국 사롬들이 업수히 넉인다.[62]

인민을 교육ᄒ는 거시 나라의 근본 …… 나라를 흥케 ᄒ고 외국의 업신 넉임을 안 밧으리면 …… 학교에 보내 교육시키는 것[63]

그리고 정부와 학부모에 대하여 근대교육운동은 곧 나라를 위하여

---

59)『독립신문』1896년 4월 25일.
60) 愼鏞廈,「朴殷植의 敎育救國思想에 대하여」,『韓國學報』1, 一志社, 1975, 75~76쪽.
61)『皇城新聞』1905年 3月 8日 기사를 비롯하여 교육진흥 문제를 다룬 기사가 자주 보인다.
62)『독립신문』1896년 4월 23일.
63)『독립신문』1896년 4월 30일.

제일 소중한 직무라는 점을 강조하면서 애국애족하는 마음으로 민족
교육을 실시할 것을 다음과 같이 제창하였다.

> 정부에서 학교를 지어 인민을 교육하는 거시 정부의 뎨일 쇼중흔 직
> 무……
> 즈식을 스룽흐는 사롬은 …… 즈식을 교육 식히는 것[64]

근대학교 설립운동은 1904년 '제1차 한일협약'과 1905년 '乙巳條約'
이 체결되면서 가속화되기 시작하였다. 민족선각자들은 '아는 것이 힘
이다', '배워야 산다'는 구호 아래 국력을 배양시키기 위해서는 민족교
육이 무엇보다도 필요하다는 사실을 통감하고, 각종 사립학교 설립운
동을 확대시켜 나갔다. 그리하여 사립학교 설립을 통한 교육구국운동
이 애국계몽운동의 중심 영역으로 전개되기 시작하였다. 이는 전국 각
지에서 많은 사립학교가 설립될 수 있는 직접적 요인이 되기도 하였지
만, 한국에 대한 일본의 강점 야욕이 구체적으로 나타났다는 사실을
반증하는 것이기도 하였다. 이 때 민족선각자들은 전국 각지에서 많은
근대 사립학교를 설립하였는데, 이를 정리하면 다음 <표 2-3>과 같
다.[65]

2) 주권수호를 위한 민족교육

일제는 러일전쟁에서 전세가 유리하게 전개되자 미국과 비밀조약
(Taft-桂회담)을 체결하였다. 뿐만 아니라 영국과 제2차 영일동맹을
체결하여 한국에서 열강의 간섭을 배제시키는 한편 친일단체인 일진
회를 동원하여 선무공작을 전개하기 시작하였다. 그리고 1905년 11월
에는 무력을 앞세워 강압적인 방법으로 제2차 한일협약(을사조약)의

---

64) 『독립신문』 1896년 5월 12일.
65) 孫仁銖, 『韓國近代敎育史』, 延世大出版部, 1971, 125~126 ;『황성신문』·
　　『제국신문』·『독립신문』·『대한매일신보』 등에 근거하여 작성하였음.

<표 2-3> 민족선각자들에 의해 설립된 사립학교

年代	學 校 名	設 立 者	所在地
1883	元 山 學 校	德 源 有 志	元 山
1895	興 化 學 校	閔 泳 煥	서 울
1895	樂 英 義 塾(뒤 乙未義塾)	社 會 有 志	서 울
1896	中 橋 義 塾	閔 泳 綺	서 울
1896	開 城 學 校	朴 琪 完	부 산
1896	松 川 私 立 學 校	유 지	松 川
1897	貞 善 女 學	金 養 堂	서 울
1898	順 成 女 學 校	讚 揚 會	서 울
1899	漸 進 學 校	安 昌 浩	江 西
1899	細 泉 夜 學 校(漢陽學校)	崔 鎭	서 울
1899	興 化 學 校 支 校	崔 處 圭	대 구
1899	達 成 學 校	유 지	達 城
1899	永 川 學 校	鄭 雲 哲	陽 根
1901	文 東 學 院	申 圭 植	靑 原
1901	洛 淵 義 塾(뒤 普光學校)	徐 光 世	서 울
1902	牛 山 學 校	梁 在 賽	서 울
1904	靑 山 學 院	全 德 基	서 울
1905	瑞 甸 義 塾	李 相 卨	龍 井
1905	養 正 義 塾	嚴 柱 益	서 울
1905	光 成 實 業 學 校	前 小 論 派	서 울
1905	漢 城 法 學 校	社 會 有 志	서 울
1905	普成學校(뒤 普成專門學校)	李 容 翊	서 울

체결을 강요함으로써 한국의 외교권을 강탈하였다. 이는 합법을 가장한 불법조약으로 전체 한국인들의 뜻과는 상반되는 것이었다.

이에 고종은 1907년 헤이그에서 열린 '萬國平和會議'에 李儁(一醒: 1858~1907) 등을 밀사로 파견하여 서구 열강에 그 부당함을 호소하려 하였다. 그러나 그마저도 일제의 용의주도한 방해공작으로 좌절되었을 뿐만 아니라 고종의 퇴위 명분만 만들어주었다. 그 결과 일제는 1907년 韓日新協約(丁未七條約)을 체결하여 조선통감을 통해 한국의 행정권과 사법권은 물론 인사권까지 장악하였다. 그리고 군사권을 장악하기 위하여 군대를 해산시키는 한편 一進會를 조종하여 병합상소를 올리도록 하는 계략을 실천에 옮겼다. 그 결과 1910년 8월 22일 한일합방조약을 강제로 조인토록 한 다음 8월 29일 본 조약을 공포함으로써 한국의 국권을 완전히 강탈하였다.

이러한 시대적 배경 하에서 민족운동이 전국 각지에서 동시다발로 일어났다. 이 시기의 민족운동은 크게 두 방향으로 추진되었다고 할 수 있다. 하나는 일제에 무력으로 대항하면서 자주독립을 쟁취하려 한 의병운동이며, 다른 하나는 민족의 힘(실력)을 축적해야만 자주독립을 이룩할 수 있다는 애국계몽운동이었다. 특히 의병운동은 한말의 위정척사사상에 바탕을 두고 있어서 충군애국정신이 투철하였기 때문에 을사·정미의병으로 확대 발전하였지만 조직적인 일제의 군대를 축출하는 데는 역부족이었다. 따라서 의병운동은 1908년 이후 만주·연해주 등지로 활동 근거지를 옮겨다니면서 해외 무장독립운동을 전개할 수밖에 없었다.

그러나 독립·민권 사상을 기반으로 자주독립을 쟁취하려고 했던 애국계몽운동은 언론·교육·산업 등 각 분야에서 自强之術을 연마하여 민족의 자주권을 쟁취하자는 실력양성운동을 꾸준하게 전개하였다. 당시 애국계몽운동의 전위대 역할은 각종 언론 단체에서 담당하였다. 즉 1896년 4월에 발행된『독립신문』을 비롯하여 1898년『帝國新聞』과 『皇城新聞』, 1904년『大韓每日申報』, 1906년『萬歲報』, 1909년『大韓民報』등 구한말의 5대지66)와 종교계의『基督敎新聞』,『京鄕新聞』, 『救世軍新聞』,『협성회회보』,『매일신문』,『商務新聞』,『京城新聞』, 『대한화성신문』,『대한신보』,『時事叢報』등은 개화기의 애국계몽운동을 선도한 언론기관이었다.

이와 같이 개화기 언론들은 한결같이 자주독립과 주권회복을 전제로 국민의식을 일깨우는 데 모든 역량을 발휘하였다. 특히 을사조약이 체결되자 張志淵은『황성신문』에「是日也放聲大哭」이란 논설을 게재하여 민족의 울분을 토로함과 동시에 일제의 침략적 만행을 규탄함으

---

66) 李海暢,「言論機關의 活動」,『韓國史(20)』, 國史編纂委員會, 1974, 40쪽.

로써 민족의 각성을 촉구하는 등 민중계몽지로서의 선도적 역할을 수행하였다. 이러한 현상은 천주교계에서 운영하던『경향신문』이「창간사」에서 "참된 개화와 거짓 개화를 분별시키고 올바른 개화와 방향을 제시해주고자 한다" 하여 애국계몽운동의 일환으로 발간되었다는 사실을 분명하게 밝히고 있는 사실에서도 짐작할 수 있다.[67]

　이런 점에서 이른바 '을사조약'은 한국인들이 주권회복운동을 과감하게 전개하는 기폭제가 되었다. 그리하여 국민들은 민족선각자들을 중심으로 각종 애국계몽단체를 조직하여 거족적인 결사운동을 전개함으로써 민족운동에 일대 전환기를 맞았다. 특히 민족선각자들은 1904년 保(輔)安會 조직을 시작으로 協同會 · 共進會 · 進明會, 1905년 憲政硏究會(1906년 大韓自强會로 改創), 1907년 大韓協會 · 新民會 등을 조직하여 국민들에게 애국의식을 고취시키면서 주권회복운동을 전개하는 데 앞장섰다. 특히 보안회는 일제가 요구한 황무지 개척권을 철회시키는 데 결정적인 역할을 하였다. 그리고 신민회 역시 교육, 애국강연회, 학회, 잡지 · 서적 간행, 민족사업, 청년회 조직, 독립군기지 건설 등 한민족의 실력배양운동을 전개하는 데 크게 기여하였다.[68]

　이러한 사실은『大韓協會月報』와『畿湖興學會月報』의 창간때「발간사」에서 다음과 같이 애국애족교육을 통한 국력배양론을 강조하고 있는 사실에서도 엿볼 수 있다.

> 　國은 자유에 의하여 生하며 人은 자유를 못하면 亡한다 …… 大韓의 문자를 骨에 刻하여 他人이 一步를 進할 前에 我는 百步를 進하라…… 國權을 만회하고 국토를 회복하여 文明上等國이 됨은 同胞兄弟姉妹의 자유정신에 기대하지 않을 수 없도다[69]

　'을사조약'의 체결은 결국 한국인들에게 실력양성의 중요성을 일깨

---

67)『京鄕新聞』1906년 10월 19일.
68) 愼鏞廈,「新民會의 創建과 그 國權恢復運動」,『韓國學報』8 · 9합집, 1977.
69)『畿湖興學會報』1, 1908년 8월.

워주는 계기가 되었을 뿐만 아니라, 교육열을 고조시키는 역할을 하였다. 그것은 애국계몽론자들이 西北學會(西友와 漢北興學會)를 비롯하여 湖南學會, 畿湖興學會, 嶠南敎育會, 大東學會, 女子敎育會, 太極學會, 大韓興學會, 大韓同寅會, 關東學會, 輔仁學會, 國民敎育會 등을 조직하여 교육사업활동을 전개하였다는 사실에서도 엿볼 수 있다. 그 결과 1908년 전국에는 150여 개의 각종 단체가 결성되어 국권회복을 위한 애국계몽운동과 함께 교육진흥운동이 전개되었다.70) 특히 민족지도자들은 국민에게 애국애족정신을 일깨워 주기 위해서도 서구의 근대학문 수용의 당위성을 역설하였다. 뿐만 아니라 낙후되고 낡은 교육시설부터 개선해야 한다는 목적에서 우선 근대교육을 담당할 사립학교 설립운동을 적극 추진하였다.

이 때 전국 각지에서 추진된 사립학교 설립운동은 학회·민족선각자·기독교계 등 세 갈래에서 전개되었다. 학회에서 설립한 사립학교로는, 서북학회가 1907년 1월 西友師範學校(교장 박은식)와 西北協成學校(설립자 姜華錫, 후에 五星學校)를 설립·운영하였다. 특히 신민회의 이동휘는 강화도에 普昌學校를 설립한 다음 보창학교 지교 설립을 유도한 결과 전국에 100여 개의 지교를 설립하기에 이르렀다.71) 또 기호흥학회는 1908년 6월 畿湖學校(교장 朴勝鳳)를 설립하였다. 본교는 후일 유길준이 설립한 隆熙學校와 병합하여 中央學校로 발전하였다. 그리고 여자교육회는 1906년 養閨義塾과 1907년 新學院을 설립하였으며, 대한동인회는 1907년 同寅學校를, 대동학회는 1907년 大東專修學校를, 보인학회는 1908년 보인학교를 각각 설립하여 근대교육기관의 요람으로 발전시켰다.72) 1906년에서 1909년까지 전국 각지에 설

---

70) 孫仁銖, 앞의 책, 1971, 31쪽. 李鉉淙의「舊韓末 政治社會結社言論團體 調査 資料」(『亞細亞學報』 2, 1960)에서는 40여 개로 파악되었다. 이는 중요한 단체에 한정된 것이고, 최소한 150여 개의 단체가 활동하고 있었다. 물론 이러한 단체가 모두 애국계몽을 위주로 활동하였는가 하는 문제에 대해서는 보다 구체적인 연구가 필요하다고 생각한다.
71)「敎育大家」,『대한매일신보』 1908년 12월 20일 잡보.
72) 孫仁銖, 앞의 책, 1971, 31~32쪽.

립된 사립학교를 정리하면 다음 <표 2-4>와 같다.[73]

<표 2-4> 사립학교 일람표

年代	學 校 名	設 立 者	所 在 地
1906	徽 文 義 塾	閔 泳 徽	서 울
1906	進 明 女 學 校	嚴 貴 妃	서 울
1906	淑 明 女 學 校	嚴 貴 妃	서 울
1906	愛 國 學 校	社 會 有 志	平 壤
1906	普 成 中 學 校	李 容 翊	서 울
1906	中 東 學 校	申圭植(崔奎東)	서 울
1906	峴 山 學 校	南 宮 檍	襄 陽
1906	養 閨 義 塾	女子敎育會	서 울
1906	華 野 義 塾	李 哲 鎔	抱 川
1907	新 學 院	女子敎育會	서 울
1907	西 友 師 範 學 校	西 友 學 會	서 울
1907	同 寅 學 校	大韓同寅會	서 울
1907	大 成 學 校	安 昌 浩	平 壤
1907	講 明 義 塾	李 承 薰	定 州
1907	五 山 學 校	李 承 薰	定 州
1907	普 昌 學 校	李 東 輝	江 華
1907	鳳 鳴 學 校	李 鳳 來	서 울
1907	西 北 協 成 學 校 (뒤 五星學校→光新商業學校)	西 北 學 會	서 울
1907	精 理 舍	柳 一 宣	서 울
1907	鏡 城 中 學 校	李 鍾 浩	鏡 城
1907	養 實 學 院	社 會 有 志	義 州
1907	楊 山 小 學 校	金鴻亮·金九	安 岳
1907	保 强 學 校	金 九	載 寧
1907	長 薰 學 校	社 會 有 志	서 울
1908	畿湖學校(뒤 隆熙學校와 倂合 하여 中央學校로 發展)	畿湖興學會	서 울
1908	東媛女子義塾(뒤 同德女子義塾)	趙 東 植	서 울
1908	養 原 女 學 校	尹 高 羅	서 울
1908	新 明 學 堂	金 洪 植	金 堤

---

73) 孫仁銖, 위의 책, 35~36쪽.

1908	協　　東　　學　　校	金 東 三	安　東
1908	明　　東　　學　　校	金 學 淵	明　東
1908	星　　明　　學　　校	金 昌 淑	星　州
1908	普　明　女　學　校	普明女子敎育會	서　울
1908	養　貞　女　學　校	崔 誠 卿	서　울
1908	大　東　專　修　學　校	大 東 學 會	서　울
1908	輔　仁　學　校	輔 仁 學 會	서　울
1908	昭義學校 (뒤 東星商業學校)	張 志 暎	서　울
1909	隆　熙　學　校	兪 吉 濬	서　울
1909	楊　山　中　學　校	金 鴻 亮	安　岳
1909	華　山　學　校	閔 泳 祚	高山(全北)

　　<표 2-4>에 나타나 있는 각종 사립학교들은 비교적 명문학교였다고 짐작될 뿐 그 정확한 수는 상세하게 파악할 수 없다. 다만 총독부 통계에 의하면, 「사립학교령」이 공포된 1908년 이후 전국의 국립·공립·사립학교는 모두 54여 개 교에 학생 수가 약 20000여 명에 이르렀다. 그런데 1909년에 제출된 사립학교 설립청원서만 해도 무려 2056건에 이르렀다.[74] 그러나 1910년 국권 피탈시 정식으로 인가받은 사립학교 수는 2250여 개 교로 나타나 있으나 학부로부터 정식으로 인가받지 못한 사립학교 수는 700여 개 교로 나타나 있다.[75]

　　한편 일제는 「사립학교령」을 공포하여 사립학교 교육을 탄압하였다. 즉 일제는 "사립학교로서 완전한 것은 장려하고 폐가 있는 것은 선도한다는 것을 목적"으로[76] 한다고 규정해 놓고도, 본래의 취지와는 달

---

74) 朝鮮總督府, 『朝鮮の保護と併合』, 1918, 378쪽 ; 國史編纂委員會, 『韓國獨立運動史(1)』, 探求堂, 1965, 359쪽. 이 자료에 근거하면 1개 교의 재학생 수는 대략 400여 명이었다고 파악된다. 그러나 당시의 각종 사립학교가 600여 개 교로 소규모로 운영되었다는 사실을 감안할 때 통계는 명료하지 못하다고 생각된다. 그렇지만 이를 통해서 구국교육운동이 얼마나 적극적이었는가를 엿볼 수 있다.

75) 『大韓每日申報』 1906년 9월 18일 ; 弓削幸太郎, 『朝鮮の敎育』, 東京 : 自由討論社, 1923, 73쪽.

76) 韓國靑年文化硏究會, 『韓國敎育二千年史』, 民友出版社, 1983, 249쪽.

리 민족교육을 위축시키는 제도로 악용하였다. 그러므로 민족선각자들은 일제의 탄압을 피해 만주·간도·연해주 등지로 망명할 수밖에 없었으나, 구국교육운동을 계속하였다. 이는 민족선각자들이 그 곳에서 어려운 생활을 하면서도 무려 130여 개의 사립학교를 설립하여 국외 민족교육의 본거지로 삼았다는 사실에서도 엿볼 수 있다.[77]

한편 기독교계 선교사들은 복음전파를 몸소 체험하였던 예수의 정신을 근간으로 사립학교 건립에 적극성을 보였다. 즉 마태복음에서 "예수께서 모든 성과 촌에 두루 다니사 저희 회당에서 가르치시며 천국복음을 전파하시며 모든 병과 모든 약한 것을 가르치시니라"[78] 하고 계시한 기독교 정신에 따라 한국인을 대상으로 적극적인 의료활동과 근대교육활동을 전개하였다. 한국인을 불행에서 구하고 계몽시킨다는 목적에서 출발한 기독교계의 선교활동은, 서구의 새로운 근대사상을 심어주는 데 헌신적인 노력을 경주하였다. 특히 이들 선교사의 활동은 서구의 근대문화와 근대문명을 전래시키는 데 크게 공헌하였다. 그 결과 전국 각지에 많은 기독교계 근대학교가 설립되었다. 1910년 2월 현재 기독교계 각 종파에서 설립한 각종 학교만도 무려 796개 교에 이르렀다. 이를 정리하면 다음과 같다.[79]

기독교 종파별 학교수

長老派	501	監理派	158
聖公會	4	安息敎	2
天主敎	42	各派合同	1
종교 미상	84		

이와 같이 전국 각지에 설립된 각종 사립학교는 '을사조약'이 체결된 이후 교육구국운동의 대전제 아래 '인재 양성'이라는 민족적 여망에 부

---

77) 孫仁銖, 앞의 책, 125쪽.
78) 마태복음 9장 35절.
79) 孫仁銖, 앞의 책, 25쪽.

응하면서 설립되었다. 이런 점에서 사립학교의 설립정신은 개화운동과 더불어 한국사회를 근대화시키고 국권을 회복해야 한다는 민족적 소명의식과 민족의식 속에서 출발하였다. 그러나 일부 사립학교는 기존의 유학적 전통교육의 틀을 크게 벗어나지 못한 것도 사실이다. 때문에 당시의 사립학교는 보잘것 없는 낡은 시설이 태반이었지만, 민족을 구해야 한다는 교육이념과 구국정신만은 대단히 투철하였다. 이는 당시 사립학교 설립운동에 앞장섰던 南宮檍이 "國權更生의 길은 오직 하나 교육밖에 없다"는 일념에서 峴山學校와 牟谷學校를 설립하였다고 밝히고 있는 사실과, 普成學校의 건학정신이 "請廣開校 敎育人才 以復國權"에 있었던 점을 통해서도 짐작할 수 있다.

특히 安昌浩(島山 : 1878~1938)의 구국적인 애국정신은 대성학교 교훈인 '務實力行', '主人精神'에 잘 함축되어 있다. 그는 민족의 실력을 배양해야 한다는 한 가지 신념으로 大成學校를 비롯한 靑年學友團・太極書館・馬山磁器會社를 설립하여[80] 민족의 역량을 배양하는 데 앞장섰다고 밝히면서 교육의 중요성을 다음과 같이 강조하고 있다.

> 자아혁신과 자기개조를 통해서 민족혁신과 민족개조를 이룩하려면 다른 무엇보다도 교육이 중요하다.[81]

그러므로 당시의 학생들은 주로 외국의 혁명사나 망국사를 탐독하면서 스스로 애국・애족정신을 함양시켜 갔다. 당시의 학생들이 즐겨 읽던 필독서를 정리하면 다음과 같다.[82]

학생의 필독서

『乙支文德傳』	『姜邯贊傳』	『李舜臣傳』
『崔勉庵傳』	『崔都統傳』	『越南興亡史』

---

80) 李光洙, 『島山安昌浩』, 大成出版社, 1947 참조.
81) 孫仁銖, 앞의 책, 40쪽.
82) 金鎬逸, 앞의 논문, 1980, 78~79쪽.

『波蘭亡國史』　　　　『佛蘭西革命史』　　　『華盛頓傳』
『伊太利建國三傑傳』　　『幼年心讀』　　　　『幼年心讀釋義』
『大韓地誌』　　　　　　『大韓新地誌』　　　『歷史輯略』
『大韓歷史略』　　　　　『新訂東國歷史』

위의 필독서는 모두 학생들의 애국애족사상을 고취시키는 데 크게
공헌하였다. 이 시기 민족선각자들은 근대교육을 통하여 민족의 실력
을 쌓으면 민족의 힘은 자연히 축적될 수 있으며, 더 나아가 민족의 주
권을 회복할 수 있다는 확신 아래 근대교육운동을 발전시켜 나갔다.
　민족지도자들의 근대교육에 대한 열기는 결국 정부의 교육정책에
적지 않은 영향을 주었고, 이에 자극받은 정부는 전국 각지에 관·공

<표 2-5> 관·공립 중등학교 수

교 명	소재지	학 과	수업 연한	학생수
관립한성고등학교	경 성	고 등 보 통	4년	32
관립평양고등학교	평 양	고 등 보 통	3년	34
관립한성외국어학교	경 성	각종 외국어	(일어속1)	38
관립인천실업학교	인 천	상 업	3년	60
관립한성고등여학교	경 성	여자고등보통	본과3, 예성2	224
공립부산실업학교	부 산	상 업	3년	87
공립대구농림학교	대 구	농림업, 측량	본과2, 속성1	50, 31
도립평양농업학교	평 양	농림업, 측량	본과2, 속성1	50, 31
공립전주농림학교	전 주	농림업, 측량	2년	50
공립함흥농업학교	함 흥	농림업, 측량	2년	?
공립진주농업학교	진 주	농림업, 측량	3년	?
공립광주농림학교	광 주	농림업, 측량	본과3, 속성1	?
공립춘천농업학교	춘 천	농 림 업	2년	27
공립군산보통학교 병설 군산실업학교	군 산	농 림 업	2년	40
공립정주농업학교	정 주	농 림 업	2년	?
공립제주농림학교	제 주	농 림 업	3년	?
재단법인 사립 선린상업학교	경 성	상 업	본과2, 전수2	125, 12

립학교를 설립하도록 조칙을 내렸다. 물론 여기에는 일제가 식민지 교육정책을 수행할 수 있는 인재를 양성한다는 목적도 함께 작용하였다. 그리하여 이미 산발적으로 설립된 사립학교를 정부에서 인수하여 공립학교로 전환하기도 하였다. 그 결과 국권 피탈 직후인 1911년(융희 4) 4월 전국 각지에서 관·공립 중등교육기관이 설립되었는데, 이를 정리하면 앞의 <표 2-5>와 같다.[83]

이상으로 개화기의 민족교육에 대해 개관해 보았다. 먼저 개화사상의 형성에는 천주교를 비롯한 서학의 영향이 대단히 컸음을 알 수 있다. 그러나 개화사상의 주체는 어디까지나 한민족의 전통사상 속에서 자생적으로 발생한 실학사상과 동학사상에서 이미 싹트고 있었음을 간과해서는 안 될 것이다. 왜냐하면 앞에서 살펴본 바와 같이 실학사상이나 동학사상 속에는 이미 근대지향적인 개화의식이 움트고 있었기 때문이다. 특히 민족적 주체의식과 근대지향적 개화의식이 고조되는 속에서 개화의 필요성을 인식한 민족선각자들은 근대교육을 통한 '개화'만이 국력부강은 물론 국권회복을 이룩할 수 있는 유일한 수단이라는 대전제 아래 정부에 근대교육기관의 설립을 촉구하였다. 뿐만 아니라 그들 스스로 근대학교를 직접 설립·운영하면서 개화교육을 통한 민족교육의 육성에 앞장섰다.

이런 점에서 민족선각자를 비롯한 각계 각층의 지도자들에 의하여 설립된 각종 근대교육기관은 개화교육을 통하여 한국사회를 근대사회로 발전시키는 데 크게 공헌하였다. 특히 기독교계를 비롯한 종교계에 의하여 설립된 각종 근대교육기관은 한국의 사회적 풍조를 변화시키는 데 큰 역할을 하였다. 따라서 민족선각자들의 근대학교 설립운동에 대한 파악은 개화사는 물론 근대교육사를 이해하는 데 필수적인 것이라고 생각한다.

---

83) 韓基彦, 『韓國敎育史』, 博英社, 1983, 304쪽.

제3장 유교계의 교육운동

1. 유교교육의 역사적 배경

1) 전통유학과 그 교육

유교(유학)가 언제 한국에 전래되었는지는 정확하게 알 수 없다. 그러나 유교는 그 어떤 외래 문화나 사상보다도 먼저 한국에 수용되어 한민족의 발전에 많은 영향을 미쳤다.『三國史記』「百濟本紀」에 의하면 백제의 왕인은 일본에『論語』10권과『千字文』1권을 전하였다고 기록되어 있다.[1] 이것은 백제에 이미 공자의 가르침이 수록된『논어』에 대한 이해가 축적되어 있었음을 시사한다. 또 고구려에서도 불교가 전래된 372년(소수림왕 2)에 이미 太學을 설립하여 귀족층 자제들을 교육시켰고, 신라도 628년(신문왕 2)에 國學을 설립하였다고 기록되어 있다.

태학과 국학은 유교 이념을 구현하려는 국가가 공인한 교육기관으로 중국의 교육제도에서 온 것이다. 고구려와 신라에서 이 태학과 국학을 설립하였다는 것은, 이러한 교육기관을 통해 유교이념을 현실정치에 활용하고자 했음을 알 수 있다. 이러한 사실로 미루어 짐작할 때 유교는 불교가 수용되기 이전에 이미 한국에 전래되어 삼국시대의 정

---

1) 왕인은『논어』와『천자문』을 갖고 도일하여 태자인 兎道稚郎子의 스승이 된 후 일왕의 요청으로 군신들에게 經史를 가르쳤다. 그러한 연유로 하여 그는 현재 飛鳥文化의 시조로 일본에서 추앙받고 있다.

치와 사상은 물론 교육 면에서 한민족을 교화시키는 데 주도적 역할을 담당하였다고 보아야 할 것이다.

유교의 수용은 堯·舜·禹·湯·文武·周公의 道를 집대성한 孔子의 사상을 받들자는 것을 의미한다. 유교가 지향하는 궁극적인 목표는 內聖外王과 修己治人이다. 따라서 유학은 창시자인 공자의 '仁' 사상을 최고의 이념으로 삼아 "修身齊家 治國平天下"를 이룩할 수 있는 덕성을 함양하는 데 목표를 두고 있었다. 이런 점에서 유교교육은 안으로 聖人에 이르고, 밖으로 왕도정치를 실현할 수 있는 인간을 양성하는 데 그 목적이 있었다. 그러므로 유교 경전인 四書(論語·孟子·大學·中庸)와 五經(詩經·書經·周易·禮記·春秋)은 유교적 교육목표를 성취할 수 있는 기본 교재로 활용되었다. 그러므로 태학과 국학은 그 설립목적을 삼국시대에 이미 유교경전을 통하여 정치제도와 법률제도를 잘 익히고 배울 뿐만 아니라 그것을 잘 운영할 수 있는 관리능력을 배양하는 데 두고 있었다고 볼 수 있다. 따라서 조선의 性理學이 지닌 교육목표도 여기에 부합될 수밖에 없었다.

성리학은 조선에서 국가 경영의 기본적인 도학(治國之道)으로 채택되었을 뿐만 아니라 成均館을 중심으로 이를 가르치는 교육기능을 강화시켜 나갔다. 이로써 정치·경제·법률·윤리·도덕·문화·예악·교육 면에서 유교적 교육이념의 위상을 확립하였다. 성리학은 주지하는 바와 같이 우주의 근본 원리를 탐구하고 天과 人의 관계를 형이상학적으로 파악하여 인간본위의 당위성을 찾자는 학문이다. 때문에 조선의 교육목표 역시 유교의 실천덕목인 '수기치인'을 실현하기 위하여 인격을 함양하고 군자의 도를 닦는 데다 두었다. 그렇지만 성리학이 차츰 공리공론에 젖어들면서 '爲人之學'보다는 '爲己之學'으로 변질됨으로써 실천보다는 이론을, 내용보다는 형식을 강조하는 비합리적인 전통을 낳기도 하였다.[2]

따라서 조선사회에서 성리학이 지향하던 교육목표도 민중의 교화나

---

2) 元裕漢·尹炳奭, 『韓國文化史大系』, 三珍社, 1973, 183~185쪽.

사회적 문화수준을 향상시키는 데 두었다기보다는 고급관리를 양성하는 데 편중되는 경향을 보임으로써 입신양명의 수단인 과거의 학문으로 전락되었다.[3] 그러나 개인의 심신수양을 통하여 인격을 향상시키고, 왕권수호를 통해 자주독립사상을 고취시키는 데 공헌하였다는 점을 결코 부정해서는 안 될 것이다.

한편 유학은 經世의 학문으로 실천덕목을 "수신제가 치국평천하"에 두고 있었다. 이는 『大學』은 물론 『孟子』「離婁」에서 전통적 유교가 추구하고 있는 교육목표 역시 修己治人의 실천에 두고 있었다는 사실을 통해서 확인할 수 있다.

사람이 항상 말하여 가로되 …… 천하의 근본은 나라에 있고 나라의 근본은 家에 있고 家의 근본은 몸에 있다.[4]

이런 점에서 유교교육은 단순한 지식을 전달하기 위한 교육은 아니었다. 오히려 政教合一의 논리에 근거하여 도덕을 현실정치에 응용할 수 있는 군자적 인간을 양성하기 위한 덕성교육이 더욱 중요한 목표였다. 따라서 유교에서 말하는 교육은 위정자는 물론 교육자와 피교육자인 백성 모두에게 智·仁·勇을 가르치고 키우자는 것이었다. 즉 옳고 그른 것을 판단할 수 있는 智, 孝·和·愛를 실천할 줄 아는 仁, 그리고 올바른 일을 실행에 옮길 줄 아는 勇을 길러 주는 학문이다.

이는 율곡 이이가 『擊蒙要訣』 서문에서 윤리적·도덕적인 면을 다음과 같이 강조하고 있는 사실에서도 짐작할 수 있다.

---

3) 유교계의 근대교육에 관한 연구 논문의 대략을 정리하면 다음과 같다. 崔榮玉, 「韋庵 張志淵의 自强教育思想」, 『淑大史論』 8, 1974 ; 具滋赫, 「張志淵의 歷史意識과 教育論」, 『歷史教育』 27, 1980 ; 愼鏞廈, 「朴殷植의 教育救國思想에 대하여」, 『韓國學報』 1, 1975 ; 愼鏞廈, 「申采浩의 愛國啓蒙思想」, 『韓國學報』 19, 1980 ; 金孝善, 『朴殷植의 教育思想研究』, 延世大 博士學位論文, 1985.

4) 『孟子』 離婁, "孟子曰 人有恒言 …… 天下之本在國 國之本在家 家之本在身".

사람이 세상에 나서 학문이 아니면 사람이 될 수 없다. 학문이란 별다른 것이 아니라 父로서의 慈愛, 子로서의 孝, 臣으로서의 忠, 夫婦간의 有別, 兄弟간의 우애, 어른에 대한 恭敬, 그리고 친구에 대한 信을 지켜 日用凡事에 그 마땅함을 얻게 하는 것이다.[5]

그리고 『中庸』에서는 유교교육의 이념과 실천 방안을 다음과 같이 제시하고 있다.

자기의 본성을 다 발휘시킨 후에야 다른 사람의 본성을 다 발휘시킬 수 있다. 그리고 사람들의 본성을 다 발휘시킨 후에야 물질의 본성을 다 발휘시킬 수 있으며 물질의 본성을 다 발휘시킨 후에야 천지가 더불어 화육하는 힘을 도울 수 있게 된다.[6]

즉 사람이 本性을 깨우치면 物性을 깨달을 수 있고, 물성을 깨우치면 天地의 化育을 이해할 수 있다는 것이다. 이것은 본성을 깨우치면 天地와 더불어 병립할 수 있다는 논리적 계제성에 의거하여 仁을 실현하기 위한 개개인의 덕성 함양에 기초를 둔 윤리교육을 특별히 강조한 것이라고 할 수 있다.

그러나 공자는 『論語』 「子路篇」에서 선비(士)의 윤리관을 강조하였다. 그리고 이와 병행하여 농업·상업·수공업 등 생산업과 관계된 산업교육 내지는 기술교육을 경시하는 사회풍조를 다음과 같이 비판하고 있다.

윗사람이 禮를 좋아하면 民은 감히 공경하지 아니함이 없고 윗사람이 義를 좋아하면 民은 복종하지 아니할 수 없고 윗사람이 믿음이 있으면 民은 정성을 아니 할 수 없을 것이다. 윗사람이 이렇게 한다면 사방의 民이 그 자식을 업고 농사하는 일을 배우려고 하겠는가[7]

___

5) 『擊蒙要訣』(『栗谷集』 1, 민족문화추진회 편, 경인문화사, 1977, 74쪽).
6) 『中庸』, "能盡其性 則能盡人之性 能盡人之性 則能盡物之性 能盡物之性 …… 則可以贊天地之化育 可以贊天之化育 則可以與天地參矣".
7) 『論語』 子路篇, "子曰 …… 上好禮 則民莫敢不敬 上好義 則民莫敢不服 上

이와 같이 유교는 삼국시대에 전래된 이후 국가 교육기관의 이념으로 채택되었다. 특히 고려시대는 漢·唐代 이후 크게 발전한 詞章·訓古 위주의 경학을 수용하여 정치발전을 도모하였다. 그러나 조선시대에는 宋代 朱熹에 의하여 집대성된 성리학 즉 朱子學을 국가의 지도이념으로 채택하여 학문적 체계를 수립하고 교육적 기능을 확대시켜 나갔다. 그러나 주자학이 과거의 기본과목으로 채택되면서 선비들이 기술교육을 경시하는 경향이 나타났다. 이러한 사회적 풍조와 학문적 경향은 결국 한국을 비롯한 유교 문화권의 국가에서 과학기술교육이나 산업교육을 침체시키는 주된 요인으로 작용하였다.

2) 개신유학의 대두

조선의 통치이념으로 자리잡게 된 성리학은 性理와 義理의 탐구에 역점을 둔 道問學에 치중한 주자학자들에 의하여 하나의 큰 줄기를 형성하면서 발전하였다. 그러나 임진왜란 이후 현실적 모순을 개혁하려는 실학사상이 대두되면서 성리학과 의리학만이 아닌 유교 이념의 현실 적용과 실천성이 강조된 經世學과 利用學 등의 부분에서도 그 빛을 발휘하기 시작하였다. 즉 실학사상은 전근대적 의식에 대립되는 근대의식 내지는 근대지향적인 의식으로서 종래의 중화중심 세계관에서 탈피하여 민족의식을 척도로 재구성된 개신유학이라고 할 수 있다.8) 그리고 같은 시기 일부 지식층을 중심으로 흡수되기 시작한 서양문물과 서학(천주교·천주학) 역시 전통 유학의 바탕 위에서 수용되었다. 또 병자조약을 전후하여 異樣船이 자주 출몰하면서 대두하기 시작한 위정척사 사상도 조선의 존립을 위협하는 서양의 물질문명에 대한 內修를 강조함으로써 정통 유학의 입장에서 內政의 결함을 지적하였을

好信 則民莫敢不用 情 夫如是 則四方之民 襁負其子而至矣 焉用稼".
8) 千寬宇, 「韓國實學思想史」, 『韓國文化史大系(12)』, 高麗大民族文化研究所, 1972, 961~964쪽.

뿐만 아니라 격렬한 비판도 서슴지 않았다.

이런 점에서 실학사상은 조선 후기 전통사상을 자체 내에서 성숙시키고 발전시켜 근대화로의 방향을 제시한 내적 요인이 되었으며, 서학은 근대화의 외적 요인이 되었다고 할 수 있다. 그러나 개화정책은 병자조약 이후 내정개혁과 함께 싹트기 시작한 개화사상가들, 특히 개신유학자들에 의하여 '부국강병'을 목표로 설정된 '東道西器論'이 대두되면서 크게 확산되었다.9) 즉 우리의 사상인 주자학을 바탕으로 서양의 신문물을 받아들이자는 '부국강병'론이 개신유학자들에 의하여 크게 부각되었다. 이러한 개화정책은 '갑신정변'의 좌절로 집권한 수구세력이 급진적인 개화사상가들을 퇴조시키는 한편 온건적이던 金允植(雲養 : 1835~1922)·金弘集(道園 : 1842~1896)·魚允中(一齋 : 1848~1896) 등의 의견을 수렴하면서 점진적으로 추진되었다. 보다 적극적인 개화정책은 1894년 갑오경장 이후 크게 확산되었다.

한편 1881년 영선사로 청국에 갔던 김윤식은 중국에서 근대지향적인 정치인은 물론 많은 기술자들과 접촉하면서 중국 관료들이 주장해 오던 洋務論의 당위성을 인식함으로써 이를 적극 수용하려는 입장을 취하였다. 양무론은 中體西用을 모토로 부분적 개방과 부분적 개혁을 통하여 서구적 근대화를 추진하려는 중국의 자강운동이다. 이는 중국의 전통적 대외정책의 하나인 '以夷制夷' 원칙에 근거하여 夷의 技藝를 배워 군비를 강화한 다음 夷 즉 서구제국의 열강을 제어하려는 '자주부강'에 목표를 두고 있다.10) 이런 점에서 김윤식은 양무론의 이념을 수용하여 자강론의 사상적 기초를 마련하였을 뿐만 아니라 이를 체계화시키는 데 결정적인 역할을 하였다고 할 수 있다.11)

---

9) 尹善學이 上疏(1882, 고종 19)에서 東洋의 道를 고수하되 西洋의 器를 채용할 것을 주장한 데서 나온 용어로 韓沽劤이 「開港 當時의 危機意識과 開化思想」(『韓國史研究』 2, 1968)에서 처음 사용하였다.
10) 小野川秀美, 『淸末政治思想研究』, 東京 : みすず書房, 1975, 3쪽.
11) 『雲養集』 卷7, 議(『金允植全集』, 亞細亞文化社, 1980, 481쪽), "余在天津 …… 嘗爲余言天下之形勢 勤之自彊 余每聞之 未嘗不怵然勤".

김윤식은 許其光(機器局總辦)과의 談草에서 일본과 서양 각국의 부국강병에 대한 장·단점을 다음과 같이 지적하였다.

근대 일본은 자강에 힘써 왔는데 그 중에 실책은 上下節省이 단지 富民으로써 위주로 하여 그 추진에는 오히려 편안하지 못했던 것이다. 서양 각국에서는 의논이 아래에서 일어났으며 윗사람들은 이루려는 마음이 없었던 까닭에 실패하는 일이 드물었다. 오직 우리 동양만은 이러한 방법을 순용하지 못하였다.[12]

김윤식은 다분히 개신유학의 입장에서 '동도서기론'을 고수하려는 의도를 분명하게 밝히고 있다. 그러나 이러한 김윤식의 태도는 결국 '갑신정변'을 주도한 김옥균을 비롯한 급진적 개혁세력과의 관계가 소원해지는 원인을 제공한 것으로 짐작된다.

김윤식은 자신의 자강론을 체계적으로 발전시키기 위하여 羅豊祿(勅史)과 劉含芳을 비롯한 중국의 양무론자들에게 국력부강의 구체적 방법을 질문하였다. 이 때 羅豊祿은 부국강병을 추진하는 緩急事에 대하여

그 목표를 다스리는 것은 급한 일이며, 그 근본을 다스리는 것은 나중의 일이다. 興學·敦化는 그 근본이며, 理財·治兵은 그 목표일 뿐이다.[13]

라고 대답하였고, 또 劉含芳은 일본의 부국강병의 폐해에 대하여

일본은 부국이지만 국채가 천만금에 달하고, 일본은 강하지만 王京의 兵을 버렸으니 백성 모두가 이탈하였다. 이른바 부국강병이라는 것

---

12) 『雲養集』卷7, 議, "許曰 自强之弊 …… 近日日本 綠務自强 其中則虛 然上下節省 惟以富民爲主 其進 尙未艾也 秦西各國 議起於下 在上者無成心 故鮮有敗事 惟我東洋 不可純用此法".
13) 『陰晴史』下, 高宗 19年 6月 13日條, "羅曰 急則治其標 緩則治其本 興學敦化 是其本也 理財治兵 是其標也".

은 …… 스스로를 해칠 뿐이다.14)

라고 대답하였다.

이 때 김윤식은 나풍록과 유함방과의 필담을 통하여 이미 일본 개화의 모순을 인식하고 있었던 것으로 보인다. 그는 體用論에 근거한 '동도서기론', 즉 유학을 바탕으로 서구의 선진 기술과 문물을 수용하는 데 더욱 확신을 갖게 되었다. 그 결과 「私議十六編」에서 부국강병을 추진할 수 있는 관리를 등용하기 위해서도 우선 인재양성을 위한 근대교육이 무엇보다도 중요하다는 점을 다음과 같이 강조하고 있다.

> 구주 제국이 부강한 까닭은 학교교육이 성한 데 있고 인재를 양성한 후에 관리로 등용하여야 한다.15)

그것은 김윤식이 근대교육을 통해 인재를 양성하여 관리로 채용하면 정치개혁을 점진적으로 추진할 수 있다고 보았기 때문이다. 그러나 김윤식을 비롯하여 '동도서기론'을 지지하던 유학자들이 주자학적 이념체계를 뛰어넘어 독자적 세계관을 형성하는 데 영향을 미친 것은 서구의 자연과학과 관련된 기술서적들이었다. 특히 증기기관·기계·물리·화학·수학·채광·야금·천문·지리·항해·측량·군사학 등은 개신유학자들에게 많은 영향을 미쳤다.

이러한 경향은 개화기 서재필을 중심으로 한 민간인들이 민중운동을 주도하기 위하여 조직한 '독립협회'의 사상적 계보를 통해 서로 확인할 수 있다. 이에 대하여 신용하는 개화사상과 '독립협회'의 사상적 계보의 유사성을 다음과 같이 분류하고 있다.16) 즉 신용하는 첫째 서재필·尹致昊(佐翁) 등은 초기 개화사상을 계승 발전시키면서 서구의

---

14) 『陰晴史』上, 高宗 19年 2月 21日條, "劉曰 日本之富 國債盈千萬 日本之强 舍王京之兵 皆離心離德 所謂富强者 …… 亦自害也".

15) 『續陰晴史』卷4, 高宗 26年 閏2月 8日條. 餘作私議十六條는 雲養이 沔川 귀향시 저술한 미공개 문장이다.

16) 愼鏞廈, 『獨立協會研究』, 一潮閣, 1976, 138~140쪽.

시민사상을 도입·수용하려 한 계통이고, 둘째 南宮檍(翰西 : 1863~
1939)·鄭喬(秋人 : 1856~1925)·高永根 등은 초기 '동도서기론'적 사
상을 계승하고, 개신유학의 전통을 한층 더 발전시키기 위하여 서구
시민사상의 영향을 취사 선택하려고 한 계통이라고 구분하였다. 그리
고 독립협회는 내적인 전통사상의 바탕 위에서 두 줄기의 사상이 결합
하여 창립되었으며, 또 그 사상을 바탕으로 수립·발전되었다고 지적
하였다.

이와 같이 독립협회는 근대사상을 자강개혁사상에 접목시키는 데
크게 기여하였다. 즉 독립협회는 상소를 올리고 연설회를 개최하여 개
화의식을 고취시키는 한편,『독립신문』을 통하여 개화사상을 자강운동
으로 확산시키는 데 큰 역할을 하였다. 더구나 이 시기는 중국에서 변
법자강운동이 활발하게 추진되던 때로, 박은식·신채호·장지연 등으
로 대표되던 개신유학자들이 언론과 강연회 등을 통하여 구국운동을
적극 추진하던 시기였다. 그 과정에서 가장 큰 성과를 거둔 것이 근대
교육운동이었다. 특히 박은식을 비롯한 개신유학자들은 전통유학은 지
배계층만의 학문이었기 때문에 발전하지 못하였다며 그 폐단을 다음
과 같이 비판하고 있다. 첫째 민에게 보급시킬 의지가 부족하였다는
점, 둘째 폐쇄적이었다는 점, 셋째 지리간만한 공부를 숭상하였다는 점
을 지적하였다.17) 그러므로 이들은 전통유학이 한계점을 스스로 극복
하면서 근대사상으로 발전하기 위해서는 양명학에 기초를 둔 민중적
유교, 세계적 유교, 실천적 유교로 개혁시켜야 한다는 점을 특별히 강
조하였다.

---

17) 朴殷植,「儒敎求新論」,『朴殷植全書』下卷, 檀國大東洋學硏究所, 1975, 45
쪽.

2. 개신유학의 교육구국사상

1) 박은식의 교육구국사상

朴殷植(白巖 : 1859~1926)은 한말 유학자로 개화기의 애국계몽운동을 주도한 대표적 인물이다. 그는 국운이 날로 쇠퇴해 가는 현실을 개탄하면서 일제에 대항하여 민족의 역량을 배양시킬 수 있는 것이면 무엇이든 수용하여 민족적 위기를 극복하려는 데 철저했다. 그는 자기 시대를 일컬어 "大砲와 巨艦으로 占奪하는 시대, 과학의 실용시대"라고 지적하고,[18] 서구의 신문물·신지식을 비롯한 근대학문을 적극 수용하여 시대적 난관을 해결할 것을 제안하였다. 이런 맥락에서 전통적 유교는 서양의 무력적 침탈이라는 시대적 난제를 해결하기에는 너무 낡은 학문일 수밖에 없었다. 그러므로 박은식은 민족의 성쇠와 국가의 존망은 국세의 강약에 달려 있다는 기본 인식 속에서 국권회복이라는 대전제 아래 '자강부강'을 목표로 유교교육을 개편시킬 것을 강력하게 피력하였다. 박은식 자신이 개화사상에 대하여 다음과 같이 밝히고 있는 사실에서도 이를 짐작할 수 있다.

> 余도 幼年부터 오즉 朱子學을 강습ᄒ고 尊信ᄒ야 晦庵의 影幀을 書室에 私奉ᄒ고 每朝에 瞻拜한 사실이 잇섯다. …… 四十歲 이후에 世界 學說이 輸入되고 言論自由의 時期를 만나매 …… 思想이 저윽이 變動됨으로 우리 先輩의 嚴禁하던 老莊楊申韓의 學說이며 佛敎와 基督의 敎理를 모다 縱覽케 되엿다.[19]

또 박은식은 1901년에 「興學說」을 저술하여 세계 각국의 풍속이 모두 종교를 통해서 유지되며, 종교가 국가의 명맥을 보전하는 도로 활용되고 있다는 점을 강조하였다.[20] 이러한 인식에 기초하여 박은식은

---

18) 『東亞日報』 1925년 4월 3일(朴殷植, 『朴殷植全書』 下卷, 98·197·198쪽).
19) 朴殷植, 『朴殷植全書』 下卷, 197쪽.

유교는 한민족의 전통 속에서 뿌리내린 종교이지만 군주의 종교로 전
락함으로써 구국종교로서의 위상을 상실하게 되었다고 비판하였다.[21]
그러므로 유교를 민족단결을 위한 구국종교로 개신하여 국권회복운동
의 정신적 지주로 삼아서 "吾國의 독립을 오국의 자력으로 쟁취하여야
한다"[22]는 '자강론'에 바탕을 둔 자주독립사상을 고취시켰다. 한편 서
구열강은 근대교육을 실시하여 새로운 지식을 발전시키고 서구의 과
학기술 문명을 실제로 활용함으로써 세계적인 강국으로 부상하였다는
사실을 상기시켜주었다. 그리고 한국도 강대국으로 성장하려면 제도개
혁을 추진하는 것이 무엇보다도 필요하다는 점을 강조하였다. 그러나
제도개혁보다 우선적으로 해결하여야 될 당면 과제로서 근대교육을
실시하여 민중의 식견을 개발시키고, 모든 기계를 자유자재로 이용할
수 있는 산업역군을 양성시킬 것을 제안하였다.[23] 즉 국권회복의 제일
과제는 신학문을 수용하여 민중의식을 개발시킬 수 있는 교육사업, 특
히 실용적인 학문을 육성·발전시킬 것을 역설하였다. 뿐만 아니라 국
권회복과 자주독립을 쟁취하고, 민족의 실력을 배양하기 위해서는 낡
은 풍습은 과감히 버리고, 근대지향적인 식견을 높일 수 있는 근대교
육을 실시할 것을 다음과 같이 촉구하였다.

　　教育 一事만 興旺ᄒ게 되면 綴旒ᄒ 國脈을 可以回泰ᄒ 것이오 隨
　地ᄒ 國權을 可히 克復홀지니 …… 오직 教育을 廣ᄒ야 民智를 발달
　케 함이 第一要務니 大哉라 教育之力이여 垂絶ᄒ 國運을 挽回ᄒ고
　濱死ᄒ 人民을 蘇活케 ᄒᄂ 者로다.[24]

　또 그는 유교가 국가에 큰 도움을 줄 수 있는 학문이라고 극찬하면
서도 天下之物은 대소간에 오래 되면 반드시 그 폐가 자연히 발생하

---

20) 朴殷植, 『朴殷植全書』 中卷, 402~403쪽.
21) 朴殷植, 「儒敎求新論」, 『朴殷植全書』 下卷, 44쪽.
22) 朴殷植, 「自强能不의 問答」, 『朴殷植全書』 下卷, 69쪽.
23) 朴殷植, 「敎育이 不興이면 生存이 不得」, 『朴殷植全書』 下卷, 87쪽.
24) 「務望興學」, 『皇城新聞』 光武 10年 1月 6日 (『朴殷植全書』 下卷, 83쪽).

는 법이라는 사실을 다음과 같이 지적하였다.

> 儒林家의 舊習은 以其原質之美로 惟其固陋혼 識見을 改호야 時務 學問으로 廣其知호면 體用이 完全호고 文質이 該備호야 足히 國家와 人民의 幸福을 造就혼지오.[25]

그럼에도 많은 유림의 '固陋之弊'[26]는 오히려 사회적 폐습만을 낳았다고 지적하면서 그 폐단을 고치지 않으면 국가는 결국 망하게 된다는 사실을 주지시켰다. 따라서 그는 하루 빨리 구태의연하고 낡은 관습을 버리고 時務에 역점을 둔 근대학문을 적극 수용할 것을 역설하였다. 즉 그는 고루한 유림들은 실용적인 근대학문에는 전혀 관심을 보이지 않은 채 공리공론에만 집착하고 있다고 비판하면서 하루 속히 낡은 구교육제도에서 탈피할 것을 촉구하였다. 당시 그가 유림들의 학문적 자세를 비판하면서 교육구국론의 대안으로 제시한 내용을 정리하면 다음과 같다.

> 韓國 士林之學이 徒鑿陳言호야 不究新義호며 瞻守局見호야 全每時 宜홈으로 父勤其子호고 兄勉其第子가 不過紙上空談이오 至於格物窮理호야 以資實用之學은 곧 夏蟲에 不可語泳과 恰似호니 現世界에 新學問과 新知識과 新事業은 專不注意홈이오[27]

박은식은 근대학문과 근대교육에는 "不善한 것과 善한 것이 있다"고 구분함으로써 우리의 조건과 필요에 맞는 방법을 취사 선택하여 수용해야 한다는 점을 강조하였다. 그런 맥락에서 사서삼경이나 암송하고 시와 음률을 즐기는 것으로 만족하는 종래의 전통적인 유교교육은 민중의식은 물론 식견을 높이는 데 전혀 도움이 되지 않는 선하지 못한 학문이라고 규정하였다.[28] 그리고 그는 당시대의 조건과 시무에 필

---

25) 「舊習改良論」, 『朴殷植全書』 下卷, 11쪽.
26) 「務望興論」, 『皇城新聞』 光武 10년 1월 17일(『朴殷植全書』 下卷, 84쪽).
27) 『朴殷植全書』 下卷, 84쪽.

요한 선하고 실용적인 교과목으로 농학·무학·의학·광학·화학·格致學·공예학·測算·회도·천문·지리·광전·聲重·기기학 등을 제시하였다. 뿐만 아니라 민족의 '자강'을 위한 기술교육 특히 실업교육의 중요성과 함께 민중들의 식견을 개발시킬 수 있는 인문과학과 사회과학에 대한 교육을 강화시킬 것을 제안하였다. 특히 그는 근대적 시민의식을 교화시키는 데 크게 기여한 학문으로 철학·교육학·정치학·상학·법률학·지지학·종교학 등이 있다고 지적하면서 이 분야의 교육을 함께 육성시킬 것을 주문하였다.29)

박은식은 『韓國通史』에서 민족혼을 강조하면서 국학(국사·국어·국문·국교)이란 민족정신을 배양하는 학문이기 때문에 자주독립의 의지를 키우는 데 반드시 필요한 학문이라는 점을 강조하였다. '자주부강'은 서구의 신기술과 서구문물을 수용하여 이룩할 수 있다고 주장하였던 그는 국학의 필요성을 더욱 강조하였다. 그것은 국학이 민족정신을 매개로 하는 학문이기 때문에 그 어느 나라로부터도 도움을 받을 수 없다고 인식하였기 때문이다. 그러므로 우리 스스로 국학을 연구·계승·발전시켜 민족혼을 배양시켜야만 자주독립의 의지를 한층 고취시킬 수 있을 뿐만 아니라 '자주부강'을 이룩할 수 있다고 주장하였다.

이런 맥락에서 그는 국학을 직접 연구하였을 뿐만 아니라 민족정신을 바로세우는 데 혼신을 다하였다. 그리고 전통 교육에서는 체육교육을 경시함으로써 文強武弱의 폐단을 낳게 되었다고 지적하면서 국학교육과 함께 체육교육의 강화를 강조하였다. 즉 투철한 민족정신과 강인한 체력을 바탕으로 국권회복과 자주독립을 쟁취하기 위한 교육구국운동을 전개할 것을 당부하였다.30)

박은식은 1905년 「學校新論」을 통해 의무교육의 중요성을 강조하였을 뿐만 아니라 언론지상에 기고문을 통하여 그 당위성과 함께 근대학

---

28) 「興學論」, 『朴殷植全書』 中卷, 145쪽.
29) 愼鏞廈, 「朴殷植의 教育救國思想에 대하여」, 『韓國學報』 1, 一志社, 1975. 68쪽.
30) 「舊習改良論」, 『朴殷植全書』 下卷, 8~12쪽.

교 설립을 촉구하였다. 그리고 빈곤한 자제는 물론 무지한 대다수의 민중을 교육시켜 식견을 넓혀 주기 위한 방안의 하나로서 '야학' 설치의 필요성을 역설하였다. 또 교육부흥책의 일환으로 향촌의 근대학교 설립에 출연하는 사람에게는 "포증이나 관함을 주어 권민하면 사설학교가 더 늘어날 것"이라는 나름대로의 방안을 제시하였다. 아울러 각 지방에는 중등학교를, 수도에는 대학부를 설립하여 학교 교육의 체제를 단계적으로 확립할 것을 주장하는 등 근대학교의 설립과 근대교육의 육성 방안을 구체적으로 제시하였다. 이러한 박은식의 제안은 일반민중은 물론 민족선각자들로부터 많은 호응을 얻어 냄으로써 전국 각지에 각종 '야학'이 설립되었을 뿐만 아니라 교육 근대화운동을 승화시키는 데 크게 기여하였다.[31]

박은식은 근대학문을 수용함에 있어서 보통을 시작으로 하고, 전문을 끝으로 하는 교과내용을 제시하였다. 그는 보통과정의 기초 교과목으로 천문·지지·물리·화학·정치·법률·史鑑·산술·광전·성중·병학·농학·공학·상학·의학·광학·汽學·철학 등을 제시하였으며, 전문과정에서는 기초과목 중에서 한 과목을 선택하여 전공과목으로 이수시킬 것을 제안하였다.[32] 이러한 박은식의 교육구국사상은 1906년 '大韓自强會'에서 정부에 「의무교육실시건의서」를 제출하는 데도 결정적인 영향을 미쳤다.

한편 統監府는 1907년 1월 21일 中樞院會議에서 「의무교육조례대요」를 통과시켰다. 그 결과 박은식을 중심으로 한 민족지도자들이 전개하던 교육구국운동은 불온한 행동으로 규정하고, 그 활동을 중지시킴으로써 정부에서 추진하던 의무교육안은 실행단계에서 좌절될 수밖에 없었다. 이 때 중추원에서 마련한 「의무교육조례대요」의 내용 가운데 중요한 부분을 요약하여 정리하면 다음과 같다.[33]

---

31) 「論勸懲之規」, 『朴殷植全書』 中卷, 22~23쪽.
32) 「論普通及專門」, 『朴殷植全書』 中卷, 16쪽.
33) 愼鏞廈, 앞의 「朴殷植의 敎育救國思想에 대하여」, 73쪽.

1. 전국 행정구역을 적당한 學區로 나누고 민간인에게 구립소학교를 설치토록 한다.
2. 구립소학교 설립에 소요되는 일체의 경비는 학구 내 주민이 부담하되 자녀의 취학·불취학을 물론하고 위 경비의 부담에 참여토록 한다.
3. 학구 내 주민은 매 학구당 20인 이내의 學務委員을 선출하여 교과서 선정 및 기타 일체의 사무를 위임토록 한다.
4. 학무위원은 학구 내 주민의 빈부 등급을 정하여 경비를 부과·징수한다.
5. 학무위원은 학구 내의 학령아동을 조사하여 그 취학을 독촉한다. 단 취학이 不能할 경우에는 취학을 연기할 수 있다.
6. 학령아동의 보호자는 그 아동을 취학시키는 의무를 진다.
7. 학령아동이 혹 백치 및 질병이거나 또는 부득이한 사정으로 학무위원회에서 취학하기 어려운 줄로 인정할 경우에는 보호자의 의무를 면제한다.
8. 학령은 남녀 만 7세로부터 만 15세의 8년 간으로 하되 5년 간은 초등과로 하고 나중 3년 간은 고등과로 하되 5년 간으로써 의무교육의 연한으로 한다.
9. 現今에는 7세 이상 15세 이하의 남자는 연령을 불구하고 초등과의 수수료로써 의무교육으로 한다. 단 임시로 現今間에는 여자의 9세 이상은 보호자의 의무를 면제하여 임의 취학케 한다.
10. 학구 내 주민 중에 이상의 의무를 준수하지 아니하는 자에게는 상당한 벌칙을 제정하여 실시토록 한다.

박은식은 근대교육에서 제일의 사업은 인재 양성이며, 이를 성취하기 위한 전제로 교육 실무를 담당할 교사 양성의 중요성을 강조하였다. 그는 기예에도 능통하지 못하고 세계사적 식견을 지니지도 못한 漢學 교사들에게 자제를 맡길 수 없다고 비판하면서, 그 대안으로 교사 양성을 위한 사범학교 설립을 다음과 같이 촉구하였다.

同胞의 靑年子弟는 將來 國家의 楨幹이 될 터이오 人民의 標準이

될 者인즉 其 貴重흔 品에 엇지 山木과 美錦에 比擬흔 者리오 乃其
教導之責을 一藝도 不通ᄒ며 五州도 不知ᄒ며 八星도 不辨ᄒᄂ 者에
게 委任ᄒ니 …… 我韓現狀은 비록 全國人士가 一齊興起ᄒ야 無處不
設校ᄒ고 無人不願學이라도 師範의 缺乏으로 以ᄒ야 人材의 作成과
文化의 發達ᄒᄂ 決無可望이니 今日教育의 急務가 執有先於此者哉
아[34]

즉 그는 「학규신론」에서 국가는 서양의 근대학문을 수용하여 나라
를 발전시켜야 할 의무와 책임이 있다면서 우선 외국에 유학생을 파견
하여 새로운 기술을 배워 오도록 한 다음 교사로 특별 채용할 것과, 외
국인을 교사로 초빙할 것, 외국 서적을 출판하여 많은 사람들이 읽을
수 있도록 널리 보급시킬 것을 강조하였다.[35]

그리고 모든 국민을 有識之民으로 만들기 위해서도 국민이 서적을
자유롭게 읽을 수 있도록 국문교육을 강화시키는 것이 무엇보다도 중
요하다는 점을 다음과 같이 강조하였다.

全國人民으로 하여금 學識을 깨우치고자 하면 國文으로 교육하는
것보다 더 便利한 것이 없다. …… 그러나 國文인즉 男婦를 無論하고
모두 가히 배울 수 있는 것이다. 내가 近日에 巡檢과 兵丁과 市井商賈
의 백성들이 婦人·女子와 隷役의 무리에 이르기까지 帝國新聞을 읽
지 못하는 자가 없는 것을 보고 …… 文化의 進步의 기틀이 여기에 있
구나 하였다. 만일 國文의 新聞이 없었으면, 世界의 形便과 朝政의 得
失과 實業의 發明을 이러한 무리들이 夢想이나 할 수 있는 것이겠는
가, 믿을진저! 그의 民智의 開發에 有益함이여![36]

이를 통해 교육구국운동을 정착시키려고 노력한 애국애족사상의 일
면을 엿볼 수 있다. 이와 같이 '자주부강'의 기초가 교육에 있다는 사실
을 인식한 박은식은 근대교육 특히 실용적인 교육에 힘쓸 것을 역설하

---

34) 「教師養成의 急務」, 『朴殷植全書』 下卷, 89쪽.
35) 「興學說, 論留學之益」, 『朴殷植全書』 中卷, 13·408쪽.
36) 『朴殷植全書』 中卷, 17~18쪽.

였다. 그래야만 '자주부강'은 물론 국권회복과 자주독립의 기초를 굳건하게 다질 수 있으며, 학문과 지식이 흥하면 나라는 자연히 부강해질 수 있다는 점을 강조하였다. 그럼에도 구태의연한 대다수의 유학자들은 고루한 구습에 젖어 '자주부강'을 이루지 못할 뿐만 아니라 국권마저 상실하였다고 개탄하면서 민중의 구국교육열에 호소하였다. 그 결과 근대학교 설립운동이 크게 확산되어, 1907년부터 1909년 4월까지 민중들이 스스로 출연하여 설립한 근대 사립학교만도 무려 3,000여 개교에 이르렀다.[37]

2) 신채호의 교육구국사상

申采浩(丹齋 : 1880~1936)는 한말 유학자로 애국계몽운동을 선도하였다. 그는 쇠퇴의 길로 치닫는 조국을 회생시키기 위하여 '자주부강'을 목표로 "국가의 强力은 인민교육에 在한다"고 역설하면서 근대교육을 통하여 민중의식과 식견을 진작시키고 국권을 회복하자는 교육구국론을 제창하였다. 그는 구국교육의 목적은 '애국심'과 '민족정신'을 함양시키는 데 있다는 인식 하에 20세기 신국민의 애국교육론을 다음과 같이 제시하였다.

> 何를 爲하여 敎育을 興코자 하며, 何를 爲하여 實業을 振코자 하며, 何를 爲하여 文明開化를 따하나뇨. 日 此 皆 '國'이란 一字를 爲함이니라……
> 敎育이 無하고 愛國心이 無한 者는 天意를 不順함이요 義務를 不盡함이니 自滅其身하고 自滅其國이니라.[38]

그럼에도 관리들은 낡은 구식교육제도를 그대로 고수함으로써 국가에 이익이 되지 않는 교육만 고집하고 있다고 비판하였다. 동시에 구

---

37) 「論學由發憤」, 『朴殷植全書』 中卷, 15쪽.
38) 『丹齋申采浩全集』 別集, 螢雪出版社, 1972, 122 · 132 · 133쪽.

식 교육제도에 대한 개혁의지도 없이 구태의연한 자세로 일관함으로
써 교육의 낙후성을 벗어나지 못하고 있다고 지적하면서 교육의 실상
을 다음과 같이 비판하였다.

> 韓國의 自由를 復하며 文明을 開할 法門은 敎育이라 然이나 彼 國
> 家에 利가 無하거나 或 害가 有한 敎育 卽 無精神敎育·舊式敎育·
> 魔敎育은 決코 二十世紀 新國民의 敎育이 아니니, 然則 今日 敎育界
> 에 國家精神·民族主義·文明主義 等으로 標幟를 立할 것[39]

구식 교육제도를 개편하여 국가정신·민족정신 등 애국심을 배양시
킬 수 있는 근대교육의 실시를 강력하게 촉구한 것이다. 이런 점에서
그는 국권회복을 목표로 하여 이를 위한 민족정신의 함양에 최선을 다
하였다고 할 수 있다. 뿐만 아니라 애국심을 충만케 하려면 불가불 선
한 교육을 실시하여야 하며 교육을 선하게 하면 애국심은 스스로 생기
는 것이라는 점을 강조하면서 교육의 중요성을 다음과 같이 피력하였
다.

> 今日에 急先務는 全國同胞가 皆 敎育을 受하여, 擧皆 愛國心을 抱
> 케 할 완전한 敎育이 有한 後에야 精密한 愛國心이 生하고, 精密한
> 愛國心이 有한 後에야 其志가 不媒而同하고 其機가 不期而會하여 堅
> 確한 團體力이 生하나니 其團體力이 於是에 强硬한 國力을 成할지라
> 當此之時한 이는 誰敢侮之며 誰敢禦之리오 其敎育의 效力을 何如타
> 云哉아[40]

그럼에도 신채호는 교육개혁을 주관해야 할 학부에서 통감부의 조
종을 받아 「교과서 검정방침」을 발표함으로써 정치적·사회적·교육
적 활동을 통제하는 데만 광분하고 있다고 격분하였다. 특히 그는 일
부 교육자들마저도 통감부의 조종을 받고 있는 학부의 교육방침에 편

---

39) 『丹齋申采浩全集』 別集, 226~227쪽.
40) 『丹齋申采浩全集』 別集, 133쪽.

승하여 학생들의 애국심을 꺾으려는 비애국적 교육으로 일관하고 있다는 사실을 강력하게 비판하였다.

또 그는 학부의「교과서 검정방침」정책이 조선의 청소년들을 통감부 정책에 예속시키기 위한 우민화 교육의 술책이라고 규탄하면서 그 내용을 다음과 같이 폭로하였다.

> 教科書 類에 愛國·獨立·自由 등에 屬한 語이면 隻字半句라도 無遺히 刪去하여 彼 靑年新進으로 하여금 國家를 忘城에 置하고 奴隷 資格을 養成……41)

신채호는 학부에서 제시한 9개 항의「교과서 검정방침」의 내용을 조목조목 비판하면서 우리의 자주권을 지키기 위해서도 한국인은 "韓國은 不滅亡"이라는 여섯 글자를 명심하여 자손 대대로 전하라고 역설하는 등 민중계몽운동에도 앞장섰다. 특히 그는 학부의 교육정책에서 강조하던 "曰國家義務를 論述함이 不可"라는 조항에 대하여 그 부당성을 다음과 같이 지적하고 있다.

> 國家義務 等을 論述함이 不可하다 하였으니, 國家思想을 不知케 할진대 敎育하여 何에 用하며, 國民義務를 不知케 할진대 敎育하여 何에 用하리오, 國家思想과 國民義務를 論述함이 不可하면 無國無民한 遊牧時代的 狀態나 論述함이 可한가, 抑 彼가 以爲韓人은 無國人이라 國家와 義務를 知함이 不必要하다 함인가, 嗚呼라 彼 旣 韓國을 滅亡케 하는 學部어니 어찌 韓國人으로 하여금 國家思想과 國民義務를 知게 하리오, 只是 外國의 屬民이나 되며 外人의 奴隷나 되게 함이 그 目的이로다.42)

한편 신채호는 鳳鳴學校 교주인 이 모씨가 일본인 관광단의 환영식장에 학생을 강제로 동원하려 하자 어린 학생들이 교주의 처사에 반대

---

41)『丹齋申采浩全集』別集, 122쪽.
42)『丹齋申采浩全集』別集, 125쪽.

하여 스스로 자퇴하였다는 소식을 전해 듣고, 교주의 비애국적인 교육
관을 힐책함과 동시에 어린 학생들의 용감한 행동을 칭찬하면서 애국
주의적 정신을 높이 평가하였다. 이 때 신채호가 학생들의 과감한 행
동을 칭찬한 내용을 소개하면 다음과 같다.

> 壯哉라 諸氏여, 勇哉라 諸氏여, 韓國學生의 獨立思想이 如彼其 雄
> 壯하며, 韓國學生의 愛國精神이 如彼其 熱烈하니, 오재가 又何를 憂
> 하리오[43]

이와 같이 애국애족정신을 강조한 신채호는 신교육관의 대안을 구
체적으로 제시하였다. 그가 제시한 교육개혁의 내용을 요약하여 정리
하면 다음과 같이 세 부분으로 나눌 수 있다.[44]

첫째, 가정교육을 중요시하였다.

신채호는 가정교육은 한 사람이 입지를 세워 실시할 수 있는 것으
로, 교육주의와 애국사상은 물론 일가가 근면하면 團會相樂할 수 있다
는 점을 강조하였다. 그리고 이를 위해 가내의 부녀아동에게 국문을
습득하게 해야 한다는 점을 강조하였다. 그래야만 부부와 祖孫 간에
서로 가르쳐서 안으로는 마땅히 집안이 편안할 것이며, 밖으로는 국민
적 의무로 삼으면 일가의 행복은 물론 국가에 큰 보탬이 되는 것이라
고 주장하였다.

둘째, 학교교육을 중요시하였다.

신채호는 모든 '국민동포가 자의로 의무교육'을 실시할 것을 촉구하
였다. 그는 지금은 시국이 급변하는 시대이므로 아동은 4세가 되면 유
치원에 입학시켜야 한다면서 아동의 조기교육을 강조하였다. 그래야만
15세에 전문과를 졸업할 수 있으며, 더 나아가 외국에 유학하여 새로
운 지식과 근대학문을 배워 올 수 있다는 점을 주지시켰다. 또 국권회
복을 위해서도 조기교육이 무엇보다도 필요하다는 점을 다음과 같이

---

43) 『丹齋申采浩全集』下卷, 117쪽.
44) 『丹齋申采浩全集』別集, 134~136쪽.

역설하였다.

> 男兒 十五歲면 稱云大丈夫하나니 被堅志하며 執銳氣하여 宇宙를
> 包含하고 天下에 橫行하여 英雄을 收攬하며 豪傑을 籠絡하여 一國의
> 興亡을 擔하였다가 平生에 志氣를 展하면 차 可謂爲人의 義務라[45]

셋째, 부국강병의 초석을 다지기 위해서는 농업·공업·상업 등 실업교육이 중요하다는 점을 강조하였다.

신채호는 부국강병의 지름길은 농·공·상업을 활성화시키는 것이라고 역설하는 한편, 사회교육에는 신문을 비롯한 언론의 역할이 무엇보다도 중요하다고 역설하였다.[46]

그는 교육에는 '智育·德育·體育' 등 세 종류가 있다고 지적하면서 가장 이상적인 교육은 세 가지가 균형 있게 발전하는 것이라는 점을 강조하였다.[47] 지육은 인류가 영감으로써 학술의 精美함을 감지하여 지혜의 神妙를 이끌어 내는 것이고, 덕육은 천리에 순종하여 悔過遷善하나니 仁義所出에 만민이 감화하며 德化所到에 만국이 평화를 누리게 하는 종교주의이며, 체육은 신체를 활동하여 志氣를 壯快케 하며 기예를 연마하여 강력한 군사를 가르치고 육성시키자는 것이다. 신채호는 그 중에서도 "지·덕·체 삼육 중 체육이 최급"이라는 이유를 다음과 같이 설명하였다.

> 曰 體育이니 何則고, 求智者 雖爲智 …… 求德者 雖爲德이나 ……
> 體不健이면 …… 智與德이 俱廢而不全하나니 故로 智와 德을 求할진
> 대 先히 體의 健을 娶할지니 體의 健은 體를 育함에 莫善이라, 所以
> 로 體育이 爲緊이니라, 此等 諸般敎育이 一致發達이라야 可謂 完全
> 敎育이라[48]

---

45) 『丹齋申采浩全集』別集, 135쪽.
46) 『丹齋申采浩全集』下卷, 122·135·136쪽.
47) 『丹齋申采浩全集』別集, 137~139쪽.
48) 『丹齋申采浩全集』別集, 139쪽.

즉 한국인은 성장하면서 체력이 점점 약해지는 것이 특징이라고 지
적하였다. 그것은 다름이 아니라 종래의 교육풍토에서 체육과목을 경
시해 온 데 그 원인이 있다고 보았기 때문이다. 이러한 인식 하에서 그
는 체육은 신체를 단련하여 志氣를 활짝 펴게 할 뿐만 아니라 국력을
배양하는 원동력이 된다는 사실을 다음과 같이 강조하였다.

> 最大의 原因은 從前 韓國의 敎育이 體育을 無視한 故라, 學者社會
> 에서는 其身을 案下에 束縛하며, 下等社會에서는 一切 衛生을 不知
> 하고 又 彼 一般女子는 閨戶에 深鎖하여 出門一步를 不得自由하니,
> 如此하고서 體力의 强壯을 求하면 是는 却步圖前과 無異하도다.[49]

그리고 신채호는 세계의 정세를 보더라도 국력에 바탕을 둔 군국주
의를 표방하는 것이 시대의 추세라고 파악하였다. 따라서 국력이 쇠진
한 한국으로서는 우선 국권회복을 위한 상무교육을 강화하여 국력을
배양시키는 것이 제일 중요하다고 주장하면서 상무교육에 기초를 둔
교육구국론의 필요성을 다음과 같이 제시하였다.

> 尚武敎育 四字를 大聲으로 唱하노니 …… 尚武敎育이 아니고는 결
> 코 國家精神·民族主義·文明主義를 維持 發揮치 못할지니 …… 韓
> 國과 如히 武力의 衰頹한 國으로 尚武敎育이 아니고는 決코 回天의
> 道를 望키 難하리니, 國民同胞는 반드시 尚武敎育을 擴張하여 軍國
> 民의 精神을 修養하며, 軍國民의 能力을 俱備케 할지어다.[50]

그러므로 신채호는 기회가 주어질 때마다 국권회복을 위해서는 국
민들 스스로 국가에 대한 애국심을 배양하도록 지도하는 교육이 무엇
보다도 중요하다는 점을 강조하였다. 때문에 그는 연설과 논설 등을
통하여 근대교육은 반드시 애국심을 배양시켜 주는 교육이어야 한다
는 점을 부각시켰다. 그리고 애국심을 널리 펴려면 연설이나 논설도

---

49) 『丹齋申采浩全集』別集, 130쪽.
50) 『丹齋申采浩全集』別集, 227쪽.

중요하지만, 근대교육 특히 자국의 풍속·언어·역사·종교·정치·풍토·기후 등의 情育을 가르쳐 주어야만 완벽한 애국심을 배양시킬 수 있다면서 구체적인 방법론을 다음과 같이 제시하였다.

> 愛는 情이라 情이 없으면 愛가 없고 愛가 없으면 情이 없나니, 그러므로 愛國者를 얻으려면 國民의 國家에 대한 愛情을 길러야 할지어늘 …… 愛는 情이요 愛國은 國家에 대한 愛情이니, 愛國君子가 만일 愛國의 道를 全國에 弘布하려 할진대 不可不 情育에 주의할지니라[51]

신채호는 국민교육을 위해서는 많은 서적을 간행하여 보급하는 것이 무엇보다도 필요하다고 역설하였다. 그는 서적은 국민정신을 함양시키는 데 있어서 가장 적절한 것이라는 사실을 다음과 같이 강조하였다.

> 書籍이 腐敗하면 一國民을 腐敗케 함이며 書籍이 卑劣하면 一國民을 卑劣케 함이며, 書籍이 無精神하면 一國民을 無精神케 함이며, 書籍이 無主旨하면 一國民을 無主旨 함이니, 書籍界의 一般 學者·著者가 비록 此 笑啼俱不敢의 時代에 在할지라도 一層 奮發함이 可하며 一倍 勉勵함이 可하다[52]

그는 한국인에게 가장 필요한 신서적은 단순히 외국서적을 소개하는 것이어서는 안 된다고 보았다. 그러므로 그는 한국의 풍토와 한국인의 이상을 실현시키는 데 적당한 서구의 새로운 사상과 새로운 학설을 선택하여 보급해야 한다는 점을 다음과 같이 강조하였다.

> 韓國 風土上·學術上의 固有한 特質을 發揮하여 西歐 外來의 新理想 新學說을 調入하여 國民의 心理를 活現하여야 是가 韓國의 新書籍이니라.[53]

---

51) 『丹齋申采浩全集』 下卷, 132~133쪽.
52) 『丹齋申采浩全集』 下卷, 133~134쪽.

이는 그가 한국인들에게 민족정신을 배양시키는 데 토대가 될 수 있는 서구의 새로운 사상과 학설의 수용을 통한 교육구국론을 제시한 것이라고 할 수 있다.

이와 같이 신채호는 '자주부강'의 기초가 교육에 있다는 점을 누누이 강조하면서 정부는 하루속히 구태의연한 구교육체제에서 탈피하여 근대교육을 실시할 것을 강력하게 촉구하였다. 또 애국심을 배양시키는 데 있어서 무엇보다도 중요한 자국의 풍속·언어·역사·종교·정치·풍토·기후 등의 정육교육은 물론 역사교육과 지리교육을 통하여 민족정신을 함양시켜 나갈 것을 제창하였다. 특히 그는 신서적을 간행하여 널리 보급함으로써 국민교육을 활성화시킬 것을 역설하였다. 그리고 외래사상의 수용을 통하여 국민정신을 함양시킬 것을 강조하는 등 근대교육을 통한 구국교육운동을 전개하였다.

3) 장지연의 교육구국사상

張志淵(韋庵 : 1864~1921)은 한말 애국계몽운동을 전개한 언론인겸 사학자였다. 그는 1905년 을사조약이 체결되자『황성신문』에「是日也放聲大哭」이란 논설을 게재하여 민족의 울분을 토로하였다. 또한 그는 국가의 운명이 경각으로 내닫자 한민족의 전통적인 구학문(유학)에 신학문인 서구 과학지식을 접목시켜 민족교육으로 승화시킴으로써 국권회복을 위한 교육구국운동을 전개하고 실천한 교육운동가이기도 하다.

장지연은 '자강지술'은 "다른 곳에 있는 것이 아니라 교육을 진작시킴과 殖産興業에 있다"고 피력하면서 민중의식을 개발시키기 위한 개화교육의 중요성과 함께 식산흥업을 발전시킬 것을 아울러 제창하였다. 그리고 민중의식과 국력을 배양시키기 위해서라도 근대교육과 근대산업을 발전시키기 위한 자강 대책을 세우는 것이 무엇보다도 시급

---

53)『丹齋申采浩全集』下卷, 99~100쪽.

하다는 점을 특별히 강조하였다.

장지연은 「大韓自強會趣旨文」에서 장기적인 안목에서 보더라도 국가는 근대교육과 근대산업을 발달시키지 못하면 결국 부강해질 수 없다는 점을 다음과 같이 강조하였다.

> 夫邦國之獨立은 …… 如究其自強之術이면 無也라 在振作敎育也요 在殖産興業也니 夫敎育이 不興卽民智未開하고 …… 然則開民智養國力之道는 亶夫在敎育産業之發達乎아 是知敎育産業之發達이 卽惟一自強之術己라54)

그는 유형적 자본인 자금은 구하기 어려우나 무형적 자본(지식)인 교육은 온 민족이 이룩하겠다는 강한 의지만 있으면 얼마든지 가능하다고 주장하면서 무형적 자본인 교육의 중요성을 특히 강조하였다. 그리고 「自強會問答」에서 무형적 자본인 교육을 육성하기 위해서는 전국의 공·사립학교가 연합해야만 한다는 점을 다음과 같이 강조하였다.

> 無形的資本은 智識이 是也라 …… 又自本會로 聯絡於全局公私立各學校하야 贊成而指導之하며 勸諭而獎勵之하야 俾有公益之效果케 하리니 此는 敎育發達之方針也요55)

또 장지연은 「國文關係論」56)에서 민중의 의식을 개발하는 것이야말로 상실된 조국의 독립을 만회할 수 있는 제일의 첩경이라고 역설하였다. 그리고 이를 실천하기 위한 방안으로서 "下民의 野昧朦蠢이 未嘗不 교육의 불명에 있으니 民智를 개발하고자 할 것 같으면 …… 알

---

54) 「大韓自強會趣旨文」, 『大韓自強會月報』1, 1906. 7, 9쪽.
55) 「自強會問答」, 『大韓自強會月報』2, 1906. 8, 7쪽.
56) 『韋庵文稿』卷5(內集) 論, 國文關係論, "人民之不識者 居十之七八 閣昧之愚弱 豈非由此而然乎 敬欲發達敎育 挽回獨立 惟在乎國文擴張 至若漢文非日可廢 特設專門學校 選聰俊子弟 以敎育之 庶可爲今日之常務也".

기에 간편하고 쉬운 것으로 도달하는 것은 우리 나라의 諺文이 아니겠는가?"라 하여 민중의식을 개발하기 위한 언문교육의 중요성과 언론의 역할을 강조하였다.[57] 따라서 극소수의 관리와 유학자들에 의하여 독점되다시피 한 종래의 전통적인 한문 교육보다는 대다수의 일반 서민들이 쉽게 배우고 익혀서 실제 생활에 유용하게 활용할 수 있는 언문(한글) 교육을 활성화시키기 위한 방안의 하나로서, 유학 교육의 체제를 개편시킬 것을 제창하였다.

이는 장지연이 유교사회에서 교육을 받았음에도 불구하고 소수의 지식인들보다는 다수의 민중교육에 더 많은 관심을 갖고 있었음을 반증하는 것이다. 즉 그는 국권회복을 위한 '자강지술'을 이룩하기 위해서는 민중의 역량을 배양하는 것이 민족적 과제라는 인식 아래, 온 민족의 역량을 교육사업에 총집결해야만 국권회복이 가능하다는 교육구국관을 피력하였다.

장지연은 자신의 소신을 실천에 옮기기 위하여 스스로 『녀자독본』이란 책을 편찬하여 여성교육의 활성화에 크게 기여하였다.[58] 『녀자독본』은 동서고금에서 두드러진 활동을 전개한 애국자들의 사회활동은 물론 현명한 부인들의 사회활동을 소개한 책이다. 따라서 『녀자독본』은 봉건사회의 남존여비사상 속에서 핍박받던 대다수 여성들을 깨우치고, 나아가 가정교육의 근간이 되는 여성을 교육시켜 봉건적 신분의식을 타파하려는 그의 생각이 반영된 책이라고 할 수 있다. 그는 이 책을 통하여 여성들에게 근대교육을 실시함으로써 투철한 애국심과 국가관을 심어주려고 하였을 뿐만 아니라 자주독립의 역량을 배양시켜주려고 하였다. 이는 그가 다음 세대를 이끌어 갈 자녀들의 제1차 교육을 담당해야 할 여성들에게 많은 지식을 전수하고 교양의 폭을 넓혀주는 일이 선행되어야 한다는 점을 강조한 것으로서, 장기적인 안목에

---

57) 『皇城新聞』 光武 6년(1902) 2월 13일자 論說.
58) 『녀자독본』은 한글로 쓰고 한문으로 토를 붙인 책으로 전부 56課로 편성되었다. 동서고금에서 활발한 활동을 벌인 애국자를 비롯하여 여걸, 열녀 등 모두 26명의 여성들을 소개하고 있다.

서 제시한 교육개혁 방안이었다고 할 수 있다.

뿐만 아니라 장지연은 「學部는 廢止언뎡 學校는 不可廢」라는 기사를 통하여 정부에서도 자녀들을 교육시킬 수 있는 관·공립 소학교를 많이 설립하여 자주독립의 기틀을 마련할 책임이 있다고 역설하였다. 그리고 자녀들에게 투철한 애국심을 고취시키기 위한 교육방안의 하나로서 역사교육과 지리교육을 더욱 활성화시킬 것을 다음과 같이 제창하였다.

> 정부의 교육사업은 먼저 전국 인민의 幼年子弟를 위하여 관·공 소학교를 다수 설립하고, …… 자제의 취학을 …… 不可不 强迫施行케 하는 법칙이 있는 것은 …… 이 때를 당하여 비록 전국의 이권세력은 모두 외국인의 침탈을 당하였더라도 지금 이 교육을 바로세움에 이르러는 가히 凡常히 대충 보아 넘기지 못할 것은 역시 우리 2천만 동포가 목숨을 버리고 연구하는 바이니 故로 나는 금일에 대한의 형세를 보아 비록 수백 학부는 차라리 폐지할지언정 일개 학교는 결코 폐철할 수 없으니[59]

그리고 「學部敎科書問題」라는 논설을 통하여 역사교육과 지리교육을 활성화해야 한다는 당위성을 다음과 같이 밝히고 있다.

> 우리 나라의 정신 …… 우리 나라 역사, 地志와 倫理德義를 반드시 培養成就함이 교육의 第一主늼니 급속히 편찬하여 시급히 간행·반포한 후에 장차 전국 교육계로 하여금 일층 발흥케 하여 彬彬한 기색이 있으려니 이는 어찌 정부의 영예가 아니며 국민의 행복이 아니겠는가?[60]

이는 장지연이 민족의식을 진작시키는 데 무엇보다도 중요한 것이 역사·지리·윤리·도덕 교육이라는 사실을 인식한 실례라고 할 수

---

59) 『皇城新聞』 光武 9년(1905) 10월 6일자 論說.
60) 『皇城新聞』 光武 10년(1906) 4월 6일자 論說.

있다. 따라서 이를 통해 그의 교육목표가 한국인들에게 민족정신을 함양시키고, 애국심을 고취시키는 데 있었음을 엿볼 수 있다.

그뿐만 아니라 그는 「교과서검정에 관한 충고」라는 논설을 통하여 교과서를 편찬하는 데 일본인들이 직·간접적으로 간여하고 있다고 개탄하면서 교과서 편찬에 '애국'이라는 두 글자를 삭제하는 것은 절대로 불가하다고 주장하였다. 그리고 교과서 편찬에 임하는 저자도 다수의 민중을 계몽시킬 책임이 있다는 점을 주지시켰다. 즉 그는 민족정신을 함양시키는 데 중점을 두어야 함은 물론 민중의 의식을 개발시키는 데 추호의 소홀함이 없도록 당부하면서 자신의 소신을 다음과 같이 피력하였다.

> 又一層輿論에 激昂되는 것은 何種 敎科書를 勿論하고 愛國 二字를 削除케 하며 凡愛國에 관한 旨義는 痛禁으로 위주한다 하니 …… 豈 敎科書에 정치의 관념을 포함하여 人民의 情志를 격앙케 하는 類는 금지하는 것도 용혹무재한 事라 하려니와 至於愛國의 二字를 永히 敎科의 文字에 삭제케 함은 極히 불가하다고 단언하노라[61]

또 그는 「新訂東國歷史序」에서 '역사'는 모든 학문의 근본을 이루는 대표적 기초학문이라는 나름대로의 이유를 밝히면서,[62] 역사를 통하지 않으면 그 어떠한 학문도 진실을 논할 수 없을 뿐만 아니라 학문의 근원도 밝힐 수 없다는 사실을 환기시켜주었다. 따라서 그는 역사는 지식을 개발하기 위한 기초학문이라고 주장하면서 국민이 자국의 역사를 알지 못하면 금수와 다를 게 무엇이냐고 반문하였다. 그러므로 그는 애국심을 고취시키기 위한 민족교육과 민족정신을 배양시킬 수 있는 최선의 교육은 역사교육이라는 점을 상기시키면서 그 중요성을 재

---

61)「敎科書檢定에 關한 忠告」,『나라사랑』5, 1971, 83쪽.
62)『韋庵文稿』卷4(內集), 新訂東國歷史序, 146쪽, "……蓋敎育之宗旨 根本乎國民之啓導 故當發篋之始 必授以本國之史 喚起祖國精神 鼓發同族之感想 以培養其愛國之血性 …… 若夫國民者 不諳本國之史 …… 則是蠕然蠢然之一禽蟲物而己".

삼 강조하였다.

특히 그는 「大東紀年後序」에서 "한국의 역사가 한국인에 의하여 쓰여지지 못하고 있는 현실을 더없이 안타깝게 생각한다"고 비통해하였다.[63] 따라서 그는 『증보대한강역고』, 『동국역사』, 『대한최근사』, 『증보문헌비고』, 『대동문수』, 『대한신지지』, 『한일교섭사』, 『일아전사』 등 역사서를 직접 편찬하여 그 자신이 의문으로 제기하였던 문제점을 스스로 해결하려고 노력하였다.

그리고 「時事叢報發刊趣旨書」에서 일반인들에게 역사를 인식시켜 주기 위해서는 언론의 역할이 중요하다고 주장하면서 언론을 통하여 역사의 중요성을 인식시켜 주는 한편, 역사교육의 대중화에 노력하는 등 개화의 차원에서 언론의 계몽적 역할을 다음과 같이 강조하였다.

> 今에 變爲新聞하니 其法이 盖肇自英伊하여 近世에 盛行 各邦하니 是亦史之流也라, 其體 有二하니 一曰 論說이요 二曰 雜報니 論說이란 者는 史家의 論評하는 體요, 雜報란 者는 史家의 記事하는 體라[64]

또 「大韓新地志序」에서 地志는 있어도 지리를 연구할 만한 교본이 없음을 안타깝게 생각하여 『지리교본』을 편찬하게 되었다고 그 동기를 밝히면서 자국민들이 본국의 지리를 경멸하는 사회적 풍조를 다음과 같이 개탄하였다.

> 우리 나라에서 新學을 논하는 자는 列國의 지리와 물정만 부지런히 토론하고 본국의 地志에 있어서는 연구함이 적으며 무릇 校塾의 敎科도 비록 지리를 講明하고자 하여도 완전무결한 敎本이 없기 때문에 지리의 감정이 심히 얕으니 이것은 우리의 결점이다. …… 그러나 지리교본이 완전한 것이 없는 것이 유감이어서 光武 10년 가을 纂輯을 결의하여 內外圖籍을 모아 여러 달에 걸쳐서 탈고하였다. …… 編者의

---

63) 『韋庵文稿』卷4(內集), 大東紀年後序, 148쪽, "韓國歷史 不能編刊於韓人之手 反借外士之譯佈 豈不爲大東文物".
64) 『나라사랑』5, 1971, 35쪽.

苦心은 장차 4천년 조국정신을 일부 地志 가운데 주입함으로써 大韓 동포에게 보내는 것이다. 이것은 蒙學의 講習뿐만 아니라 실로 愛國에 뜻이 있는 자의 책상에 貢資케 함[65]

이와 같이 장지연은 자주독립을 이룩하기 위해서는 국권회복을 위한 민족의 힘을 배양하는 것이 무엇보다도 중요하다는 주장과 함께 하루속히 서구의 기술문물을 습득하여 식산흥업을 부흥시켜야만 민족의 자강력을 스스로 키울 수 있다는 점을 강조하였다. 그리고 민족정신을 계승할 수 있는 역사교육을 비롯한 한글 교육과 지리 교육을 활성화시킴으로써 민중의식을 개발시키는 것은 물론 민족의식과 민족정신을 확고하게 고취시킬 수 있다는 논리를 펴면서 근대교육을 통한 교육구국운동을 전개하였다. 특히 그는 가정교육은 사회교육의 근간이 되기 때문에 더욱 중요하다고 지적하면서 가정교육의 제일차 담당자인 여성을 깨우쳐 주기 위한 여성교육의 활성화를 촉구하는 등 근대교육의 중요성을 특별히 강조하였다.

3. 유교교육의 개편

1) 신학제에 의한 교육제도의 개편

17·18세기에 들어서면서 실학사상은 널리 확산되었다. 특히 18세기 이후 서구의 근대문명과 더불어 전래된 천주학(천주교)은 정치권에서

---

65) 『韋庵文稿』卷4(內集), 序 大韓新地志序, 151~152쪽, "……今吾邦之譚新學者 於列國之方輿物情…獨於本國地志 絶少研究 凡校塾之教科也 雖欲講明地理 無完善之本 故地理之感情甚薄 此吾人之缺點也 如諸金富軾三國史 …… 然猶以地無宗志爲遺憾 光武十四秋 迺決意編輯 雜蒐內外圖籍 累閱月而脫藁 …… 編者苦心 惟將四千年祖國精神 注此一部志之中 以餉我全國之同胞 則是不特資蒙學之講習 實以貢有志愛國".

소외된 일부 지식인은 물론 성리학적 지도이념에 회의적인 경향을 보이던 양반 계층과 양반 정치에 시달리던 민중들로부터 큰 호응을 얻으면서 더욱 발전하였다. 때문에 국내외적으로 위협에 직면하게 된 지배세력은 통치체제를 바꾸면서까지 유교사회의 문화와 질서를 유지하려고 노력하였다. 그 과정에서 천주교에 대한 탄압은 더욱 가중될 수밖에 없었으며, 서구 열강은 무력을 앞세워 이 땅에 침략을 시도해 왔다.

이러한 시대적 상황 속에서 절실하게 요구된 것은 민족의 사상적 통일이었으므로 그것은 자연히 교육문제로 귀착될 수밖에 없었다. 그럼에도 조선의 최고 교육기관이었던 성균관은 본래의 교육적 기능을 상실한 채 형식만을 강조하는 교육기관으로 전락되어 있었다. 그러므로 許集은 상소를 통하여 "성균관은 선비들의 '遊談之地'에 불과하며, 사람들은 온갖 잇속만 추구하고 있다"며 그 폐단을 지적하였다.66) 이와 같이 조선의 최고 교육기관인 성균관마저 선비들의 놀이터 내지는 名利를 추구하는 허명의 교육기관으로 전락되었기 때문에 유교적 통치이념과 교육이념을 제공하는 실질적 교육기관으로서의 개편은 더욱 절실하게 받아들여질 수밖에 없었다. 즉 개화기 성균관 중심의 유교교육은, 본연의 교육적 기능을 수행하고 전통을 재확립하기 위해서도 제도를 개편하지 않을 수 없다는 시대적 소명에 봉착하게 되었다.

당시 국내에서의 개화론은 대원군의 쇄국정책에 짓눌려 있었다. 그렇지만 1880년 수신사로 일본에 다녀온 김홍집이 黃遵憲의 『朝鮮策略』을 들여오면서부터 '동도서기론'에 따르는 '자강양무책'이 크게 부상하였다. 그리하여 개화론자들은 상소를 통하여 개화의 필요성을 강력하게 피력하였다. 특히 郭基洛은 상소에서 국가의 이익에 도움이 되는 서구열강의 '器械之藝'와 '農樹之書' 등은 적극 수용할 것을 강력하게 촉구하면서 그 이유를 다음과 같이 밝히고 있다.

황준헌의 『조선책략』은 우리 나라의 '緊要敵情等事'에 관한 대책을

---

66) 『英祖實錄』 英祖 6年 正月 癸酉條, "有曰賢關 不過爲多士 遊談之地 人皆趨利".

말하고 있으므로 만약 김홍집이 그 '책자'를 가지고 귀국하지 않았으면 중죄를 범하게 되는 것이며, 또한 '內修政化'와 '外攘寇敵'을 위해서는 '器械之藝'와 '農樹之書' 등에 관한 유리한 것을 받아들여 습득해야 하고 서양인이 필요없다고 해서 그 良法까지 배척할 필요는 없다.67)

더구나 1882년 7월 고종이 八道四都의 耆老들에게 敎書를 내리고, '一國更始'의 결의를 분명하게 밝힘으로써 개화교육은 급속하게 진전되었다. 특히 개화교육은 1886년 정부에서 길모어(G. W. Gilmore)·벙커(D. A. Bunker)·헐버트(F. B. Hulbert) 등 미국 선교사를 초빙하여 '자강양무'을 실행하는 데 필요한 기초과목을 가르치는 '育英公院'을 설립하면서부터 더욱 활성화되었다.68) 이는 고종이 '육영공원' 개원에 즈음하여 특별히 내린 교서에서 문무관리와 통민유학을 精選하여 입학시키고, 漢學月考와 동일한 규제로 교육시킬 것을 다음과 같이 당부하고 있는 사실에서도 엿볼 수 있다.

하교하여 이르기를, "육영공원의 좌원은 나이 어린 문·무관을 별도로 훈련시키고, 우원은 통민·유학을 정밀히 선발하여 재능에 따라 학습시키되 한학월고와 더불어 동일하게 규제토록 하라"고 하였다.69)

또 '육영공원'에서는 독서·습자·산학·역사·지리·자연과학·정치학을 가르쳤으며, 수업 연한은 시험제로 月科秀考·歲考·大考(3년)에 합격하면 졸업할 수 있도록 규정하였다. 그러나 '육영공원'은 근대교육에 대한 관리들의 이해 부족과 학생들의 소극적인 자세로 말미암아 본래의 목적을 달성하지는 못하였다. 더구나 '육영공원'은 1894년 벙커를 마지막으로 선교사들이 모두 떠남으로써 교육기관으로서의 본

---

67)『承政院日記』高宗 18年 6月 8日條, 郭基洛의 上疏.
68)『日省錄』高宗 丙戌年 6月 11日條 ;『育英公院錄』丙戌年 7月 11日條 ; 李光麟,「育英公院의 設置와 그 變遷」, 앞의 책, 102~133쪽.
69)『承政院日記』高宗 23年 8月 10日條, 育英公院 設立節目, "下敎曰育英公院 左院則另揀年小文武 右院則精選通民幼學 隨才肄習與漢學月考 同一規制".

래의 기능을 점차 상실하였다. 그렇지만 '육영공원'의 설치는 전통적인 유학 교육의 체제에서 탈피하여 새로운 근대 교육체제로 전환되는 초석을 다져 놓았다는 점에서 그 의의는 대단히 크다고 할 수 있다.[70] 그 결과 1894년 갑오개혁과 동시에 신교육제도가 마련되었는데, 이 때 설치된 학무아문의 직제와 인원 구성을 살펴보면 다음과 같다.[71]

一. 學務衙門은 국내교육 학무 등의 행정을 관장한다.
一. 大臣 一員 協辦 一員 參議 六員 主事 十八員 各局은 左와 같이 分設한다.
一. 總務局 : 未設置 各局의 庶務를 관장한다. 參議 二員 主事 二員 秘書官을 겸한다.
一. 成均館及 庠敎書員 事務局 : 先聖 先覽 祠廟 및 經籍事務를 관장한다. 參議 一員 主事 二員.
一. 專務事務局 : 中學校 大學校 技藝學校 外國語學校 및 專門學校를 관장한다. 參議 一員 主事 四員.
一. 普通學務局 : 小學校 師範學校를 관장한다. 參議 一員 主務 四員.
一. 編輯局 : 國文綴字 各國文 번역 및 교과서 편집 등에 관한 일을 관장한다. 參議 一員 主事 四員
一. 會計局 : 本 衙門의 出納 財簿를 관장한다. 參議 一員 主事 四員

학무아문의 설치는 종래의 전통적 유교교육제도를 불식시키고, 근대 사회에 적응할 수 있는 기반을 확립하려는 근대 교육제도로의 개혁이었으며 동시에 근대 교육정책을 구체적으로 제시한 것이었다고 할 수 있다. 때문에 갑오개혁은 한국 근대정치사뿐만 아니라 교육사에서 차지하는 역사적 의의가 대단히 크다. 白淳在는 한국 정치사에 차지하는 갑오개혁의 역사적 의의를 다음과 같이 주장하고 있다.

비록 일본의 정치적 주도 밑에서 이루어진 것이라고 하지만 종래의

---

70) 李光麟, 앞의 책, 119~132쪽.
71) 『舊韓國官報』 1894년 6월 28일.

구체제를 일신하고 형식상으로나마 새로운 근대적 국가체제를 완성하고 정치·사회 전반에 걸쳐 새로운 탈바꿈을 이룩해 놓았다는 점에 대해 일단은 하나의 역사적 의의를 붙여 보아야 할 것이다.[72]

이처럼 '갑오개혁'은 비록 일본이라는 외세에 의하여 추진되었지만, 종래의 구체제를 버리고 신체제 즉 근대적인 국가체제를 이룩하고자 했던 한국 근대화의 출발점이라고 정의할 수 있다. 아울러 '갑오개혁'에서는 교육사적 측면에서도 교육개혁을 통해 근대화를 달성하고자 했던 강한 의지를 엿볼 수 있다.

이러한 사실은 1894년 7월의 학무아문의 고시를 통하여 근대교육에 정진할 것을 다음과 같이 당부하고 있는 사실에서도 엿볼 수 있다.

모든 제도가 함께 새로워야 하지만 영재교육은 제일 급한 일이라 소학교와 사범학교를 세워 먼저 서울에 행하려 하니 公卿大夫의 아들로부터 凡民의 俊秀까지 이 곳에 들어와 經書·子傳·六藝·百家의 文을 배우며 아침에 외우고 저녁에 익혀라. …… 大學·專門學校도 차례로 세우려 한다.[73]

이와 같이 개화기 근대교육에 대한 정부의 관심은 1895년 1월에 반포된 「洪範十四條」에도 잘 반영되어 있다.[74] 그렇지만 정부의 교육입국 의지는 1895년 2월 고종의 「교육조서」에서 구체적으로 표명되고 있다. 즉 고종은 근대교육은 국가를 보존하는 근본이라고 밝히고, 헛된 이념과 실용을 분별하여 실용학문을 취하는 것임을 강조하면서 3대강령인 德養(德育)·體養(體育)·知養(知育)을 통하여 인재를 양성할 것을 당부하였다. 이는 학부에서 1895년 9월 30일 발표한 「學部告示第4號」를 통하여 국가보존책으로서의 개화와 이를 성취하기 위해서는 근대학교 중심의 근대교육을 활성화시켜야 함을 다음과 같이 강조하

---

72) 白淳在, 「近代文化의 發生」, 『韓國史(20)』, 國史編纂委員會, 1974, 204쪽.
73) 『議政存案』第1, 開國 503年 7月 14日.
74) 『增補文獻備考』卷209, 學校考 8.

고 있는 점에서도 엿볼 수 있다.

　교육은 開化의 本이라 愛國의 心과 富國의 術이 皆學問으로부터 生하나니 惟國의 文明은 學校의 성쇠에 係한다.[75]

　이상에서 살펴본 바와 같이 개화기 교육입국의 정신에 입각하여 근대학교의 관제와 규칙을 새로 마련함으로써 각종 관·공립학교가 설립되었다. 이 때 전국 각지에 설립된 관·공립학교를 정리하면 다음 <표 3-1>과 같다.[76]

<표 3-1> 학교의 관제·규칙·학교수

管制 및 規則	制定日	各級學校	各級學校數
漢城師範學校官制	1895. 4. 16.	小學校	60個校 (서울10, 地方50)
外國語學校官制	1895. 5. 10.		
成均館官制	1895. 7. 2.	官立中學校	漢城中學校(1900)
小學校令	1895. 7. 19.	師範學校	漢城師範學校(1895)
漢城師範學校規則	1895. 7. 23.	外國語學校	日語學校(1891) 英語學校(1894) 法語學校(1895) 俄語學校(1896)
成均館經學科規則	1895. 8. 9.		
小學校規則大綱規則	1895. 8. 12.		
補助公立小學校規則	1896. 2. 20.		
醫學校官制	1899. 3. 24.	醫學校	京城醫學校(1899)
中學校官制	1899. 4. 4.	實業學校	商工學校(1899) 鑛務學校(1900)
商工學校官制	1899. 6. 24.		
外國語學校規則	1900. 6. 27.	기타학교	法官養成所(1895) 郵務學堂(1897) 電務學堂(1897)
農商工學校官制	1904. 6. 8.		

　위 <표 3-1>에서 볼 수 있는 바와 같이 근대교육 관제가 제정됨에 따라 전국에는 많은 관·공립학교가 설립되었다. 이러한 교육제도의 개혁은 명목상 전통적 유교교육제도로부터의 탈피를 의미한다. 물론

---

75)『舊韓國官報』1895년 9월 30일, 學部告示 第4號.
76) 孫仁銖,『韓國開化敎育硏究』, 一志社, 1981, 85쪽.

교육제도의 개혁 그 자체만으로 보면, 실질적으로는 일본의 근대교육
제도를 모방하는 범주에서 크게 벗어나지 못하는 한계성을 지니고 있
다.[77] 그러나 정부에서 개화교육의 중요성을 자각하고, 칙령 제145호
로 「소학교령」(제16·17조)을 공포하여 각 도와 군에 공립소학교를 설
립하도록 규정함과 동시에 초등학교 과정을 의무교육화시키는 등 일
단의 조치를 규정함으로써 비로소 서구의 근대학제를 수용하였다.

이로써 근대적 교육제도로의 개혁은 이루어졌지만, 근대교육 관제에
따른 고등교육기관의 설립을 실현시키지는 못하였다. 그렇지만 관제에
따라 1900년 설립된 한성중학교가 1906년 8월에 4년제인 관립한성고
등학교로 개편된 것을 시작으로, 1906년(광무 10) 「고등학교령」(1909
년 개정)이 공포됨으로써 이에 의거하여 고등교육기관이 설립될 수 있
는 제도가 마련되었다. 「고등학교령」에 따르면 관립한성고등학교는 중
등교육을 마친 학생과 그와 동등 이상의 학력을 갖춘 사람이 입학할
수 있었다. 당시 개편된 교과과정 및 주당 시간 수를 정리하면 <표
3-2>와 같다.[78]

이와 같이 갑오개혁 이후 교육입국의 정신에 입각한 근대 교육제도
가 마련되고, 초등·중등·고등 교육기관의 학제가 제정됨에 따라 전
국에 관·공립 학교가 많이 설립되었다. 그렇지만 관·공립 학교는 동
학혁명 이후 사회적 혼란과 근대교육에 대한 국민들의 인식 부족, 그
리고 일본식 교육제도의 모방에 따른 민족적 반감 등이 뒤엉켜 큰 실
효를 거두지는 못하였다. 그것은 대다수 국민들이 자제를 관·공립 학
교에 입학시키기보다는 오히려 민족교육의 중심체로 성장해 온 사립
학교나 아니면 종래의 전통적 교육기관인 서당을 선택하는 경향이 두
드러지게 나타났기 때문이다.[79] 그러나 전통적인 유교교육만을 고집해
오던 조선에서 늦게나마 근대 교육제도를 수용하여 교육개혁을 추진

---

77) 吳天錫, 『韓國新敎育史』, 現代敎育叢書出版社, 1964, 89쪽.
78) 『官報』 隆熙 3년 10월 25일.
79) 金鎬逸, 앞의 책, 69쪽.

<표 3-2> 고등교육기관의 교과과정 및 주시간수

	제1학년		제2학년		제3학년		제4학년	
	시	교과과목	시	교과과목	시	교과과목	시	교과과목
수신	1	실천도덕	1	실천도덕	1	실천도덕	1	실천도덕
국,한문	6	강독 작문 문법 습자	6	좌동	6	강문 문법 작문	6	좌동
일어	6	강독 해석 받아쓰기	6	좌동 작문 문법	6	강독 작문 문법	6	좌동 번역
역사	3	본국역사	3	외국역사	3	좌동	?	
지리	3	본국지리	3	외국지리	3	좌동	1	지문
수학	6	산술 대수	5	대수 기하	4	대수 기하 부기	4	기하 부기
博物	4	광물 식물	2	동물 생리	2	생리 위생	4	좌동 물리
물,화학	?		?		3	화학	4	화학 물리
실업	1	실업개설	3	공상공업 사 항 및 실습	3	좌동	5	좌동 실습
도서	2	自在畵	1	좌동	1	좌동 용기화	1	용기화
체조	3	학교체조	3	좌동	2	좌동	2	좌동
법,경제	?		?		?		(2)	현제도 및 경제대요
창가	(1)	단·창가	(1)	좌동	?		?	
외국어	(1)	받아쓰기 읽기 해석 습자	(3)	좌동 및 회화	(3)	좌동 문법	(3)	좌동
계		31(3)		30(3)		31(3)		30(5)

하였다는 점에서 근대교육을 향한 교육열은 높게 평가하여야 할 것이
다.

2) 성균관 교육의 개편

　1894년 갑오개혁으로 조선에서는 근대적 학제가 새로 제정되었다.
물론 그 이전에는 중앙의 성균관과 四學(태조 11년)과 五部學堂 그리
고 지방의 鄕校, 書院(중종 37년), 書堂 등에서 인재를 양성하기 위한
교육을 담당해 왔다. 그러나 성균관을 비롯한 각종 교육기관이 조선

중기 이후의 사회적 혼란 속에서 정치적 목적에 자주 이용되면서부터 교육적 기능은 사실상 마비되었다. 따라서 종래의 교육기관은 형식만을 갖춘 명목상의 기관으로 전락함으로써 차츰 국학으로서의 권위를 상실하였다. 이로 말미암아 전통적인 유교교육체제를 재확립하기 위해서도 성균관을 비롯한 교육제도를 개혁할 필요성이 절실하게 요구되었다. 이러한 시대적 요구는 1865년(고종 2) 홍선대원군이 積弊의 온상지로 지목되어 오던 서원을 철폐하면서까지 교육기관을 정비하려고 했다는 사실에서도 확인할 수 있다. 또 1869년(고종 6년 9월 29일) 의정부가 왕에게 올린 「大學別單書」 서문에서 "학교란 예의를 앞세우는 교화의 근원이 되는 곳"이라 규정하면서 학교 교육에 대한 전통적 개념을 다시 강조하고 있는 사실에서도 엿볼 수 있다.

이러한 인식이 각계에서 팽배해지자 정부에서는 유교교육의 중심기관이던 성균관에 대한 개혁을 단행하였다. 즉 고종은 앞에서 언급한 바와 같이 1895년(고종 32) 갑오개혁에서 「敎育入國詔書」를 반포하고. 각급학교 관제를 공포하는 등 근대적인 교육체제를 수립하였다. 또 이와 병행하여 성균관관제 7개 조항을 개정하였다. 당시 개정된 칙령 제136호의 내용을 정리하면 다음과 같다.[80]

　　　　　成均館官制(勅令 第136號)
　第1條, 成均館은 學部大臣의 管理에 屬하게 하여 그 文廟를 虔奉하
　　　　고 經學科를 學習하는 處로 한다.
　第2條, 成均館은 아래와 같은 職員을 둔다.(생략)
　第3條, 成均館長은 學部奏任官中으로 兼任케 하니 館務를 掌理하여
　　　　所屬職員을 監督함.
　第4條, 敎授는 學部奏判任官으로 兼任케 하니 生徒課業에 關하는 事
　　　　를 掌함.
　第5條, 職員은 判任5等 이하로 定하며 文廟를 直守하고 上官의 命을
　　　　承하고 館內庶務에 從事함.

---

80)『高宗實錄』高宗 32年 7月 2日條 ;『舊韓國官報』高宗 32年 7月 4日.

第6條, 經學科 程度는 學部大臣이 定함.
第7條, 本令은 頒布日로부터 施行함.

그리고 새로 제정한 성균관관제에 의거하여 경학과 규칙 23개 조항과 교과과정표가 다시 제정되었는데 새롭게 제정된 성균관의 경학과 규칙, 교과과정의 내용을 정리하면 다음과 같다.[81]

成均館 經學科 規則(學部令 第2號)

第1條, 成均館은 勅令 第136號에 의해서 學生으로 하여금 經學을 肄習하고 德行을 修飾해서 文明한 進步에 注意함을 要旨로 함.
第2條, 成均館 經學科 學生에게 課할 學科目은 四書三經 及 其諺解 綱目 宋元明史幷 本國史 作文으로 함.
　　　 但, 時宜에 依하여 本國地誌 萬國史 萬國地誌 算術을 肄習케 함.
第3條, 學生의 修業年限은 三個年으로 定함.
第6條, 學年을 分하여 前後二學期로 하되 前期는 7月 21日로 始하여 12月 25日에 終하며, 後期는 正月 16日로 始하여 6月 15日에 終함.
第7條, 授業日數는 每年 42週, 授業時間은 每週 28時間 以內로 함.
第8條, 學科目의 程度는 아래와 같이 함.

學科課程表
講讀 : 經書 · 諺解 · 講讀
講目 : 宋元明史騈
作文 : 日用書類記事論說 經義
歷史 : 本國及萬國歷史
地誌 : 本國及萬國地誌
算術 : 加減乘除比例差分

이와 같이 새로 개정된 성균관관제는 단순히 유교교육체제를 재확

---

81) 『高宗實錄』 高宗 32年 8月 9日條 ; 『官報』 高宗 32年 8月 12日.

립하는 데 그치지 않았다. 개정된 성균관 경학과 규칙에서 볼 수 있는 바와 같이 본국 및 외국의 역사교육과 지리교육을 개설하는 등 시세의 변화에 따라 교과의 내용이 큰 폭으로 개정되었다. 이는 전통적 유교 교육만을 고수해 오던 성균관의 교육적 기능이 '자강양무'라는 시대적 요청에 부응하고 있음을 반증하는 실례이기도 하다. 뿐만 아니라 성균관에 경학과를 설치하면서부터 근대교육기관으로 성장할 수 있는 기초를 마련한 것으로 볼 수 있다.

또 건양 원년(1896년 7월)에는 성균관의 규칙을 재차 개정하였다. 즉 본령의 단서조항을 삭제하고, 모두 정규과목으로 인정함으로써 성균관 교육의 내실화를 기하는 등 보다 근대적인 교육기관으로의 개혁을 단행하였다. 당시 개정된 경학과 규칙 제2조의 내용을 살펴보면 국사와 國土地誌를 포함한 만국의 역사와 지지를 모두 정규과목으로 편성하고 있다.

> 第2條, 成均館 經學科 學生의 課할 學科目은 三經四書幷諺解 史書
> ·左傳·史記·綱目·明史와 本國史·本國地誌·萬國地誌·
> 歷史·作文·算術로 함.
> 但, 時宜에 因하여 他經傳 及 史·文을 肄習함도 可함.[82]

이후 성균관관제는 광무 9년에 이르기까지 몇 차례의 개정과 보안을 거치면서 근대교육기관으로 재정비되었다. 그러나 성균관관제는 1910년 국권 피탈과 동시에 조선총독부에 의하여 전면적인 개정을 강요당하였다. 그 단적인 사례가 1911년 6월 개정 공포된 경학원 규정이다. 이 때 새로 개정된 핵심 조항을 정리하면 다음과 같다.[83]

> 經學院 規程(府令 第73號)
> 第1條, 經學院은 조선총독의 감독 하에 두고 經學을 講究하며 風敎德

---

82) 『舊韓國官報』 1896年 7月 16日, 學部令 第4號.
83) 總督府令 第73號, 1911年 6月 15日(『朝鮮法令輯覽』 下, 第15輯, 學事).

化를 稗補함을 목적으로 한다.

第3條, 조선총독은 각 도로부터 학식덕망이 있는 사람을 등용하여 경
학원에 列하게 한다.

第4條, 경학원은 매년 춘추 2회 文廟의 제사를 거행한다. 제사는 조선
총독의 지휘를 받아서 大提學이 이를 행하고 經學院 講師를 여
기에 列하게 한다.

第6條, 대제학은 조선총독의 지휘 감독을 받아서 院務를 總理한다.

第15條, 기본재산은 토지 건물 국채증권 또는 확실한 유가증권, 혹은
은행예금으로 이를 보관해야 한다. 기본재산은 조선총독의 인가
를 받지 않고서는 이를 처분할 수 없다.

第16條, 대제학은 每會計年度 세입세출 예산을 調製하여 年度前 조선
총독의 인가를 받아야 한다. 예산의 추가 또는 경정을 하고자 할
때도 또한 같다. 대제학은 매 회계년도 세입세출 결산을 其年度
後 3개월 이내로 조선총독에게 보고해야 한다. 前 2항의 회계년
도는 정부의 회계년도에 의한다.

第17條, 본 규정의 시행에 관하여 필요한 사항은 조선총독의 인가를
받아서 대제학이 이를 정한다.

위에서 볼 수 있는 바와 같이 성균관을 대표하던 大提學은 文廟享
祀나 재산관리의 권한만을 행사하고, 경학원이 교육을 전담하도록 규
정함으로써 유교교육기관으로서의 기능을 행사하지 못하도록 규정하
였다. 그 결과 성균관은 단순히 春秋享祀나 강연회를 실시하는 것으로
명목상의 교육적 기능을 계승하였을 뿐이다. 그럼에도 일제는 1940년
경학원 규정을 다시 개정하여[84] 교사의 임명권까지 탈취해 감으로써
성균관의 교육적 기능을 완전히 말살시켰다.

이런 점에서 일제가 성균관에서 강사를 초빙하여 강연회를 개최할
수 있도록 한 규정은 교화를 성취하려는 교육적 목적이 아니었음을 짐
작할 수 있게 한다. 그것은 일제의 식민지 정책수행에 방해가 되지 않
게 하려는 선무공작의 일환에서 추진되었다. 게다가 일제는 이 규정을

---

84) 總督府令 第240號, 1940年 11月 12日.

다시 개정하여 강사의 임기를 제한하였다. 그것은 강사들이 일제의 정치적 목적에 호응하지 않았다는 사실을 반증하는 것이며, 동시에 일제가 식민정책에 노심초사한 일면을 엿볼 수 있게 한다.

그러나 전국 유림의 노력과, 3·1운동 이후 무력으로 식민정책을 수행할 수 없다는 사실을 감지한 일제가 통치방법을 문화정치로 전환함으로써 성균관은 교육기능을 다소 회복할 수 있게 되었다. 즉 명륜학원은 1930년 2월 26일 규정(총독부령 제13호)을 개정하여 경학원 대제학 鄭萬朝를 총재로 임명함으로써 근대교육기관으로서의 기능을 다시 회복하였다. 이 때 경학원 대제학에 임명된 정만조는 명륜학원 개원식 식사에서, 명륜학원의 설립 배경을 다음과 같이 밝히고 있다.

물질문명의 盛함에 따라 정신문화는 점차 경시되어 擧世가 다만 功利에 是趨하며 俗尙을 시인하여 도덕으로써 陳腐타 하고 仁義로써 迂闊타 하며 심지어 경조위격의 풍조가 도도히 일세를 풍폐코자 함에 至한지라 만일, 이대로 推移함에 방임할진대 前途에 대하여 실로 한심함을 참을 수 없는 情勢라 할지로다. 당국에서 沈히 此에 鑑하고 일반 유림의 희망에 容하여 家傳遺賓을 葉而不顧함이 得策이 아니라 생각하시고 더욱 枝葉問題보다는 根本問題에 일시적 선전보다는 백년의 대계를 수립함만 같지 못하다 하여 현명한 방책을 수립하시어 玆에 明倫學院의 창설에 見함에 至하여 夫子의 조정에서 다시 書聲을 得聞케 됨은 有識의 人士 누가 感奮興起치 아니하리요.[85]

한편 1930년 2월 26일 부령 13호로 제정 발표된 명륜학원 규정은 다음과 같다.[86]

明倫學院規程(府令 第13號)
第1條, 明倫學院은 儒學에 관한 敎授를 하고 아울러 人格을 陶冶함으로써 목적으로 한다. 明倫學院은 이를 經學院에 附置한다.

---

85) 「鄭萬朝의 誨告」, 『成均館大學校史』, 1978, 150쪽.
86) 總督府令 第13號, 1930年 2月 26日.

第2條, 明倫學院에 수업 연한 2년의 正科를 둔다.

　　　明倫學院은 필요에 應하여 수시로 講習會를 개최할 수 있다.

第3條, 正科의 교과목은 儒學 及 儒學史·日本語·東洋哲學·漢文學 及 公民科로 한다. 明倫學院은 朝鮮總督의 인가를 받아서 前項 이외의 교과목을 가할 수 있다.

第4條, 明倫學院은 학칙을 정하여 朝鮮總督의 인가를 받아야 한다.

第5條, 明倫學院은 生徒로부터 수업료를 징수하지 못한다.

第6條, 明倫學院 正科의 생도수는 60명 이내로 한다. 다만 특별한 사정이 있을 때는 朝鮮總督의 인가를 받아서 이를 늘일 수 있다.

第7條, 明倫學院에 다음의 職員을 둔다.(생략)

　　　前項의 직원은 朝鮮總督이 이를 任免한다.

第8條, 總裁·學監·講師·幹事·書記의 직무에 관한 사항(생략)

第9條, 明倫學院에 評議員을 두고 議長·評議員으로써 이를 조직한다.

　　　議長은 經學院 大提學으로써 이를 충당한다.

　　　評議員은 學識經驗이 있는 자 중에서 朝鮮總督이 이를 충당한다.

　　　評議員會는 明倫學院에 관한 중요 사항을 審議한다.

第10條, 總裁는 處務에 관한 규정 기타 本令의 施行上 필요한 사항을 정하여 朝鮮總督의 인가를 받아야 한다.

第11條, 經學院의 經費 中 明倫學院의 經費는 이를 특별회계로 하고 보조금, 기부금, 기타 수입으로써 이를 충당해야 한다.

위의 명륜학원 규정(학칙) 제3조에 의거하여 새로 편성한 명륜학원의 교과과정 내용을 정리하면 다음 <표 3-3>과 같다.

<표 3-3> 명륜학원의 교과과정 및 시간수(제3조)

敎科目	學期	時間	內　容
儒學及儒學史	1	10	四書·詩經·支那朝鮮·儒學史
	2	10	禮記·春秋左氏傳·易經·支那朝鮮儒學史
東洋哲學	1	2	秦哲學
	2	2	漢 이후의 哲學

漢　文　學	1	8	莊子·舜子·史記·漢書·朝鮮名作集·作詩作文
	2	8	老子·楚史·文選唐·宋時文選·朝鮮文學槪·作文
日　　　語	1	5	보통의 讀方·書方·話方·綴文
	2	5	보통의 讀方·書方·話方·綴文
公　民　科	1	1	사회적 존재로서의 개인 경제 관계 綱中의 개인
	2	1	법제 관계 綱中에 재한 개인 일반 문화 관계 綱中에 재한 개인

한편 명륜학원의 교육적 기능은 개정된 명륜학원 규정에 의거하여 새로 구성된 평의원회에서 그 개선안과 함께 발전책을 다시 논의하면서부터 구체적으로 나타났다. 1931년 3월 24일 소집된 평의원회에서 검토하여 결정한 내용을 요약하여 정리하면 다음과 같다.[87]

　　첫째, 평의원회의 규정(의사규정·임기)을 명문화시킬 것.
　　둘째, 국고보조를 요구할 것.
　　셋째, 학년을 최저 3년으로 연장할 것.
　　넷째, 經學院을 중심으로 전국 유림의 연락기관을 조직할 것.

또 명륜학원 규정은 1932년 평의원회의 요구로 다시 개정한 것을 시작으로 1년 과정의 補習科(제6조 3항)를 설치하고, 학칙(제2조)을 개정하는 등 교과과정을 다시 개편하였다. 당시 개편된 교과과정의 내용을 정리하면 다음과 같다.[88]

教科課程과 時數
儒敎及儒敎史 10시간　　近思錄·經說·日本儒學史
東洋哲學　　　2시간　　支那哲學

---

87) 『成均館大學校史』, 156쪽.
88) 總督府令 第35號 1932年 4月 1日을 참조하여 작성하였음.

漢文學	8시간	朱子書 · 元明淸文選 · 日本外史 · 作文
日語	5시간	講讀 · 文法 · 作文
公民科	1시간	實踐倫理槪論

　이후 명륜학원 규정은 1936년 부령 제15호로 다시 개정하였다. 이때 그 규정 제1조에 "국민도덕의 본의를 천명하고"라는 문구를 삽입시키고, 연구과(제9조 3항)를 설치함과 동시에 교과목을 증설(제3조)하는 등 크게 확대시켰다.[89] 특히 1932년과 1936년에 각각 개정된 명륜학원 규정을 통하여 볼 때, 명륜학원은 시류에 알맞는 인재를 양성한다는 본래의 목적에 부응하기 위해 폭넓게 조정된 것처럼 보인다. 그러나 내용 면에서 살펴보면 일본어를 비롯한 일본유학사 · 일본외사 · 일본사 · 교육사 · 체육과목을 보강하는 데 주력하였다. 새롭게 개정된 교과목의 내용은 사실상 일본의 식민정책을 더 강화시키려는 식민화 교육정책의 일면을 드러내 보이고 있다.

　이처럼 명륜학원은 여러 번에 걸쳐 규정을 개정하면서 교육적 기능은 겨우 명맥을 유지할 수 있었다. 그리고 1938년 부령 제13호(2월 28일)에 의거하여 명륜전문학원으로 승격되었다. 당시의 유림들은 유학 진흥을 위하여 명륜전문학원을 명륜전문학교로 승격시킨다는 목표 하에 총독부에 설립신청서를 제출하였다. 이에 대해 1942년 설립인가가 남으로써 비로소 근대교육기관으로 발전할 수 있는 토대가 마련되었다. 이는 府民館에서 개최된 전국 유림대회에서 桂光淳이 그 중요성을 다음과 같이 강조하고 있는 사실에서도 알 수 있다.

　유림의 전문학교가 없는데다가 현재의 전문학원으로서는 유학의 학술적인 진흥과 졸업 이후의 진출 등의 문제를 해결할 수 없어 승격이 시급히 요청된다.[90]

---

89) 朝鮮總督府令 第15號, 1936年 3月 4日.
90) 「계광순의 유림대회 개최 설명」, 『成均館大學校史』, 159쪽.

그러나 성균관 교육은 명륜학원 규정의 개정과정에서 엿볼 수 있듯이 일제의 식민화 교육정책에 의하여 전통적인 유교교육과는 완전히 단절된 모습으로 변모되어 있었다. 뿐만 아니라 학생 수와 교육의 질은 물론 기능 면에서도 크게 저하되어 있었다.

이와 같이 조선의 전통적인 유교교육을 말살시키는 데 광분해 있던 일제는 1943년 9월 급기야 명륜전문학교의 폐교를 결정하고, 그 자리에 청년연성소를 설치함으로써 교육기관으로서의 기능을 정지시켰다. 그리하여 명륜전문학교로 개정되었던 성균관은 교육기관으로서의 역할을 계속할 수 없게 되었다. 그러나 명륜전문학교는 1945년 일제가 연합군에 무조건 항복함으로써 조국의 광복과 더불어 다시 소생할 수 있었다. 즉 명륜전문학교는 1945년 9월 28일 미군정령 제6호·제15호에 의거하여 교육기관으로 다시 문을 열었다. 아울러 성균관이란 전통적인 명칭을 그대로 사용함으로써 교육적 기능을 완전히 되찾을 수 있었다. 그러나 명륜학원은 1946년 9월 명륜전문학교를 해체함과 동시에 성균관대학으로 다시 개교함으로써 전통적 교육기관으로서의 역할을 포기하였다. 그 대신 근대교육기관으로 새롭게 태어남으로써 근대교육을 발전시키는 데 큰 역할을 하였다.

제4장 불교계의 교육운동

1. 불교교육의 역사적 배경

불교는 372년(고구려 소수림왕 2) 한국에 전래된 이후 토착신앙과 더불어 한민족의 정신적 지주로 전승되면서 국가의 염원에 부응하는 등 한민족의 발전에 큰 역할을 담당해 왔다. 따라서 한국 불교는 인도·중국·일본의 불교와는 달리 독창적 성격을 지니며 전통불교로서 전승되어 올 수 있었다.

더구나 한국 불교는 삼국시대 고대국가의 형성과정에서 더욱 다양한 형태로 발전해 왔다. 때문에 불교 수용과정을 하나의 체계로 정리하기는 어렵다. 하지만 불교가 이 땅에 전래된 이후 통치자의 보호 아래 호국불교로 정착함으로써 사회발전에 일익을 담당해 온 것만은 틀림없는 사실이다.[1]

불교의 발전과정을 정리하면 다음과 같이 구분할 수 있다.

첫째, 불교의 전래과정.

『三國遺事』에 의하면, 한국 불교는 372년 前秦의 왕 符堅이 順道를

---

[1] 불교계의 근대교육에 관한 연구논문을 정리하면 다음과 같다. 南都泳, 「開化期 寺院의 敎育制度」, 『南溪曺佐鎬博士回甲記念論叢』, 1977 ; 南都泳, 「韓國寺院의 敎育制度」, 『歷史敎育』 28, 1980 ; 南都泳, 「舊韓末의 明進學校」, 『歷史學報』 90, 1981 ; 睦貞培, 「韓國宗敎運動史(2)」, 『韓國現代文化史大系(7)』, 高麗大民族文化硏究所, 1980 ; 朴善泳, 『佛敎의 敎育思想』, 同和出版社, 1981 ; 韓基斗, 『韓國佛敎思想硏究』, 一志社, 1980 등이 있다.

보내 불상과 불경(경전)을 고구려에 전달한 데 그 시원을 두고 있다.[2] 백제는 384년(침류왕 1) 東晉에서 摩羅難陀가 입국하여 포교하면서 번창하기 시작하였다. 신라는 눌지마립간 때 墨胡子가 一善郡(선산) 毛禮의 집에서 포교를 시작한 데 그 시원을 두고 있다.

고구려와 백제에서는 불교가 통치자의 보호 아래 거부감 없이 수용됨으로써 왕권을 확립하는 데 결정적 역할을 하였지만, 신라에서는 귀족들에 의하여 거부되어 오다가 527년(법흥왕 14) 異次頓의 순교를 계기로 국가로부터 공인을 받음으로써 비로소 수용되었다. 이런 점에서 신라에서는 고구려·백제와는 달리 불교가 토착사상과의 갈등으로 쉽게 정착하지 못하고 시련을 겪으며 수용되었음을 알 수 있다.

둘째, 大乘諸宗學의 전래과정.

한국 불교는 승려들이 중국이나 인도에 들어가 몸소 고행을 체험하면서 불교사상을 직접 배워 왔다는 데 그 특징이 있다. 때문에 대부분의 유학승들은 一宗學에 얽매여 있던 중국 불교와는 달리, 모든 종파의 사상을 두루 깨달으려고 노력함으로써 공히 大乘宗學을 모두 수용하려는 입장을 취하였다. 그 결과 三論의 대가로 알려진 法朗은 경율과 화엄에 능통하였으며,[3] 涅槃經의 개척자인 普德和尚은 열반과 方等의 대가로 널리 알려져 있다.[4] 또 인도에서 五部律을 들여온 謙益은 그 후 열반경에 심취하였으며, 화엄에 능통한 신라의 義湘도 보덕화상으로부터 열반경 사상을 배워 왔다. 따라서 한국 승려들은 제 종학을 두루 섭렵하여 불교의 진리를 깨달으려는 구도의 길을 걸었다고 할 수 있다.

셋째, 禪門의 전래과정.

禪사상은 불교의 이론보다도 실천을 강조한 데 그 특징이 있다. 선사상은 신라시대 이래로 두 갈래로 전래되었다. 그 하나는 北宗(또는 北禪)과 연결된 道信의 선사상으로 선덕왕대 법랑에 의하여 수용되었

---

2)『三國遺事』卷3, 興法, "順道肇麗".
3)『海東高僧傳』卷8, 法度傳.
4)『三國遺事』卷3, 興法.

으며, 다른 하나는 南宗(또는 南禪)과 연결된 知藏和尙(西堂)의 선사상으로 道義에 의하여 수용되었다. 그러나 남종에 철저했던 도의의 純禪思想이 신라인들에게 거부당하자 그는 설악산 陳田寺에 들어가 선사상의 진실을 구도하면서 여생을 보냈다. 또 지장화상의 제자인 洪陟(南岳 實相寺)은 密傳을 제시하여 융화사상을 펼치면서 고래의 전통과 풍습은 물론 제도의 급진적 변화를 억제한 채 자기 마음을 변화시키면서 현실을 이해하며 통찰하려고 노력함으로써 祖師의 禪風을 선양시키는 데 앞장섰다.[5] 홍척의 융화사상은 화엄에 기초한 禪修行 사상이었다고 할 수 있다. 이에 대하여 도의의 순선사상은 화엄을 버리고 수도에 전념하면서 선을 찾자는 한국적 선의 방법론을 제시하였다고 할 수 있다. 이런 점에서 두 사람은 서로 다른 입장을 취하고 있었던 것처럼 보이지만, 모두 자신들의 내적 '見性成佛'의 방향을 설정하는 데 크게 공헌하였다고 할 수 있다.

넷째, 臨濟禪門의 전래과정.

한국 불교의 대표적 종파인 曹溪宗으로 계승되고 있는 臨濟宗이 언제 이 땅에 전래되었는지는 분명하지 않다. 그러나 知訥의 『修心訣』 등에서 『臨濟錄』을 자주 인용하고 있는 것을 보면, 임제의 법계는 고려의 공민왕대 太古普愚(1301~1382)가 元代 石屋淸珙의 가르침을 전수하면서부터 시작되었다고 볼 수 있다. 한편 平山處林을 감화시켰다는 爛翁慧勤의 사상도 조선 초까지 계승되었지만 임제법계를 수용하지는 않았다.[6] 특히 원효, 지눌, 休靜(西山大師 : 1520~1604), 惟政(泗溟大師 : 1544~1610) 등은 한국 불교를 대표하는 승려들이었다. 元曉大師는 義湘과 道를 배우기 위하여 당나라에 건너가던 중 堂項城에서 "必生故로 種種法이 生하고 必滅故로 種種法이 滅한다"는 불법을 체득하면서 중생들을 구원하는 것이 불교의 최우선 과제라는 사실을 깨달았다. 이후 그는 유학을 포기하고 되돌아와 불법을 전하면서 민중불

---

5) 韓基斗, 『韓國佛敎思想研究』, 一志社, 1980, 65~69쪽.
6) 韓基斗, 위의 책, 11~13쪽.

교를 발전시키는 데 여생을 바쳤다.[7] 그는 하나의 경전에 집착하지 않고 모든 경전을 두루 섭렵하여 宗門의 사상을 통일시킴으로써 부처의 참정신을 구현하려고 노력하였다.[8]

지눌은 禪과 敎의 방법을 깨달은 후 송광사를 중심으로 修禪結社를 조직하여 실천을 강조하는 불교를 발전시켰다. 그는 선과 교는 모두 '見性成佛'에 이를 수 있다고 역설하고, '견성성불'에 이르기 위해서는 무엇보다도 불심이 중요하다는 점을 강조하면서 수행 방법으로 '頓悟漸修'의 방향을 설정함으로써 송광사의 법풍을 세워 놓았다.[9]

휴정과 유정은 조선의 배불정책으로 불교가 크게 위축된 속에서도 임진왜란이 발발하자 승병을 일으켜 국난을 타개하는 데 전위대 역할을 담당하였다. 그는 교와 선이 화합하는 입장을 취하면서도 임제종의 전통에 따라 敎는 入門이요 禪은 究竟이라는 입장을 고수함으로써 捨敎入禪을 특별히 강조하였다.

이와 같이 한국 불교는 고승들에 의하여 불법이 널리 전파되었을 뿐만 아니라 각 시대를 대표하는 고승들은 민중들에게 불교의 근본교리와 정신을 일깨워주었다. 특히 和諍과 會通을 제창한 신라의 원효, 고려의 통일 이후 불교이념을 확립하고 兼學을 부르짖은 대각국사 義天, "學無常師 惟道之從"이라고 주장한 지눌 등은 모두 한 종파에 얽매이지 않았을 뿐만 아니라 일반 대중과의 접화운동을 꾸준하게 전개한 대표적 고승들이었다. 이런 점에서 한국의 고승들은 현실적 어려움을 신앙심으로 극복하고 해결하면서 불교문화를 창달하는 교육적 길잡이 역할을 하였다고 할 수 있다.

---

7) 『宋高僧傳』 卷4, 釋元曉傳·釋義湘傳.
8) 韓基斗, 앞의 책, 53~58쪽.
9) 韓基斗, 위의 책, 14~18쪽.

2. 불교교육의 개편

1) 조선 불교계의 교육

불교는 한민족에게 자비와 평등, 평화와 자유, 문화와 전통, 국권수호 사상을 일깨워주었을 뿐만 아니라 민중을 계도하는 중심사상으로 발전하였다. 그러나 조선시대 배불정책으로 인하여 불교가 크게 위축됨으로써 불교교육은 단지 사찰 중심의 禪敎兼學으로 운영될 수밖에 없었다. 즉 불교계는 스스로 각 교단과 寺刹에 講院(또는 講堂)・禪院(또는 禪堂)・律院・念佛院을 설립하여 승려를 양성하기 위한 교육을 자체적으로 실시하였다.[10] 그리하여 대사찰에는 諸院을 갖춘 叢林을 설치하였다. 총림은 일종의 종합교육기관으로 方丈・東堂・西堂・首座의 승직을 두었고, 강원은 불교 경전을 가르쳤으며, 선원은 좌선을 통하여 불교의 진리를 몸소 체득하게 하는 불교계의 전통교육기관이었다.[11] 그러므로 불교계 교육은 강원의 교육제도를 통하여 볼 때 4단계로 운영되었음을 알 수 있다.[12]

즉 沙彌科는 강원의 기초 교육과정으로 율신의 법도를 가르쳤는데, 수업 연한은 1년 과정과 3년 과정이 있었다. 四集科는 2년 과정으로 看經의 기초를 가르쳤으며, 四敎科는 4년 과정과 2년 6개월 과정으로

---

10) 趙宗文,「講院敎育과 制度沿革」,『佛敎』93, 1932, 191~195쪽.

11) 南都泳,「舊韓末의 明進學校」,『歷史學報』90, 1981, 85~137쪽.

12) 李能和,『朝鮮佛敎通史』下, 京城 : 新文館, 1918, 989~990쪽, "專門科之學科 又分必修科目 隨意科目之二種 必修科目之學科 及所修年間如左 第一沙彌科 一個年(或有以三個年爲限之寺刹 此則加入 沙彌律儀緇門警訓 禪林寶訓) 受十戒 朝暮誦呪 般若心經 初心文 發心文 自警文第二 四集科 二個年 禪源諸詮集都序 大慧書狀 法集別行錄節要 竝入私記 高峯禪要 第三 四敎科 四個年(有以二年六個月爲限者) 首楞嚴經 大乘起信論 金剛般若經 圓覺經 第四 大敎科三個年 (有以三年六個月爲限者 加入十地論 禪家龜鑑 妙法蓮花經) 華嚴經 禪門拈頌 景德傳燈錄 前條規定以外之科目 則任其本人之根基 以爲隨意所修之科目".

諸經을 연구하였다. 또 大敎科는 3년 과정과 3년 6개월 과정으로 화엄경과 禪門拈頌을 가르쳤다.

강원의 교육과정을 통하여 볼 때, 수업 연한은 10년을 원칙으로 하였으나 각 사찰의 특성과 목적에 따라 조정할 수 있게 한 것으로 보인다.[13] 그리고 대교과를 졸업하면 수의과에 진학하여 4년 이상의 전공과목(10년제는 17과목, 11년제는 23과목)을 이수하도록 규정하였다. 이를 정리하면 다음 <표 4-1>과 같다.[14]

<표 4-1> 강원이수 교과과정표

課程	10년제 講院		11년제 講院	
	연한	이수교과목	연한	이수교과목
沙彌科	1년	受十戒 朝暮誦呪 初心文 般若心經 發心文 自警文	3년	受十戒 朝暮誦呪 初心文 發心文 般若心經 自警文 沙彌律儀 緇門警訓 禪林寶訓
四集科	2년	禪源諸詮集都序 大慧書狀 法集別行錄節要竝入私記 高峯禪要	2년	禪源諸詮集都序 大慧書狀 法集別行錄節要竝入私記 高峯禪要
四敎科	4년	首楞嚴經 大乘起信論 金剛般若經 圓覺經	2년 6월	首楞嚴經 大乘起信論 金剛般若經 圓覺經
大敎科	3년	華嚴經 禪門拈頌 景德傳燈錄	3년 6월	華嚴經 禪門拈頌 景德傳錄 十地論 禪家龜鑑 妙法蓮花經
隨意科	대교과 졸업자가 입학하여 4년 이상 전공과목을 이수함			

강원의 입학자격은 사미수계를 받은 10세 이상, 출가수도 3년이 경과한 수도자로 규정하였을 뿐만 아니라 다음과 같은 과정을 거쳐야만 허락하였다.[15]

첫째, 불문에 입문한 다음 師僧으로부터 信心을 평가받고 入寺하여 그 행자가 된 후 2년 이상 불경을 배우면서 수도자로서의 기초와 자질

---

13) 南都泳, 앞의 논문, 89쪽.
14) 李能和, 앞의 책, 989~990쪽.
15) 南都泳, 앞의 논문, 90~92쪽 ; 李能和, 앞의 책, 940~941쪽.

을 인정받아야만 허락하였다.

둘째, 通經을 시험하여 사미계를 받아야만 허락하였다.

셋째, 受戒를 받고, 사승의 상좌가 된 후 1년 이상 불교경전과 불교 의식을 익힌 다음 사승으로부터 추천을 받아야만 허락하였다.

한편 선원은 禪房·禪堂·坐佛堂이라고도 하였는데, 선원은 강원을 수료하고 比丘戒를 수계받은 20세 이상의 불제자가 입학하여 수도하는 평생교육기관이었다. 선원의 교육은 좌선을 통하여 불교의 진리를 터득하도록 함으로써 자신의 마음을 바로잡고 自證三昧의 경지를 몸소 체득하게 하여 스스로 '見性成佛'의 경지에 이르도록 하였다. 이런 점에서 선원 교육의 목표는 모든 중생을 구제하는 데 두고 있었다고 할 수 있다.16)

선원의 학제는 하·동기로 구분하였으나 夏期入居를 정통(법)으로 인정하는 法腦의 연수를 기준으로 정하였다.17) 즉 하기는 4월 15일부터 7월 14일까지로 이를 법뇌 1세로 규정하였으며, 동기는 10월 15일부터 1월 14일까지로 똑같이 3개월이었지만 본사의 허락을 받아야만 법뇌에 가산할 수 있었다.18)

선원의 교육내용은 1일 8시간 이상 自禪·自修·自力自食을 원칙으로 하였고, 坐禪, 大小乘律, 禪理硏究에 충실할 수 있도록 배려하였다. 그런데 「院中常規十條」라는 기록을 보면19) 선원의 학생들에게는 破戒·邪行·爛習 등 폐습은 일절 금지시키고 있다. 뿐만 아니라 양원에서 소정의 교육과정(수행과정)을 수료한 승려들에게만 법계를 수여하였다. 선종의 법계는 大禪·中德·禪師·大禪師로 승진되었으며, 교종의 법계는 大禪·中德·大德·大敎師로 승진되었다. 선종과 교종의 최고 법계인 대선사와 대교사는 강원을 수료하고 선원에 입문하여 夏法腦 20세 이상을 수도한 승려에게만 자격을 주었다. 뿐만 아니라

---

16) 南都泳, 「韓國寺院의 敎育制度」, 『歷史敎育』28, 1980, 26쪽.
17) 李能和, 앞의 책, 941~942쪽.
18) 李能和, 「法階昇進의 規則」 및 「法階」, 앞의 책.
19) 『三國遺事』 卷3, 伯嚴寺石塔舍利條.

각 사찰의 책임자는 강원을 수료하고 선원에 입문하여 夏法腦 10세 이상의 승려에게만 그 자격을 인정해주었다.[20]

이와 같이 한국 불교계의 전통교육기관이었던 강원과 선원은 불제자의 수행교육기관으로 경전과 좌선을 통하여 불법을 스스로 터득하도록 하였다. 따라서 불교계의 교육은 불교는 물론 사회발전에 기여할 수 있는 구도자를 양성하려는 데 목적을 두고 있었다고 할 수 있다.

2) 개화기 불교계의 교육

조선 말의 종교정책은 서양의 기독교는 물론 일본의 진종과 日蓮宗에게도 포교를 인정하였으나 유독 불교에 대해서만은 1623년(인조 2) 제정된 「승려의 도성출입 금지령」을 고수함으로써 배타적인 정책으로 일관하였다.[21] 그러나 개화기 불교지도자들은 강원을 중심으로 운영하던 불교계의 전통교육을 근대교육으로 발전시켜 불교발전은 물론 근대화를 이룩하는 데 기여할 수 있도록 하였다.

개화기 불교지도자들에게 근대의식을 심어주는 데 선구자적 역할을 담당한 인물은 개화승으로 널리 알려진 李東仁이었다.[22] 그는 1876년 병자조약이 체결되자 일본으로 건너가 개화된 일본의 문물을 두루 살피고 귀국하였다. 이 때 그는 자기광·요지경·만국사기·지리·생물·화학 등 신문물과 신서적을 들여와 奉元寺 강원에서 李寶潭을 비롯한 불교지도자들에게 근대학문을 가르쳤다. 특히 그는 김옥균에게 만국사기·각국지도·군대사진·요지경 등 신문물을 전해 줌으로써 개화의식을 고취시키는 데 큰 역할을 하였다. 이동인의 역할은 개화의 선구자였던 서재필이 그의 자서전에서 다음과 같이 회고하고 있는 사

---

20) 李能和, 「法階昇進의 規則」, 앞의 책, 403쪽.
21) 金煐泰, 「韓國佛敎史」, 『韓國文化史大系(5)』, 高麗大民族文化硏究所, 1967, 333~343쪽.
22) 李光麟, 「開化僧 李東仁」, 『創作과 批評』 18, 1970, 461~472쪽 ; 金道泰, 『徐載弼博士自敍傳』, 首善社, 1948, 63~65쪽.

실을 통해서도 짐작할 수 있다.

　　이동인이라는 중이 우리를 인도해 주었고 우리는 그 책을 읽고 그
　사상을 가지게 된 것이니 새 절(奉元寺)이 우리 개화파의 온상이라고
　할 것이다.23)

　이런 점에서 이동인이 강학 활동을 펼친 봉원사 강원은 승려는 물론
개화 인사들에게도 근대의식과 근대학문을 가르치는 개화의 장소로
활용되었음을 알 수 있다. 이는 "봉원사는 개화 인사들에게 근대사상
을 불어넣어 준 최고의 교육기관이었을 뿐만 아니라 갑신정변의 서막
도 이 곳에서 태동되었다"는 李能和의 회고에서도 엿볼 수 있다.24)
　한편 불교지도자들은 대원군이 섭정을 시작한 이후 중지된 포교의
자유를 인정할 것을 요구하는 건의서를 정부에 올려 불교 재건운동을
꾀하였다.25) 그러나 일본 불교의 침투로 제도개편은 미루어질 수밖에
없었다. 즉 대륙진출에 광분해 있던 일제는 제1단계 작전을 수행하기
위하여 "재한 일본 거류민에게 불교를 포교한다"는 명분을 내세워 眞
宗을 비롯한 日蓮宗, 淨土宗, 眞言宗, 曹洞宗, 臨濟宗의 승려를 한국
에 침투시켜 사원과 포교소 및 출장소를 세우도록 하였다.26) 그리고
한국인을 대상으로 포교활동을 강화시켜 한국인을 사상적으로 일본
불교에 예속시키려고 시도하였다. 이 때 한국에 진출한 일본 불교계의

---

23) 金道泰, 앞의 책, 63~65쪽.
24) 李能和, 앞의 책, 898~899쪽, "古愚(金玉均) 韋山(徐光範) 等 諸貴神 ……
　　東遊日本 肝衡時勢 決意革新 時有二僧 革新派一是 梵魚寺之李東仁 入于
　　日本 寓居寺院 逢古愚等 因以屬焉 後還京城(奉元寺) 主閔芸楣(泳翊)家 …
　　… 甲申政變 其結果也".
25) 南都泳, 「開化期 寺院의 敎育制度」, 『南溪曺佐鎬博士回甲記念論叢 現代史
　　學의 諸問題』, 1977, 139쪽.
26) 權相老, 『朝鮮佛敎略史』, 寶燕閣, 1972, 249~251쪽. 이 때 일본에서 파견된
　　승려들이 설립한 사원과 별원 및 포교소를 정리하면 다음과 같다.
　　寺院 : 元山・仁川・京城・鎭南浦・群山・咸興.
　　別・布敎所 : 元山・仁川・京城・木浦・群山・鎭南浦・開城・新義州.

활동 상황을 종파별로 정리하면 다음 <표 4-2>와 같다.[27]

<표 4-2> 일본 불교의 포교활동표

宗派別	寺院	布敎所	布敎者	日人信徒	韓人信徒	合計
本願寺	14	43	81	54,015	2,269	56,284
大谷	2	42	56	29,907	1,542	31,449
元山	-	3	4	1,699	-	1,699
佛光寺	-	3	4	1,311	-	1,311
淨土宗	13	34	47	17,941	5,901	23,842
眞言宗 聯合	5	26	31	11,248	-	11,248
眞言宗 醍糊	1	2	2	662	-	662
新義眞言宗智山	3	12	8	3,147	144	3,291
新義眞言宗豊山	-	5	4	2,154	-	2,154
曹洞宗	18	26	51	6,633	549	7,182
臨濟宗 妙心	-	5	5	2,330	55	2,385
臨濟宗東福寺	-	1	1	240	-	240
日蓮宗	6	21	23	3,019	97	3,116
法華宗	1	-	1	830	-	830
本門法華宗	-	3	4	1,670	490	2,160
黃檗宗	-	1	1	300	9	309
合計	63	227	334	137,066	11,056	148,122

<표 4-2>에서 보는 바와 같이 일본 불교의 포교에 전위대 역할을 한 종파는 大谷尊寶로 대표되던 眞宗本願派와 奧材圓心으로 대표되던 大谷派 등이었으나, 佐野前勵가 이끌던 日蓮宗의 활동이 가장 두드러졌다. 또 일본 불교지도자들은 한국에 진출한 이유에 대하여 大谷派 본원사에서는 단순히 교화를 위한 종교적인 차원에서 개교하였다고 주장하고 있지만, 단순히 종교적 입장에서 취한 포교활동이었다기보다는 다분히 정치적 목적이 강하게 내포되어 있다. 그 같은 사실을 다음과 같은 기록을 통해서도 엿볼 수 있다.

---

27) 睦貞培, 「韓國宗敎運動史」, 『韓國現代文化史大系(7)』, 高麗大民族文化硏究所, 1980, 143쪽.

비록 종교와 정치가 분리되어 있다고는 하나 양자가 相補함으로써 국운을 진전 발양하고 국민의 활동을 도모하는 것이다. 明治政府가 유신의 대업을 완성하여 점차 중국과 한국 등 외국을 향하여 발전을 도모함에 따라 本願寺도 北海道 개척을 비롯하여 중국과 한국의 開敎를 계획하게 되었다.28)

이러한 사실은 일제의 정치적 목적에 부합되었던 본원사의 포교방법을 통해서도 엿볼 수 있다. 즉 그들은 종교·윤리교육을 강화시킴으로써 일제가 추구하던 '내선일체' 의식을 심어주려는 데 더 큰 목적을 두고 있었다. 이 때 '내선일체'를 목적으로 그들이 설정한 교육정책의 내용을 요약하면 다음과 같다.29)

제1 殖産興業을 장려하여 가능한 한 물질적 개발에 힘쓸 것.
제2 僧俗을 불문하고 지방 저명인사에게 일본을 시찰케 함으로써 일반 개발 보급을 도모할 것.
제3 학교를 설립함으로써 청년을 계발할 것.
　　처음에는 한인들에게 의심을 받지 않도록 한인교사 한 명을 채용하고 또 생도에게는 전연 수업료를 받지 않으며 紙筆墨을 제공하면서 재래의 학예만을 수업시키다가, 차차로 筆算·지리·역사 등을 수업하고 마지막으로 종교·윤리를 교육시킬 것. 생도는 10명 정도로, 관찰사 지방관 등과 교섭하여 가급적 이상의 생활을 시키고 또 뛰어난 자를 발탁할 것.

이 때 한국에 진출한 일본 진종 大谷派 본원사에서 전국 각지에 설치한 별원과 포교소 및 출장소를 정리하면 다음과 같다.30)

본원사에서 전국에 설치한 별원·포교소·출장소
별　원 : 1877년 釜山

---

28)『朝鮮開敎五十年』, 大谷派朝鮮開敎監督部, 1927, 20쪽.
29) 위의 책, 71~73쪽.
30) 睦貞培, 앞의 책, 142쪽.

1880년 元山
1884년 仁川
1890년 京城
1897년 木浦
포교소 : 1897년 光州
1900년 鎭南浦
1906년 平壤·新義州
1907년 榮山浦·晋州·大田
1908년 鳥致院·密陽·安州·淸津·城津·咸興·全州
1909년 水原·龜浦·龍山·三浪津·淸州誓願寺
1910년 公州·絶影島·三千浦·全州伯應寺·砂利院
1912년 春川·大邱·裡里·論山·鎭海一心寺
1913년 靈岩·平康·松汀里
1914년 井邑·南平
1918년 會寧
1921년 光州
1923년 鐵原·間島
출장소 : 1905년 新慕
1907년 芙江·永同·淸道·秋風嶺
1908년 慶山·院洞·草梁·釜山鎭
1909년 天安·羅南·烏山
1910년 廣梁灣·勿禁·東萊·羅州·廣灘

특히 日蓮宗에서는 渡邊日運이 1881년 日宗會堂(立正山 妙覺寺)을 세워 포교를 시작한 이후 1882년 旭日笛이 頂覺寺(원산 소재)와 妙覺寺(인천 소재)를, 서울에 護國寺와 經王寺를, 진남포에 最勝寺를, 군산에 安國寺를, 함흥에 日蓮寺 등을 설립하여 활발한 포교활동을 전개하였다.

뿐만 아니라 日蓮宗의 佐野前勵는 1895년 4월 金弘集 내각에 「승려의 도성출입」을 요구하는 건백서를 올려 각의에서 통과시키도록 압력을 가하는 등 조선 승려의 신분을 격상시켜 주는 듯한 선심을 쓰기까지 하였지만 이는 일본 불교를 포교하기 위한 차원에서 이루어진 것이었다. 즉 조선의 배불정책 속에서 탄압만을 강요받아 온 승려들에게 일본 불교를 무자각적이고 무비판적으로 수용하도록 하려는 고등술책의 일환이었다. 이런 점에서 佐野前勵의 건백서에 고무된 龍珠寺의 尙順(崔就虛) 스님이 남긴 다음과 같은 글은 시사해 주는 바가 크다.

　　존사 각하께서 여기 만리 타국에까지 와서 널리 자비와 은혜를 베풀어 이 나라 승려들의 오백년 묵은 원한을 씻어주었읍니다. 지금부터 우리들도 서울 구경을 할 수 있게 되었읍니다. 이 일은 실로 우리 나라 승도 전체가 감사하며 축하하는 바입니다.31)

　이후 일본 불교의 한국 진출이 가속화된 것은 사실이지만 이는 한국 불교지도자들에게 반성의 계기를 마련해 주기도 하였다. 즉 불교지도자들은 종래의 고립적이던 자세를 지양하고 포교활동을 강화하여 대중불교로서의 위상을 되찾기 시작하였다. 불교지도자들은 1899년(광무 3) 불교 교단조직을 정비하기 위하여 元興寺(창신초등학교 자리)를 불교 총종무원으로 정하고, 각 도의 1개 사찰을 首寺로 정하여 전국의 사찰을 관리할 수 있는 통일안을 마련하였다. 그리고 종무소 원장에 都攝理, 중앙에 內山攝理, 각 도에 攝理라는 승직을 두었다.32) 뿐만 아니라 1902년(광무 4)에는 宮內府에 寺社管理署를 설치하고, 같은 해 7월에는 36조의 「寺社管理現行總勅」을 공포하는 등 불교발전을 꾀하였다.

　이에 따라 불교지도자들은 중앙의 원흥사를 大法山으로 정하여 전국의 僧務를 총괄토록 하는 한편 각 도의 수사를 中法山으로 정하여 지방의 사찰을 관리하도록 하였다. 이 때 불교지도자들이 제도화한 승직과 이에 소속된 인원 그리고 대법산과 중법산으로 지정된 사찰을 정리하면 다음과 같다.33)

---

31) 睦貞培, 앞의 책, 135~137쪽.
32) 高橋亨, 『李朝佛敎』, 寶文館, 1929, 1003~1004쪽.

大法山과 中法山 寺刹의 僧職과 指定寺刹

大法山의 僧職

左敎正	1인	右敎正	1인
大禪議	1인	上講議	1인
理務	5인	都攝理	1인
監院	1인	書記	2인
知賓	1인		

中法山의 僧職

都敎正	1인	副敎正	1인
講議	1인	攝理	1인
監院	1인	書記	1인
知賓	1인		

寺刹의 僧職

住職	1인	監院	1인
書記	1인	知賓	1인

大法山	元興寺(서울)	
中法山	奉恩寺(廣州)	奉先寺(楊州)
	龍珠寺(水原)	麻谷寺(公州)
	法住寺(報恩)	松廣寺(順天)
	金山寺(金溝)	海印寺(陜川)
	通度寺(梁山)	桐華寺(大邱)
	月精寺(江陵)	楡岾寺(高城)
	釋王寺(安邊)	歸州寺(咸興)
	普賢寺(寧邊)	神光寺(海州)

이와 같이 개화기의 불교계는 대법산인 원흥사를 중심으로 사원 조직을 강화시키는 한편 사원 교육제도를 개편하는 등 불교 발전에 노력하였다. 그러나 寺院官理署의 權重奭(養軒 : 1889~?)이 度牒과 僧職을 매각하는 비행을 저지르자 이보담을 비롯한 불교지도자들이 불교 자치권의 확립을 요구하면서 불교계는 분열되기 시작하였다.[34] 한편

____

33) 李能和, 앞의 책, 616~625쪽.

불교지도자들이 분열되자 정부는 1904년 초 관리서를 폐지하고, 그 업무를 內部官房으로 이관시켰다가 같은 해 2월 다시 內部 지방국으로 이관시켰다.[35] 그러던 중 일제가 1905년 통감부를 설치하고 이어 통감부령을 제정하여 이를 한국불교를 통제하는 수단으로 악용하였다. 일제는 통감부령으로 공포된 부령 제45호 제4항에서는 다음과 같이 규정하고 있다.

> 敎宗派의 관리자 또는 제2조의 포교자 기타 제국신민으로서 한국 사원의 관리 위촉에 응하고자 할 때에는 필요한 서류를 첨부하여 그 사원 소재지의 소관 理事官을 경유 통감부의 허가를 받을 것[36]

이에 이보담(봉원사)과 洪月初(화계사)를 비롯한 불교지도자들은 1906년(광무 6) 불교연구회를 조직한 다음 불교계에서 직접 근대학교를 설립하여 승려교육을 강화시킬 것을 결의하였다. 그리고 같은 해 2월 5일 이보담과 각 사찰 대표 9인의 이름으로 내부에 불교계 학교 인가청원서를 제출하였다. 이 때 불교지도자들은 "本僧等 …… 創佛會設學校 …… 故玆以請願照亮後特許伏望"[37]라고 주장하면서 근대교육을 위한 학교 설립을 강조하였다.

그리고 불교지도자들은 불교계 학교의 명칭에 관하여 논의하였다. 이 때 이보담·金優雲(奉元寺)·朴普峰·金越海(華溪寺) 등은 원효의 불교사상을 부흥시킨다는 뜻에서 '元興'이라는 명칭을 사용할 것을 주장하고, 홍월초·金石翁·金寶雲·金抱應·金玄庵 등은 교육의 목표가 신지식을 흡수하려는 데 있다는 입장을 피력하면서, 『대학』에서 "大學之道 在明明德 在新民 在止於至善"이라고 한 경전의 정신과 그 뜻을 계승하여 개명 진보한다는 의미의 '明進'이라는 명칭을 주장하였

---

34) 李箕永, 「佛敎思想」, 『韓國現代文化史大系(3)』, 高麗大民族文化硏究所, 1980, 717쪽.
35) 金煐泰, 앞의 책, 333~335쪽.
36) 高橋亨, 앞의 책, 980쪽.
37) 李能和, 앞의 책, 930쪽.

다.[38] 불교지도자들은 보다 근대적인 뜻과 의미를 지닌 '명진'이라는 이름을 학교 이름으로 결정함과 동시에 내부에 명진학교 설립인가를 신청하였다.

이에 대하여 내부에서는 설립청원서의 목적에 부합하는 학문에만 전념한다는 전제 조건을 달아 '명진학교'의 설립을 허가해 줌으로써 불교계의 근대식 교육기관이 설립되었다. 이 때(2월 19일) 내부에서 허가의 전제 조건으로 제시한 내용을 요약하면 다음과 같다.

> 所願에 의하면 …… 학문을 연구하고 교육을 개발하여 자비와 수선에 힘쓰겠다고 하였으나 만약 교육을 빙자하여 폐단이 발생하면 그 현상에 따라 상당한 조처가 있을 것이다.[39]

한편 일제는 1910년 한국의 국권을 강탈한 데 이어 1911년 8월 23일 「조선교육령」을 공포하고, 제2조에서 "한국민을 충량한 일본 신민으로 육성한다"는 교육목표를 설정하였다. 그리고 이에 의거하여 1911년 11월 1일 「사립학교 규칙」을 제정함으로써 사립학교에 대한 폐쇄권까지 장악하였다. 또 1911년 6월 3일에는 「사찰령」(7조)을, 1911년 7월 8일에는 그 「시행규칙」을 제정하여 한국 불교를 옭아매 놓았을 뿐만 아니라 사원교육까지도 규제의 대상에 포함시켰다. 이에 따라 불교지도자들이 추진하던 불교계의 교육근대화운동도 좌절할 수밖에 없었다. 그렇지만 일제의 불교말살정책은 불교지도자들이 政敎分離를 주장하면서 「사찰령」 폐지에 박차를 가하는 등 한국 불교계가 나아갈 새로운 진로를 모색하는 계기가 되었다.

즉 불교지도자들은 근대교육을 제일의 목표로 정한 다음 각 지방에 學林을 세우고, 중앙의 불사를 일으키는 한편 승려의 질을 높이기 위

---

38) 『大韓每日申報』 光武 10年 7月 5日 ; 權相老, 「佛敎大學」, 『一光』 創刊號, 1928, 7~8쪽.

39) 李能和, 앞의 책, 936쪽, 內部許可書, "所願 …… 研究學問開發敎育 務圓慈悲修善 如或藉敎生弊 隨其現發 當有相當處理事".

하여 留學을 알선하였다. 뿐만 아니라 우수한 인력을 확보하기 위하여 입학생에게 학비를 보조하는 계획까지 세우기도 하였다.[40] 그러나 유학생들은 서구의 근대문물을 접하면서 불교지도자들의 뜻과는 달리 승려생활을 지속하려고 하지 않음으로써 본래의 목적을 달성하지는 못하였다.[41] 때문에 불교지도자들은 승려 교육을 위한 전문교육기관의 설립을 서두르지 않을 수 없었다. 즉 불교지도자들은 강원 중심의 불교교육을 강화시키기 위하여 朝鮮佛敎學人大會를 개최하기로 결정하고, 발기인모집위원을 선출하는 한편 이들로 하여금 전국의 불교인들에게 협조를 당부하는 취지문을 작성하여 발송하도록 결의하였다. 이때 발기인모집위원들이 작성한 내용의 핵심을 정리하면 다음과 같다.[42]

불교란 무엇인가 正道의 了達이 그것이며, …… 實智를 보급하자는 것이며, …… 慈命의 상속에 있지 아니합니까. …… 삼천년 法運의 通塞를 가름할 이가 진실로 우리 學人일 따름입니다. 학인이 있는 곳에

---

40) 高麗大民族文化硏究所, 『韓國現代文化史大系(7)』, 1980, 159~163쪽. 불교 지도자들의 이러한 계획은 후일(1920년대) 많은 유학생들이 중국이나 일본 등지에서 공부할 수 있는 기회를 마련해주었다. 당시의 유학생들을 정리하면 다음과 같다(『佛敎誌』 8·9號, 1925 참조).
　　<중국의 유학생>
　　北京大學 입학생은 金奎河·車應俊·金昇完
　　文化大學 입학생은 金鳳煥
　　民國大學 입학생은 金星淑
　　平民大學 입학생은 尹宗默
　　<일본의 유학생>
　　日本大學 宗敎科 7명
　　東洋大學 2명
　　宗敎大學 1명
　　曹洞宗大學 1명
　　日蓮宗 中學 2명
　　豊山中學 1명
41) 「中央佛敎學友會의 주요한 뜻이라」, 『佛敎誌』 17號, 1925년 11월 참조.
42) 「朝鮮佛敎學人大會發起趣旨書」, 『佛敎誌』 42號, 1927 참조.

불교가 있으며 ……그러나 조선 불교의 실정은 어떠합니까 조선학인의 의기는 어떠합니까 …… 불교의 흥쇠는 朝鮮佛敎者의 一心입니다. 조선 불교의 起倒는 朝鮮 佛敎者의 일심입니다. 그런데 진리의 扶護者요, 正法의 把持者인 학인에게 그 최고 책임이 있을 수밖에 없습니다. …… 편안함을 自幸할 것이 아니라 弘誓를 서로 경책하고 衆智를 한가지로 회향하여 摩阿衍那의 一實正道를 恢拓하는 데 승가의 本領을 발휘합시다. …… 바라건대 이제 우리가 학인대회를 발기하여 十方龍象을 一會에 延請함이 …… 寒天의 一劍을 單提各帶하시고 분연히 來集하사 弘敎講壇에 恢力을 快試하시면 仁天의 吉福이 이에서 더 큰 것이 없을까 합니다.

發起人募集委員
朴龍夏 李淳浩 鄭贊鍾 金炯琪
朴弘權 裵性元 金泰沅 鄭和振

이와 같이 불교지도자들은 조선불교학인대회 취지문을 발송함과 동시에 開運寺에 강원을 설립하고, 朴漢永 선사를 중심으로 한국불교의 학풍을 되찾으려고 노력하였다. 그리하여 불교지도자들은 학림·전문학교·강원 등을 개설하여 불교교육을 활성화시키는 한편, 한국 불교의 명맥을 유지·계승시키는 데 크게 기여하였다.

3. 불교계의 근대교육

1) 중앙의 불교교육기관

불교계의 근대교육은 불교연구회의 이보담·홍월초·陳震應·김포응을 비롯한 9인의 불교지도자들이 내부로부터 명진학교 설립인가를 받아내면서부터 시작되었다. 불교지도자들은 원흥사를 臨時校舍로 사용하기로 결정하고, 이보담을 초대 교장에 임명하는 한편 각 도 중법산 사찰에 명진학교의 설립취지와 학생모집을 알리는 通文을 보내는 등 개교를 준비하였다. 이 때 불교연구회에서 각 도 중법산 사찰에 보낸 「發文諸道首寺通文」을 통하여 '명진학교'의 설립과정을 짐작할 수 있는데, 그 내용 중에서 핵심적인 부분을 소개하면 다음과 같다.[43]

우리 불교가 전래되어 온 지 수천 년이 되었으나 승려들의 곤궁과 핍박이 오늘날처럼 심한 때가 없었다. …… 그 원인을 생각해 보면 우리 승려들이 세계의 학문과 사물에 통달하지 못하였기 때문이다. …… 그러므로 경성 부근 사찰에 청년 승려를 모집하여 음력 3월 초하루부터 수업을 시작하고 …… 귀사를 도내의 수사로 정하오니 본 연구회의 지원과 학교를 설립할 것이며 …… 두 학생을 선발하여 4월 말까지 식량을 지참시켜 본 연구원의 학교로 보내주기 바란다.

再
學徒年齡 自十三歲 至三十歲 紙 筆 墨 書冊等 自本會擔當
光武 十年 四月 十日

위의 통문 내용에서 볼 수 있는 바와 같이 불교지도자들은 한국 불교가 침체된 원인에 대하여 승려들이 세계의 학문에 통달하지 못하였을 뿐만 아니라 사물을 등한시했기 때문이라고 진단하고 있다. 그리고 서적·풍습·산술·어학 등의 신학문을 연구하면 '자강의 내실(自强之實)'과 '자유의 권한(自由之權)'의 길이 열릴 것이라는 점을 강조함으로써 명진학교 설립운동이 근대학문을 수용하기 위하여 추진되었음을 분명하게 밝히고 있다. 또 불교연구회는 각 도 중법산에 연구소 지원과 근대식 학교를 많이 설립할 것을 촉구하면서 전국 사찰에 승려 수

---

43) 李能和, 앞의 책, 936~937쪽, 發問諸道首寺通文, "惟我佛教 自中夏 至東方 于今數千年 法綱衰弛 僧侶之困迫 來有如今日也 …… 其原因則我僧侶 不達於世界上學文等聞於事物相之所致也 …… 故募集京城附近寺刹之靑年僧侶 自陰曆三月初一日始業 …… 貴寺 其是道內首寺刹 則行壯設立本會之支院及學校 …… 自貴寺 爲先學徒二員 今四月晦日內 本院學校".

를 파악하여 보고하라는 지시를 하였다. 뿐만 아니라 각 사찰에서 2인의 학생을 선발하여 식량을 지참시키고, 4월 말까지 '명진학교'로 보내도록 지시하였다. 이러한 통문으로 미루어 볼 때, 학생의 경비는 각 수사에서 부담하였던 것으로 보인다. 따라서 지·필·묵·서책 등 학습용품은 본회에서 부담하였을 것으로 추측된다.

이와 같이 불교연구회의 주도 하에서 1906년 4월 10일 설립된 '명진학교'는 각 도 중법산에서 추천해 온 학생을 선발하여 같은 해 5월 8일 개교하였다. 본교의 1회 입학생이었던 金映遂는 자신의 회고담에서 당시의 상황을 다음과 같이 밝히고 있다.

> 을사조약이 체결된 다음 해 전국 각지에서 민족운동이 일어나 신문화운동이 전개되고 있을 무렵 서울에서 명진학교가 개교된다는 소식이 들려왔다. 나는 그 때 경상도 法華寺 강원에서 공부하고 있을 때였으므로 이에 입학코자 하였으나 명진학교 입학자격이 너무 엄격히 규정되어 있는 것을 보고 낙심하였다. 즉 명진학교에는 전국의 중법산 사찰에서 수학하여 大教科를 마친 자로 중법산의 추천이 있어야만 된다는 것이다. 나는 중법산 아닌 末寺 출신이기 때문에 부득이 입학 못하였다. 그러나 權夢贊(權相老)은 그 때 중법산인 개성 金龍寺에서 수학하였으므로 무난히 명진학교에 입학할 수 있었다. …… 명진학교는 불교근대화를 위하여 세워진 학교로 각 사원 강원에서 대교과를 마친 사람으로써 입학을 허용하여 불교교리보다 속세적 신학문에 主力을 두어 강의를 하였던 만큼 종래의 불교교육 면에서 보면 불교 최고기관을 현대화한 것이라 하겠으나 오늘의 현대적 교육제도에서 보면 이는 전문학교 정도였으며 신학문 내용에서 보면 근대학문의 기초적인 교과 내용을 가진 학교였다고 할 것이다.44)

이러한 사실은 『대한매일신보』에서도 '명진학교'가 설립될 당시 전

---

44) 『東大七十年史』, 東國大七十年史編纂委員會, 1976, 428~429쪽. 金映遂는 中央佛教學校에 봉직하면서 「朝鮮佛教와 所依經典」(『一光』, 1928년)을 비롯하여 불교교육제도에 관한 논문을 많이 남겼다.

국 사찰에서 많은 성원과 지원이 있었음을 다음과 같이 광고하고 있는
점에서도 추측할 수 있다.

> 安邊 釋王寺 金石翁氏가 本學校에 上來ᄒ야 學徒를 向ᄒ야 儒佛兩
> 道에 忠孝를 明進코즈 ᄒᄂ 誠意를 贊揚ᄒ고 熱心受業ᄒ야 開明上에
> 進步케 ᄒ라고 一場演說 勸勉後에 新貨二十元을 出義補助흠으로 同
> 氏에 誠心을 玆以廣告흠[45]

한편 '명진학교' 교장에 추대된 이보담은 홍월초·진진응을 비롯한
불교지도자들과 논의하여 우선 포덕전도할 수 있는 인재를 양성한다
는 교육 목적을 설정하였다. 그리고 이를 달성한다는 의미가 담겨 있
는 '慈悲修善'이라는 교훈을 제정함과 동시에 전문 12조의 '명진학교'
규칙을 제정하였다.

이 규칙에 의하면,[46] 본교의 수업 연한(2조 6항)은 2년(1909년 3년제
로 개편) 과정이었다. 입학자격(4조 1항)은 13세에서 30세까지의 승려
들에게 부여하였는데, 大敎科 수료자를 대상으로 35명을 선발하였다.
본교가 개교할 초기에는 입학생의 학력과 수준에 따라 교과목을 개설
하도록 규정하였다(3조 7항). 그리고 단기과정(1조 4항, 정원 20명)의
보조과를 설치하여 四敎科 수료자에게도 입학할 수 있는 자격을 부여
하였다. 또 학기제(4조 1항)는 2학기제로 운영하였는데, 1학기는 1월 6
일에서 6월 30일까지로 6개월 과정이었으나, 2학기는 9월 10일에서 12
월 25일까지의 4개월로 1학기보다 1개월이 짧았다.

또 '명진학교'는 국가의 명절은 물론 7월 15일 萬壽聖節(고종 탄생
일), 2월 8일 千秋慶節(황태자 탄생일), 7월 16일 開國紀元節(태조 즉
위일), 9월 17일 繼天紀元節(대한황제 즉위일) 등은 정식 휴업일로 규
정하였다. 특히 2월 15일 열반회, 4월 8일 석가탄신일, 10월 5일 달마기
일, 12월 8일 成道會 등은 종교의식을 행하도록 규정하였다(5-2항). 그

---

45) 『大韓每日申報』 1906年 7月 5日, 1907年 4月 20日.
46) 李能和, 앞의 책, 396쪽, 務圓慈悲修道(괄호안은 條文).

리고 교과과정(4조)은 매일 정규시간 외에 참선과 근행을 수련하도록 규정하였으나 불교와 관계된 학과목보다도 근대학문의 기초과목에 더 많은 시간을 배정함으로써 불교계의 개화교육 의지를 잘 반영하고 있다. 이런 점에서 '명진학교'의 설립은 불교계 스스로 사원 중심의 불교교육을 근대화시킨 것이었다고 할 수 있다. 이 때 마련된 '명진학교'의 교과과정을 정리하면 다음 <표 4-3>과 같다.47)

<표 4-3> 명진학교의 교과과정표

第一學年(11科目)		第二學年(11科目)	
第一學期	第二學期	第一學期	第二學期
法界觀門	天台四敎儀	華嚴經	華嚴經
三部經	楞伽經	拈頌·設話	專燈錄
梵網經	四分律	涅槃經	宗鏡錄
宗敎學·宗敎史	布敎法	法制大要·哲學史	法制大要·哲學
算術	算術	算術	算術
本國歷史·地理	本國歷史·地理	外國歷史·地理	外國歷史·地理
博物·生物大要	博物·生物大要	物理·化學大要	物理·化學大要
珠算	測量	測量	經濟大要
農業初步	圖書手工		
日語	日語	日語	日語
體育	體育	體育	體育
時間外參禪動行	時間外參禪動行	時間外參禪動行	時間外參禪動行

'명진학교'는 사원교육의 전통적 방법에 따라 학생 전원을 寮舍에 기숙시키고(12조), 아침 4시에 기상하여 예불과 入禪에 참여하도록 하였으며, 9시부터 오후 3시까지는 정규수업을 받도록 규정하였다. 그리고 오후에는 공동토론과 예불입선에 참여한 다음 9시에 취침하는 것을 원칙으로 하였다.

그뿐만 아니라 '명진학교'에서는 학생들에게 평상시에는 葛黃色의 袈裟(絡子)를, 불교의식이 있을 때에는 黃色七條의 검정 法衣를 입도

---

47) 南都泳, 앞의 논문, 1977, 137쪽.

록 규정하였다(11조 2항). 본 규정은 1928년 '명진학교'가 불교전수학교로 개편될 때까지 불교계의 전통복제로 계승되었다. 그리고 학생들은 졸업 후 6년은 지정된 불교계 학교나 사찰의 강원에서 교무에 종사하도록 규정함으로써(9조 7항) 일정 기간 불교발전에 기여할 수 있는 의무 조항을 두었다.

'명진학교'의 직제(8조)는 찬성장·찬성원 약간명, 교장·요감·서기 각 1인 그리고 담임강사와 강사 약간명을 둘 수 있도록 하였다. 이 때 불교연구회의 초대 회장이었던 홍월초는 찬성장에, 2대 회장이던 이보담은 초대 교장에 추대되었다. 그리고 장지연, 尹致昊(佐翰 : 1865~1945), 尹孝定(雲庭 : 1858~1939)을 비롯한 사회의 저명인사를 강사로 초빙하여 특강을 실시함으로써 학생들에게 새로운 지식을 쌓을 수 있는 폭을 넓혀주었다.[48] 이 때 '명진학교' 운영을 책임지고 있던 임원과 그들이 담당한 교과목을 정리하면 다음과 같다.[49]

    明進學校의 任員
     贊成長   洪月初
     校　長   李寶潭(佛敎學)
     學　監   李敏設(歷史·地理·哲學)
     講　師   陳震應(佛敎學)
                  李命七(算·理·測量·語學)
                  朴東鎭(宗敎·佛敎·哲學·布敎法)
                  申海永(法制·經濟學)
     寮　監   金寶輪(佛敎學·體操)

'명진학교'의 입학정원은 55명(補助科 포함)이었으나 1·2회 졸업생은 모두 18명(1회 11명, 2회 7명)으로 입학정원의 20%에 불과하였다. 이것은 한국에 진출한 일본 불교의 영향도 있었겠지만, 불교연구회의 통문에 따라 중법산에 설립한 강원에서 재학생을 교사로 채용하고, 또

---

48) 『東大七十年史』, 1976, 14쪽 및 227쪽.
49) 南都泳, 앞의 논문, 1977, 138쪽.

학교에서 규칙을 엄하게 준수함으로써 학업을 중단하는 원인이 되었
던 것으로 보인다.[50] 그렇지만 근대학문에 대한 학구열이 대단했던 학
생들은 후일 근대사회를 발전시키는 데 일익을 담당하였다. 그 대표적
인물은 韓龍雲(卍海 : 1879~1944년)을 비롯한 權相老·姜大連 등이
었다.

한용운은 '명진학교'(보조과, 1회)를 졸업한 후 일본으로 건너가 견
문을 넓히고 귀국한 다음 모교 교사로 재직하면서 모교의 발전은 물론
불교 발전에도 크게 기여하였다. 그는 1908년 '명진학교' 부설 명진측
량강습소장에 기용되었으며, 1913년 5월에는 『朝鮮佛敎維新論』[51]을
저술하여 조선 불교의 모순을 비판하였을 뿐만 아니라 『論僧侶之敎
育』을 통하여 승려 교육의 중요성을 강조하는 등 승려로서, 교육자로
서, 독립운동가로서 불교계에 새로운 방향을 제시하였다. 그는 이 외에
도 『佛敎大典』·『精選講義菜根潭』·『十玄談註解』 등을 저술하여 불
교계를 개혁하는 데 일익을 담당하였다.

권상로는 중앙불교전문학교·혜화전문학교·동국대학교 초대 총장
을 역임한 불교학자였다. 그는 『韓國寺刹全書』, 『李朝實錄佛敎抄存』,
『朝鮮文學史』, 『朝鮮漢文學史』, 『韓國地名沿革考』, 『朝鮮佛敎史藁』,
『朝鮮佛敎略史』, 『朝鮮佛敎史槪說』, 『三國遺事譯註』 등을 저술하여
불교발전에 크게 기여하였다. 특히 그는 실증주의 실학을 계승하여 불
교사를 정리하는 데 많은 공적을 남겼다.[52]

강대연은 원종 서무부장, 용주사 주지를 거쳐 1915년 禪敎三十大本
山 연합사무소 위원장을 역임하였다. 그는 불교고등강숙을 전문학교
과정으로 개편하는 데 공헌하였다. 즉 전국 사찰(30本寺와 기타 2寺)
에 매년 4~5천 원을 출연하도록 지시하는 한편 각 사찰에 보통학교
및 중학교 과정의 설치를 지시하는 등 불교교육의 발전에 기여하였다.
특히 그는 「사립학교령」에 의거하여 1911년 11월 중앙의 중앙학림(전

---

50) 『東大七十年史』, 15·278쪽.
51) 萬海思想硏究會, 『朝鮮佛敎維新論』, 民族社, 1983.
52) 柳炳德, 「日帝時代의 佛敎」, 『韓國佛敎思想史』, 원광대출판국, 1975, 1180쪽.

문학교 수준)과 지방의 보통학교, 지방학림(중학교 수준)을 인가받는
데 기여하여 보통학교·지방학림·중앙학림으로 연계되는 불교교육체
계를 확립하는 등 근대교육의 발전에 일조하였으나[53] 그의 친일적 행
위가 많은 비판을 받고 있는 것도 사실이다.

이 밖에 1회 출신 李鍾郁·姜龍船·安震湖·金禪隱·崔鏞植·
朴海雲·崔煥虛·金東宜 등과, 2회 출신 金幻應·朴普峰·朴雲坡·
李雪月·金南坡·徐震河·金相淑 등도 한국 불교의 발전에 많은 공
적을 남겼다. 이는 '명진학교' 졸업생으로 『普照國師法語』를 저술한
이종욱의 다음과 같은 회고담을 통해서도 엿볼 수 있다.

> 학생들의 한문 실력은 대단하여 외국 역사 등을 곧 이해하고 외국어
> ·외국지리·이과·산술 등의 과목에 흥미를 많이 가지고 있었다. 그
> 리고 학구열은 대단하여 …… 밤을 새워 공부하는 학생들이 많았다.
> 또 그들은 가끔 사회명사를 초청하여 시국강연회 등을 개최하고 또는
> 그들만으로써 웅변대회 등을 열어 사회에 크게 이바지한 바도 있었
> 다.[54]

이와 같이 '명진학교'는 1906년 4월 10일 설립한(5월 8일 개교) 이후
1910년 4월 불교사범학교로 개편될 때까지 4년 간 운영되었다. 그러나
불교연구회가 운영하던 전반기(1906. 4. 10~1908. 3. 6)는 교육내실화
에 충실함으로써 근대교육제도를 확립하는 데 크게 기여하였지만, 원
종 종무원에서 직접 운영하던 후반기(1908. 3. 6~1910. 4)는 1909년 2
월 1일 수업 연한을 1년 연장하고, 1909년 12월 명진측량강습소를 설
치하는 데 그쳤을 뿐 더 이상 발전하지 못하였다.[55]

한편 불교사범학교는 1914년 선·교 양종 36본산주지회의의 결의에

---

53) 李能和, 앞의 책, 956~957, 1187~1234쪽 ; 南都泳, 앞의 논문, 1977, 119~
120쪽.
54) 『東大七十年史』, 14쪽.
55) 명진측량강습소는 한용운이 일제의 토지수탈정책에 대비하여 명진학교에 건
의하여 설립된 단기과정의 측량기술자 양성기관이었다.

따라 강숙으로 다시 개편된 후 1915년 11월 중앙학림으로 인가받음으로써 불교계의 근대교육기관으로 발전하였다. 이 때 「사립학교령」에 의거하여 전국에 설립된 불교계의 근대교육기관으로는 보통학교 21개교(지방 10)를 비롯하여 4개의 전문강원, 72개의 선원이 있었다.[56] 이후 중앙학림은 불교전수학교(1928년), 중앙불교전문학교(1930년), 혜화전문학교(1940년), 동국대학(1946년)으로 개편 승격되면서 불교계의 정통 교육기관으로 발전하였다. 이 때 불교계의 각급 학교에서 설정한 교육목표를 정리하면 다음 <표 4-4>·<표 4-5>와 같다.[57]

<표 4-4> 불교교육기관의 교육목표 비교표

年度	學校名	敎 育 目 標
1906	明進學校	本校는 僧侶에게 須要한 宗乘 餘乘 及 新學問을 敎ᄒ야 其의 智德을 高케 ᄒ고 兼ᄒ야 布敎傳道의 人材를 養成홈을 目的으로 홈.
1910	佛敎師範	本校는 僧侶에 佛敎 及 敎育에 須要한 學科를 敎授ᄒ야 布敎員의 人材를 養成홈으로써 目的홈.
1914	佛敎高等講塾	佛敎專門必須科 중 大敎科 以上의 과정을 主要로 ᄒ고 四敎科는 兼修ᄒ며 또는 布敎員을 養成하여 人天의 師範이 되게 홈.
1915	中央學林	本學林은 朝鮮敎育令에 基ᄒ야 僧侶에게 宗乘 餘乘 及 須要홀 學科를 敎授ᄒ며 布敎 傳道의 人材를 養成홈으로써 目的 홈.
1930	中央佛敎專修	本校는 朝鮮敎育令에 依ᄒ여 佛敎學 及 東洋文學에 關한 專門敎育을 實施홈을 目的으로 홈.
1940	惠化專門學校	本校는 朝鮮敎育令에 依ᄒ야 佛敎 及 大陸事情에 關한 高等의 學術을 敎授ᄒ고 國家社會에 寄與홀 수 있는 有能한 人材를 養成홈을 目的으로 홈.
1946	東國大	本大學은 佛敎精神에 基ᄒ야 國家와 人類社會 發展에 必要한 學術의 深奧한 理論과 應用方法을 敎授 硏究ᄒ는 同時에 指導的 人格을 陶冶함을 目的으로 혼다.

---

56) 南都泳, 「舊韓末의 明眞學校」, 『歷史學報』 90, 1981, 134쪽.
57) 禹貞相·金煐泰, 『韓國佛敎史』, 建修堂, 1968, 360~362쪽.

<표 4-5> 중앙의 불교계 학교 일람표

연도	학교명	과정	교장	소재지	설립 및 운영자
1912	能仁普通	初等校	李能和	元興寺	30本山住持會議(李晦光)
1913	壹洞普通	初等校	成塤	壹洞	四大寺刹
1913	能仁學校	專門校	羅晴湖	覺皇寺	羅晴湖
1922	東光學校	中等校	白南奎	崇一洞	敎務院
1922	佛敎學院	專門校	李萬愚	諫洞敎堂	總務院
1923	能仁女子	專門校	禹鳳雲	諫洞敎堂	女子靑年會
1924	普成高普	中等校	鄭大鉉	惠化洞	法人敎務院
1929	佛敎硏究院	專門校	朴漢永	開運寺	法人敎務院
1929	中東學校	中等校	韓龍雲	壽松洞	臨濟宗
1929	大慈幼稚園	幼稚園	金泰洽	壽松洞	法人敎務院

위 <표 4-4>·<표 4-5>에서 볼 수 있는 바와 같이 '명진학교'와 불교사범학교에서는 승려들이 포교활동에 임할 때 가장 필요한 전문지식을 가르치는 데 중점을 두고 있다. 그런데 고등강숙에서는 대교과·사교과를 겸수하도록 규정함으로써 초기 교과목보다 훨씬 전문화된 교육을 실시하였음을 엿볼 수 있다. 하지만 중앙학림의 교육 목표에서는 제종승만을 교육시키도록 규정함으로써 「조선교육령」에 따른 영향이 불교계에도 미치고 있었음을 짐작할 수 있게 한다.

그렇지만 1930년 이후의 교과목에서는 불교학·동양문학·대륙사정 등을 이수하도록 규정하는 등 승려로서 폭넓은 지식을 쌓을 수 있도록 교육 목표를 설정함으로써 일제의 식민정책 속에서도 불교계 교육은 점점 근대화되어 가고 있었다. 이런 점으로 볼 때 불교지도자들이 설립한 '명진학교'의 설립 의의를 다음과 같이 정리할 수 있을 것이다.

첫째, 불교지도자들이 스스로의 힘으로 설립한 한국 최초의 근대식 불교학교였다.

둘째, 불교지도자들이 전국 사찰에 보통학교 과정을 설립하도록 지시하여 불교계의 전문교육기관인 강원과 연계교육을 실시함으로써 개화기 근대교육을 민족교육으로 발전시키는 데 공헌하였다.

셋째, 불교지도자들이 '명진학교'를 설립하여 승려는 물론 사회의 지도자를 양성하였을 뿐만 아니라 불교의 전통을 계승·발전시키는 데 크게 기여하였다.

2) 지방의 불교교육기관

일제는 1905년 을사조약을 체결한 다음 각 종파의 승려를 한국에 침투시켜 일본 불교의 분원과 포교소를 세우도록 한 다음 일본 불교를 한국에 전파시키기 위하여 활발한 포교활동을 전개하였다. 이는 한국인과 한국 불교를 일본 불교에 예속시키려고 획책한 식민지 종교정책으로서 한국의 불교사상을 뿌리째 흔들어 놓았다. 그 단적인 사례는 홍월초를 비롯한 불교지도자들이 내부와 학부에 올린 건의서에서 찾아볼 수 있다. 그 내용을 정리하면 다음과 같다.

> 사찰 재산이 침탈된 것은 다음과 같습니다. 陰城郡守 朴準高은 聖住寺 소유 토지를 빼앗고(1906년 3월) 강화군 普昌學校長 李東暉는 鎭海寺 소유 토지 및 積石寺 소유 畓 9石 5斗落과 田 11斗落과 柴場 전부를 침탈하고(5월) 黃州郡守 朴元敎 및 江西郡守는 각각 境內 사찰 소유 토지를 該郡 학교에 倂屬시키고(4월) 楊州郡守 鄭寅琥는 水落山 德寺 소유 토지 및 聖寺 소유 토지를 빼앗고(6월) 高原郡守는 大乘寺 소유 토지를(7월), 그리고 金化郡守는 水泰寺 소유 토지를(7월) 빼앗아 …… 각각 內部 및 學部에 청원을 내는 바입니다.[58]

이처럼 근대화된 일본 불교가 한국에 침투하여 활개치고 있는데도 불교지도자들은 그 수용 방법을 놓고 오히려 대립 양상을 드러내 보임으로써 일본 불교의 침투를 용이하게 해 주는 결과를 초래하였다. 이때 불교지도자들의 경향을 분석하면 다음과 같이 비교 정리할 수 있을 것이다.[59]

---

58) 南都泳, 앞의 논문, 1977, 148쪽.
59) 南都泳, 위의 논문, 150쪽.

첫째, 강대연·진진응·金文淳·金九河를 비롯한 불교지도자들은 불교계의 조직과 제도를 근대화하여 사회활동에 적극 참여하는 계기로 삼고자 한 개화승들이었다.

둘째, 羅晴湖·金龍谷·徐鶴庵을 비롯한 불교지도자들은 일본 불교의 포교활동을 근원적으로 반대하였을 뿐만 아니라 한민족 고유의 전통적 불교 문화를 계승시키면서 불교 중흥을 꾀하고자 하는 보수승들이었다.

셋째, 홍월초·이보담·李晦光·김석옹을 비롯한 불교지도자들은 한국 고유의 전통적 불교 정신을 고수하되, 근대화된 일본 불교의 포교 방식만을 수용하여 한국 불교의 중흥을 꾀하자는 중립적인 승려들이었다.

불교계의 이러한 갈등과 대립 속에서 중립적 입장을 취하고 있던 홍월초 등이 결국 불교계의 지지를 얻어 냄으로써 불교교육의 근대화를 추진하는 데 중심적인 역할을 할 수 있었다. 즉 홍월초는 1908년 3월 6일 전국 대사찰의 승려 52인과 함께 원흥사(창신동)에서 불교대표자회의를 개최하였다. 여기에서 홍월초 등은 불교연구회의 해체를 결정함과 동시에 원종 종무원을 새로 발족시키기로 결의하는 한편 종무원에 전권을 위임함으로써 승려들 스스로 통일된 불교체제를 마련할 수 있는 기반을 조성하였다. 이 때 불교대표자회의에서 종무원 임원으로 선출된 명단을 정리하면 다음과 같다.[60]

    종무원 임원
    大 宗 正   李晦光
    總   務   金玄庵
    教務部長   陳震應
    學務部長   金寶輪·金之淳
    庶務部長   金石翁·姜大蓮
    人事部長   李晦明·金九河

---

60) 李能和, 앞의 책, 37쪽.

> 監査部長　　　朴晋峰·羅晴湖
> 財務部長　　　徐鶴庵·金龍谷
> 高等講師　　　朴漢永

　그리하여 불교대표자회의로부터 전권을 위임받은 원종 종무원은 전국 사찰의 승려들로부터 의무금을 거둬들여 覺皇寺(수송동 소재)를 세웠을 뿐만 아니라 기관지인『元宗』을 창간하여 민중계몽활동을 전개하였다. 그리고 전국 사찰에 보통학교와 중학교 설립을 지시하는 등 사원교육을 정비함과 동시에 불교교육의 근대화를 적극 추진하였다. 그러나 불교계의 이러한 노력은「사립학교령」의 공포로 감시기능이 더욱 강화되고, 또 원종 대종정 이회광이 72개 사찰의 위임을 받아 1910년 10월 일본 조동종 대표 弘津悦三과 연합하는 '동맹 7조약'을 비밀리에 체결함으로써 본래의 설립 취지와는 다르게 변질되었다. 이때 두 사람이 체결한 '동맹 7조약'은 다분히 한국 불교를 일본 조동종에 예속시키려는 매종적 행위로 이회광의 친일적 성향을 노출시킨 것이었다. 그 내용을 정리하면 다음과 같다.[61]

> 同盟七條約의 내용
> 1. 朝鮮 全體 圓宗寺院은 曹洞宗과 完全 且 永久히 聯合同盟하여 佛教를 擴張할 事.
> 2. 曹洞宗 宗務院은 朝鮮 圓宗 宗務院 設立 認可를 得함에 斡旋의 勞를 取할 事.
> 3. 朝鮮 圓宗 宗務院은 曹洞宗의 布教에 對하여 相當한 便利를 圖할 事.
> 4. 朝鮮 圓宗 宗務院은 曹洞宗 宗務院으로부터 顧問을 依囑할 事.
> 5. 朝鮮 圓宗 宗務院은 曹洞宗 宗務院으로부터 布教師 若干名을 招聘하여 各首寺에 配置하여 一般布教 及 青年僧侶의 教育을 囑託하고 또는 曹洞宗 宗務院이 必要로 因하여 布教師를 派遣하는 時는 朝鮮 圓宗 宗務院은 曹洞宗 宗務院이 指定하는 地의

---

61) 南都泳, 앞의 논문, 1977, 155~156쪽.

首寺 又는 寺院에 宿舍를 定하여 一般布敎 及 靑年僧侶敎育에
從事케 할 事.

6. 本締盟은 雙方의 意見이 不合하여 廢止·變更, 或은 改正을 爲
할 事.

7. 本締盟은 其管轄處의 承認을 得한 日로부터 效力을 發生함.

明治 43年 10月 6日
朝 鮮 圓宗代表者　　李 晦 光
曹洞宗 宗務代表者　　弘津悅三

한편 한국 국권을 강탈한 일제는「조선교육령」과「사립학교 규칙」
에 이어「사찰령」(7조)과 그「시행규칙」(1911년 7월 8일)을 제정·공
포하여 불교는 물론 사원교육까지도 규제 대상에 포함시킴으로써 불
교지도자들이 추진하던 불교교육의 근대화는 좌절될 수밖에 없었다.
때문에 불교지도자들은 이러한 일제의 불교말살정책에 대응하여 政敎
分離를 주장하면서 새로운 진로를 모색하지 않을 수 없었다. 특히
1906년『朝鮮佛敎維新論』을 통하여 불교개혁의 당위성을 강조한 한
용운은 一寺一校의 설립과 교사 양성을 위한 사범교육을 강조함으로
써 불교계 교육은 물론 근대교육에도 새로운 방향을 제시하였다.

이 때 한용운이 승려의 개화교육을 강조하면서 제시한『論僧侶之敎
育』의 내용을 요약하면 다음과 같다.

敎育多者는 文明 成하고 敎育小者는 文明 衰하느니 敎育無者는 野
蠻禽獸之道也라 …… 夫 文明은 生於敎育하느니 敎育者는 文明之花
요 文明者는 敎育之果라 …… 學亦有要乎아 曰有하니 以智慧로 爲
資本하고 以思想自由로 爲公例하고 以眞理로 爲目的하느니 學者一
於此三者에 闕一不可라 …… 僧侶敎育之急先務가 有三하니 一曰 普
通學이라 普通學者는 如人之衣服飮食也라 …… 且 普通學은 專門學
之豫備科也니 宗敎學者가 尤當於此에 三致意焉이라 僧侶學者一不
問其學力之優劣하고 皆從事於佛敎專門하여 視普通學을 如仇讐하여
非徒不學이라 …… 二曰 師範學이니 …… 宜先設師範學校하여 僧侶

中에 自十五歲以上으로 至四十以下하여 稍有才德者는 皆當應選受
學하고 …… 敎授之下 四·五年에 小學校之敎師가 固不乏人而學界
顔色이 非復前日之使人 一見에 輒欲作嘔者也리라. …… 三曰 外國
留學이니 …… 夫交換知識하며 互通文學은 明達之道也오 久遠之術
也니라 外國留學이 苟得其道면 有不可思議之利 益於尋相萬萬之外
니 有志者一當深長思也니라 …… 進興敎育者는 當成 佛道하리라.[62]

또 불교연구회는 '명진학교'를 설립한 다음 전국 사찰에 통문을 보내
설립취지를 전달하는 한편 근대학교 설립도 촉진시켰다. 그러므로 각
언론에서도 학교가 설립될 때마다 광고를 통하여 이를 널리 홍보하였
다. 당시 불교계의 학교설립운동에 대하여 『대한매일신보』는 다음과
같은 광고를 게재하였는데, 그 내용을 소개하면 다음과 같다.

皇城東門外 明進學校長 尙玄(李能和) 씨와 學監 李敏高 씨와 贊成
員 申海永 씨와 佛敎硏究會 都總務 李寶潭 諸氏가 學部에 請願ᄒ되
現今時世에 敎育靑年이 我國에 緊急ᄒᆷ은 愚夫愚婦라도 共知인바 各
道各郡 寺刹에 分學區設支校ᄒ야 一般僧侶를 敎育ᄒᆯ 터인바 佛粮沓
土와 寺菴 긔址를 或有橫侵者ᄒ야 各 寺菴이 以是로 不能 維持ᄒᆺ
스니 轉照 內部ᄒ시고 已往被奪ᄒᆫ 沓土를 附屬本校ᄒ야 以達敎育케
ᄒ심을 伏望이라 ᄒ얏ᄂᆫ디 學部에서 依所願ᄒ야 十三道觀察府로 訓
令하고 轉飭管下 各郡ᄒ야 自各히 郡으로 轉飭管下 각 寺刹ᄒ희 寺
內에 可以設校者ᄂᆫ 設校敎育케 ᄒ고 力不能 設校 而幼小僧侶에 有
可敎育者어든 使入于附 近公私立學校ᄒ야 一切로 養成人才케 ᄒ며
移照于 內部ᄒ여 各寺에 沓土弊漠은 各府郡으로 嚴禁ᄒ라 ᄒ얏더
라[63]

이는 '명진학교'에 관계하고 있던 불교지도자들이 근대교육의 발전
에 얼마나 노력하였으며, 또 전국의 사찰이 근대학교 설립에 얼마나
기여하였는가를 입증해 주는 단적인 예라고 할 수 있다. 이 때 전국 각

---

62) 韓龍雲, 『朝鮮佛敎維新論』, 萬海思想硏究會, 1983, 17~23쪽.
63) 『大韓每日申報』 1906年 8月 1日.

지에 설립한 불교계의 근대학교를 정리하면 <표 4-6>과 같다.[64]

<표 4-6> 지방의 불교계 학교 일람표(1906~1910)

年度	學校名	設立寺利名	資　料
1906	明化學校	龍珠寺(水原)	大韓每日申報 381호(光武10.11.27)
1906	鳳鳴學校	乾鳳寺(高城)	乾鳳寺誌, 大韓 285호(光武10.8.1)
1906	明新學校	通道寺(梁山)	朝鮮佛敎月報 4호, 73쪽
1906	明立學校	海印寺(陜川)	大韓每日申報 371호(光武10.11.15)
1906	釋王學校	釋王寺(安邊)	大韓每日申報 402호(光武10.12.21)
1906	明正學校	梵魚寺(東萊)	韓國佛敎最近百年史2, 敎育, 7쪽
1906	昇仙學校	仙岩寺(順天)	朝鮮諸宗敎, 153쪽
1906	大興學校	大興寺(海南)	朝鮮諸宗敎, 153쪽
1907	鳳翅學校	威鳳寺(全州)	大韓每日申報 448호(光武11.4.17)
1907	慶興學校	大乘寺外5寺	大韓每日申報 414호(光武11.1.10)
1909	新明學校	華嚴寺外3寺	韓國佛敎最近百年史2, 敎育
1909	普明學校	松廣寺(昇州)	松廣寺誌, 172쪽
1909	江明學校	大源寺(山淸)	朝鮮佛敎月報 4호, 73쪽
1910	普明學校	雙溪寺(河東)	佛敎 53호, 87쪽
1910	金龍學校	金龍寺(聞慶)	韓國佛敎最近百年史2, 敎育
1910	華山講塾	華藏寺(長湍)	大韓每日申報 1299호(1910.11.27)
1910	海明學校	海印寺(陜川)	朝鮮佛敎月報 15호, 66쪽
?	廣明學校	桐華寺(達城)	佛敎振興會報 3호, 82쪽
?	廣城義塾	白羊寺(長城)	朝鮮佛敎月報 15호, 66쪽
?	壹洞學校	서울	雜報, 64쪽

　　이처럼 불교지도자들은 근대교육을 발전시키는 데 기여하였으나, 1910년 국권 피탈과 이회광의 매종적 행위는 불교계의 교육열을 위축시키는 결과를 초래하였다. 그러므로 원종 대종정 이회광을 비판해 오던 金擎雲, 박한영, 진진응, 한용운, 吳惺月 등은 임제종을 따르기로 합의하였다. 이들은 종무원을 송광사(後에 범어사로 옮김)로 정하는 한편 김경운을 임시원장으로 추대하여 불교중흥을 위한 자주화운동을 전개하는 기회로 활용하였다. 그렇지만 일단 표출된 양종의 대립은 결

---

64) 南都泳, 앞의 논문, 1977, 139~140쪽.

국 불교계 교육을 침체시키는 요인으로 작용하였다.[65]

한편 1914년 개최된 30본산주지회의에서는 원종에서 경영하던 불교 사범학교를 전문학교로 발전시키기로 결정하고, 불교고등의숙으로 개편할 것을 결의하였다.[66] 본 회의에서는 각 사찰에 보통학교와 중학교를 설치하도록 지시하여 승려는 물론 일반인에게도 입학을 허용하는 등의 교육개혁을 단행하였다. 그리고 「사립학교령」에 의거하여 보통학교와 지방학림으로 각각 인가를 받음으로써[67] 불교계도 중앙학림과 더불어 3단계의 근대교육제도를 정비하게 되었다. 그러나 대사찰에 설립되었던 강원은 그대로 존속시켜 전문교육기관으로서의 기능을 동시에 계승하도록 하였다. 그 결과 1917년 전국 사찰에 설립된 보통학교 10개소(290명), 지방학림 10개소(222명), 강원 25개소(542명)는 불교교육은 물론 근대교육을 직접 담당하였다.[68] 1915년 제정된 보통학교와 지방학림의 교과과정을 정리하면 다음과 같다.[69]

보통학교의 교과과정(4년제)

修身	각 2시간
國語	각 10시간
朝鮮語·漢文	6·6·4·4시간
算術	각 6시간
圖書·手工	3·2·2·2시간
理科	0·0·2·2시간
農業初步	0·0·2·3시간
唱歌·體操	각 3시간

---

65) 南都泳, 위의 논문, 156~157쪽.
66) 李能和, 앞의 책, 625~626쪽.
67) 李能和, 위의 책, 1190~1191, 1195~1234쪽.
68) 南都泳, 앞의 논문, 1977, 162쪽. 이 때 불교전문학원 출신에게는 중앙학림 별과 입학자격을 줌으로써 지방사원의 교육제도에 대한 정비를 꾀하였다.
69) 南都泳, 위의 논문, 161쪽.

지방학림의 교과과정(3년제)

修身	각 4시간
國語	각 3시간
戒律學	각 6시간(四分律 3시간, 梵網經 3시간)
佛敎史學	각 10시간(傳燈錄 3시간, 高僧傳 3시간, 佛敎史 4시간)
定慧學	각 7시간(書狀 都序 節要 禪要 永嘉集 楞伽經 3시간, 金剛經 起信論 楞嚴經 圓覺經 3시간).

이와 같이 불교는 한국인들에게 민족정신을 고취시키면서 함께 성장·발전해 왔다. 특히 개화기 불교지도자들은 전국 사찰에 근대식 불교교육기관을 설립하여 승려 교육기관이던 강원과 연계교육을 실시하면서 승려는 물론 민중들에게도 근대교육의 기회를 부여하였다. 그 결과 불교지도자들은 근대교육을 통하여 민중을 계몽시키고 근대화시키는 데 크게 기여하였다. 이런 점에서 개화기 불교지도자들은 한국의 근대교육을 발전시키는 데 앞장섰을 뿐만 아니라 근대사회를 이룩하는 데도 크게 공헌하였다고 할 수 있다.

제5장 기독교계의 교육운동

1. 기독교교육의 사회적 배경

서학(천주학·개신교를 포함한 기독교)은 李晬光(芝峯 : 1563~1628)이 『芝峯類說』에서 마테오 리치(Matteo Ricci, 利馬竇, 이탈리아)의 『天主實義』를 소개하면서부터 우리에게 인식되었으나 1627년(인조 5) 네덜란드인 朴燕(J. J. Weltevree) 일행과 1653년(효종 4) 하멜(H. Hamel) 일행이 표류해 오면서 관심이 더욱 고조되었다.[1] 특히 천주교는 17·18세기 성호학파를 중심으로 한 실학자들에 의해서 활발하게 논의되기 시작하였다.

李瀷(星湖 : 1681~1763)은 "구라파의 천주의 설은 내가 믿는 바가 아니다(歐羅巴天主之說 非吾所信)"라 하여 종교적 입장에서 천주교

---

[1] 한국에 대한 천주교의 전교 계획은 임진왜란을 전후하여 예수회 신부들에 의하여 꾸준하게 계속되었다(본고에서의 개신교는 이후 개신교로 표기). 그 대략을 정리하면 다음과 같다. 일본에서의 전교 계획은 비렐라(Vilela : 포르투갈), 요한(Dominico. Juan) 신부, 그리고 權 원선시오(Vincent Kowan Lafioie, 嘉兵衛) 修士 등에 의하여 추진되었으며, 청국에서는 徐光啓, 안토니오(Antonio : 프랑스) 신부 그리고 예수회의 노엘(Noel) 신부 등에 의하여 추진되었지만 성사되지 못하였다. 특히 權 원선시오는 1593년 小西行長에게 포로로 잡혀가 딸(對馬島主 宗氏 부인)에게 보내졌다. 그는 京都神學校에 입학하여 1603년 세례를 받고 修士가 되었다. 그리고 예수회 신부의 권유에 따라 북경에 들어가 한국전교를 시도하였으나 실패하자 다시 일본으로 되돌아가 포교사업을 전개하다가 1625년 순교(화형)하였다.

를 배척하는 자신의 소신을 분명하게 밝히고 있다. 하지만 그는 "불교는 적멸할 뿐이지만 서학은 자못 실용적인 곳이 있다"[2]고 주장함으로써 불교와 달리 천주교의 실용적 기능을 인정하였다. 따라서 그는 유교적 입장을 고수하면서도 천주교의 실용적인 부분을 수용하려는 근대지향적 입장을 취함으로써 제자들에게 많은 영향을 미쳤다. 이런 점에서 조선 중·후기에는 성호학파를 중심으로 천주교를 수용할 수 있는 내적 기반이 이미 조성되어 있었다고 보아야 할 것이다.

때문에 근대지향적이던 李家煥(錦帶 : 1742~1801)·權哲身(鹿菴 : 1736~1801)·丁若鏞(茶山 : 1762~1836) 등을 비롯한 실학자들은 주자학은 물론 경전의 해석을 새롭게 시도하면서 서양문물을 적극적으로 수용하려는 입장을 취하였다.[3] 반면 安鼎福(順菴 : 1712~1791)·愼後聃(河濱 : 1702~1761)·尹東奎(邵南 : 1695~1773) 등은 성리학적 입장을 고수하였을 뿐만 아니라 천주교에 대한 이론적 비판을 제기하였다.[4]

그렇다면 조선시대 기독교 수용의 내적 기반을 다지는 데 큰 역할을 담당한 실학자들의 활동은 어떠하였는가를 살펴볼 필요가 있다.

이가환이 李承薰(1756~1801)과 함께 성호의 실학사상을 실천에 옮기는 것을 학문적 과제로 삼은 대표적 실학자였다는 사실을 정약용은 『與猶堂全書』에 다음과 같이 기록해 놓았다.

李公家煥은 문학으로 성가를 떨친 한 사상가이다. 매부 이승훈은 바야흐로 穹勵에 신칙하고 있으나 모두 성호 이 선생의 학문을 본받아 밝히고 있고 鏞(정약용)이 그 남긴 책을 살펴보니 흔연히 학문으로 뜻을 삼고 있었다.[5]

---

2) 李元淳,「星湖 李瀷의 西學世界」,『敎會史硏究』1, 1977, 36~37쪽, "佛氏則寂滅而已 西學則頗有實用處".
3) 李佑成,「鹿庵 權哲身의 思想과 그 經典批判」,『韓國의 歷史像』, 創作과 批評社, 1982, 104~105쪽.
4) 李元淳,「朝鮮後期 實學者의 西學意識」,『歷史敎育』17, 1975, 135~185쪽.
5) 丁若鏞,『與猶堂全書』, 貞軒墓誌銘, "李公家煥 以文學聲振一也 妹夫李承薰

이를 통하여 볼 때, 이가환은 經學은 물론 역사·문학·천문학·의학·수의학 등 다방면에 걸쳐 최고의 경지에 도달하였을 뿐만 아니라 자연과학을 비롯한 실용학에도 많은 관심을 갖고 있었음을 엿볼 수 있다. 즉 그는 東道西器論의 입장을 추구하여 서구의 선진문물을 수용하는 자체가 사회개혁이라는 방법론을 구체적으로 제시함으로써 서학을 긍정적으로 평가하였다.

또 『여유당전서』에서 성호의 제자인 권철신은 성호가 죽은 이후 그의 학통을 계승할 수 있을 만큼 학덕을 겸비하고 있어서 많은 수재를 끌어들였다는 점을 다음과 같이 기록해 놓았다.

> 성호 선생은 그 만년에 한 명의 제자를 얻었는데, 녹암권공이었다. …… 선생은 이미 돌아가셨지만 후학들 중에서 재주가 뛰어난 무리들은 모두 녹암의 문하로 귀의하였다.6)

그러나 권철신은 천주교가 전래되기 이전에도 講學會를 주도할 만큼 서학에 많은 관심을 갖고 있었다. 특히 그는 유학에 대하여 비판적인 입장을 취하면서 당·송 이전 古禮를 실행에 옮기려고 노력하였을 뿐만 아니라 陽明學까지도 수용하려는 입장을 취하였다.7)

한편 정약용은 활동시대가 성호와 직접 관계는 없지만 성호의 저서를 통하여 학문적 영향을 많이 받았을 것임에는 의문의 여지가 없다. 그것은 정약용이 『여유당전서』8)에서 자신과 같은 시대의 李潤夏·이승훈·金源星 등이 모두 성호의 저서를 통하여 학문적 영향을 받았고 성호의 학풍을 계승·발전시켰다는 사실을 술회하고 있는 점에서 이것이 반증된다.

方飭穹勵志 皆祖述星湖李先生之學鏞得見其遺書 欣然以學問爲意".
6) 丁若鏞, 『與猶堂全書』, 鹿庵 權哲身墓誌銘, "星湖先生 其晚慕得一肖子 曰鹿菴權公 …… 先生旣沒 後生才俊之輩 咸以鹿庵爲歸".
7) 李佑成, 앞의 책, 101쪽.
8) 丁若鏞, 『與猶堂全書』, 先仲氏墓誌銘, ""與李潤夏 李承薰 金源星 等 定爲石交 以承受星翁之學".

이 밖에도 천주교 수용을 주도했던 李檗(1756~1786)을 비롯한 丁若銓(巽庵 : 1758~1816), 정약용, 이승훈, 權日身(移庵 : ?~1791) 등도 성호사상의 영향을 직·간접으로 받았던 인물들이다.[9] 그러나 이들은 한결같이 제도권으로의 진출을 거부한 채, 曆像과 數理 등 서구 과학기술을 탐구하면서 선진 과학문물을 점진적으로 수용하려는 입장을 취하였다. 때문에 이들은 기존 세력들로부터 강력한 도전을 받기도 하였다. 그 단적인 사례를 제시해 주는 것이 朴長卨의 상소라고 할 수 있다.[10]

이러한 시대적 배경 속에서 서구문물의 수용을 주장한 실학자들은 주자학에 대한 반성과 함께 서구문물 특히 철학·수학·종교 등을 수용하기 위한 강학회를 개최하여 학문적 교류를 확대시켜 나갔다. 이때 권철신·정약전 등을 중심으로 전개된 강학회 교육에 대하여 달레(C. Ch. Dallet : 1829~1878)는 『한국천주교회사(Historire de L Eglise de Coree)』에서 다음과 같이 기술하고 있다.

> 정유년(1777) 권철신은 정약전과 학식을 얻기 원하는 그 밖의 학자들과 함께 방해를 받지 않고 깊은 학문을 연구하기 위하여 외딴 절로 갔다. …… 연구회는 10여 일 걸렸다. 그 동안 하늘·인생 등 가장 중요한 문제를 탐구하였다. …… 聖賢들의 윤리서를 연구하였다. …… 서양 선교사들이 한문으로 지은 철학·수학·종교에 관한 책들을 검토하고, 그 뜻을 깊이 해독하기 위해 가능한 모든 주의를 집중시켰다. 이 책들은 조선 사절들이 여러 차례에 걸쳐 북경에서 가져온 것이다.[11]

즉 달레는 권철신·정약전을 비롯한 실학자들이 새로운 지식을 얻기 위하여 10여 일 동안 합숙하면서 유교와 관련된 서적은 물론 선교

---

9) 柳洪烈, 『韓國天主敎會史』, 카톨릭출판사, 1962, 59쪽.
10) 『正祖實錄』 卷43, 正祖 19年 7月 丙辰條.
11) Ch. Dallet 지음, 安應烈 외 譯, 『韓國天主敎會史(上)』, 분도출판사, 1979, 430쪽.

사들이 들여온 서구의 철학서와 종교서적을 연구·검토하였다고 기록하고 있다.

그것은 정약용이 『여유당전서』에서 주어사 강학회에 권철신·김원성·權相學·李寵億 등이 참가하여 夙夜箴·敬齋箴·四勿箴·西銘 등 송대 성리학자들의 수신 서적을 자유롭게 토론하였다는 실례를 다음과 같이 전하고 있는 사실과도 일치한다.

> 폐백을 드리고 녹암의 문하에서 가르침 받기를 청하였다. 일찍이 겨울에는 주어사에 머물면서 강학회에 참여한 사람들은 김원성·권상학·이총억 등이었다. 녹암이 스스로 규정을 내려 새벽에 일어나 찬물에 세수할 때는 숙야잠을 외우고, 해가 뜰 때는 경제잠을 외우고, 정오에는 사물잠을 외우고, 저녁에는 서경을 외우는데 장엄한 격식을 실천함에 있어서 격식과 규정을 잃지 않았다.12)

또 정약용은 "공은 지난 기해년 겨울에 천진암(주어사)에서 강학회를 개최하였는데, 눈 내리는 밤에 이벽이 찾아왔다. 오랫동안 불을 밝히고 경서를 논하였다"13)고 기록하고 있는 것을 보면, 강학회의 토론은 후일 이벽이 참가하면서부터 더욱 진지하게 이루어진 것으로 추측된다. 그러나 天眞菴 주어사 강학회에서 천주교 서적에 관한 토론이 있었다는 구체적 기록은 아직 보이지 않고 있다. 그렇지만 강학회를 주도한 실학자들의 사상적 배경이나 당시의 사회상과 관련하여 볼 때, 그 가능성은 대단히 높다고 할 수 있다. 그 이유는 천주교 관련 서적을 통한 실학자들의 사상적 경향, 강학회 이후 천주교 관련 서적이 열람되었다는 점, 강학회가 개최된 장소가 山寺였다는 점, 이벽이 강학회에 참가하였다는 점14) 등에서도 찾을 수 있다.

---

12) 丁若鏞, 『與猶堂全書』, 先仲氏墓誌銘, "執贄請敎於鹿菴之門 嘗於冬月 寓居走魚寺 講學會者金源星權相學李寵億 等數人 鹿菴自授規程 今晨起菊氷泉 漸誦夙夜箴 日出誦敬齊箴 正午誦四 勿箴 日入誦西銘 莊嚴格恭 不失規度".
13) 丁若鏞, 『與猶堂全書』, 鹿庵權哲身墓誌銘, "公昔存己亥冬 講學于天眞菴走魚寺 雪中李檗夜至 張燭談經".

이러한 가능성은 이벽의 천주사상을 통해서도 엿볼 수 있다. 이벽이 燕京으로 떠나는 이승훈에게 천주교 교리를 설명해주었다는 다음과 같은 기록이 잘 반영해주고 있다.

> 참 성인들의 교리와 만물의 창조주이신 천주를 공경하는 참다운 방식은 서양인들에게서 가장 높은 지경에 이르렀네. 그 도리가 아니면 우리는 아무것도 할 수 없고, 그것 없이는 자기 마음과 성격을 바로잡지 못하네. 그것이 아니면 임금과 백성이 서로 본분을 어떻게 알겠는가. 그것이 없으면 생활의 기초가 되는 규칙도 없네. 그것이 아니면 천지창조며 남북극 원리며 천체의 규칙적 운행을 우리는 알 수 없네.15)

즉 이벽은 이승훈에게 천주교를 천체론과 관련시켜 설명해 줌으로써 천주교의 이론가요 실천가였다는 그의 사상을 뒷받침해 주고 있다. 이런 점에서 천주교에 대한 이벽의 이해는 강학회에 참석했던 대다수의 실학자들에게도 긍정적으로 평가받기에 충분하였다고 할 수 있다. 그러나 당시 강학회에서 토론되었던 주제를 보건대, 천주교는 학문적 입장에서 다루어졌을 뿐 종교적 대상이었다고는 단정할 수 없다.

이런 점에서 실학자들이 제시한 사회개혁론 역시 유학의 기본정신으로 복귀하려는 학문적 경향에서 제시한 것이라고 보아야 할 것이다. 즉 실학자들은 서학을 학문적 연구의 대상으로 삼고 서구의 과학기술을 수용할 것을 제기하였던 것이다. 이러한 현상은 천주교를 수용할 수 있는 내재적 요인이 이미 성숙되었음을 의미한다.

---

14) 金玉姬, 「西學의 受容과 그 意識構造」, 『韓國史論』 1, 1973, 217쪽.
15) Ch. Dallet, 앞의 책, 304쪽.

2. 기독교의 수용과 교육이념

1) 천주교의 수용

천주교는 달레의 기록에서 볼 수 있듯이 이승훈이 전도활동을 시작한 1784년 이전부터 인식되었음을 알 수 있다.[16] 그리고 천주교리에 해박한 지식을 가지고 있던 이벽 등에 의하여 천주교는 학문적 연구의 대상에서 종교적 내지는 신앙의 대상으로 전환되어 간 것으로 추측된다. 즉 16세기 이후 북경을 왕래하던 사신들이 서양 선교사들과 접촉하면서 그들로부터 과학기기와 천주교 관련 漢譯 서적을 들여와 서구 문물에 관한 새로운 지식과 천주사상을 전파시켰기 때문이다.[17] 이는 이벽을 비롯한 실학자들이 천주교 서적은 물론 서구의 과학기술과 문물을 학문적으로 연구하여 신앙적 대상으로 전환시킴으로써 나타난 결과이기도 하지만, 내적으로 이미 천주교가 수용되었음을 의미한다. 따라서 천주사상은 봉건 지배체제 하에서도 사회구조를 변동시키는 데 큰 역할을 담당하고 있었다고 할 수 있다.

특히 천주교는 서구 과학기술을 통한 사회개혁의 욕구를 증대시키는 한편 인간에 대한 평등의식을 고취시켜 줌으로써 전통적 관념을 타파하였을 뿐만 아니라 '경세치용'·'이용후생'·'실사구시' 등의 새로운 사조를 형성하는 데 크게 기여하였다.[18] 그렇지만 서구 과학기술이 일부 실학자들의 사상이나 학문적 대상으로 수용되어 크게 발전하지 못하였다는 점에서, 서구 근대문물을 적극 수용하지 못한 한계성을 드러낸 것도 사실이다.

---

16) 이승훈은 1783년 10월 14일 冬至使(黃仁黙) 書狀官이던 아버지(李東郁)를 따라 북경에 들어간 다음 해 2월 그라몽(Grammont) 신부로부터 세례를 받았다.

17) Ch. Dallet, 앞의 책, 294~307쪽.

18) 朴星來, 「韓國近世의 西歐科學 受容」, 『東方學志』 20, 延世大國學研究所, 1978, 262쪽.

한국 천주교의 발전과정은 크게 몇 단계로 구분할 수 있는데, 이를 정리하면 다음과 같다.

첫째, 이승훈이 귀국하여 전도활동을 시작한 1784년(정조 8)부터 珍山事件이 발생한 1791년까지로 천주교의 잠입기라고 할 수 있다.

이 시기는 천주교 교리에 해박했던 이벽을 비롯한 이승훈·권일신 등이 천주교단을 조직하여 교리를 전파시키면서 천주교가 발전할 수 있는 기반을 다져 놓은 때였다. 때문에 이 시기 천주교도들은 대부분 성호학통을 계승한 유학자들로 '修齊治平'을 실천이념으로 삼는 유교의 본원적 기능을 회복시킬 것을 주장하였다. 즉 이들은 유학에 사상적 바탕을 두고 있으면서도 유교경전의 교조적 해석을 거부한 채 주자학에 대한 비판과 함께 서구 과학기술과 문물을 기저로 삼고 있었다. 그러므로 이들의 주자학적 가치체계는 천주교 수용과 동시에 혼란을 겪을 수밖에 없었다. 그 기폭제 역할을 한 사건이 1791년 발생한 진산사건이었다.

다음의 자료는 천주교가 수용된 이후 유교사회와의 갈등과 대립의 일면을 반영해주고 있다.

> 임금께 충성의 근본은 천주의 명령이요 부모께 효도의 근본도 역시 천주의 명령 …… 중국의 經書에 실린 上帝를 마음과 정성을 다하여 섬기라는 계율과 비교해 본 결과 거기에는 같은 점이 많다.[19]

즉 천주교는 유교와 동일한 요소가 많이 있다고 소개하고 있다. 하지만 조상숭배에 관한 문제 등은 배교의 원인으로 작용할 만큼 심각한 갈등과 대립을 표출시킴으로써 천주교가 수용된 이후 그들의 혼란한 가치체계의 일면을 엿볼 수 있게 한다. 이런 점에서 다음의 기록은 시사해 주는 바가 크다.

> 미신과 조상숭배에 대한 결정은 여러 사람에 있어서 걸려 넘어지는

---

19) Ch. Dallet, 앞의 책, 364쪽.

돌과 배교의 원인이 되었다. …… 교회는 北京 주교의 입을 통하여 조
상숭배는 하나님 숭배에 반대되는 것임을 선언하는 것이었다. …… 그
(이승훈)는 집으로 물러가 천주교인들과는 아무 연락도 취하지 않았
다.[20]

둘째, 진산사건이 발생한 1791년(정조 15)부터 포교를 위하여 중국
에서 周文謨 신부가 입국한 1794년까지는 천주교의 태동기였다고 할
수 있다.

특히 달레는 진산사건의 발발로 천주교 지도자들의 활동이 중단되
는 등 천주교세가 크게 위축되었다고 지적하면서 새로운 지도자들이
천주교계를 이끌어야 한다는 논리로 포교를 위한 대책을 제시하였다.
그리고 천주교 포교활동은 이미 양반층에서 최관천·최인길 등의 중
인층으로 계승되어 가고 있음을 다음과 같이 지적하고 있다.

박해가 가라앉으면서 어느 정도의 평화가 뒤따랐다. …… 훌륭한 지
도자들이 사라졌다. …… 암브로시오(權哲身)와 유명한 丁氏 집안이
남아 있기는 하였다. 그러나 천주교회의 일에는 별로 관여하지 않았고
…… 지도하였음도 볼 수 없다. 그 때 지도자급에는 중인계급에 속하
는 열성 있고 능력 있든 사람들은 崔寬泉 요한과 崔仁吉 마리아였
다.[21]

그것은 양반제도 하에서 사회진출의 길이 막혀 있던 중인계층이 천
주교의 평등사상에 힘입어 대거 천주교에 입교함으로써 지도층으로
부각되었음을 의미한다. 특히 辛亥迫害 등으로 천주교에 대한 박해가
한층 심해지자 양반층은 대부분 천주교에서 이탈하였지만, 崔心恭·
李在昌을 비롯한 중인계층의 천주교 입교는 오히려 증가하는 추세를
보이고 있었다.[22]

---

20) Ch. Dallet, 위의 책, 329~330쪽.
21) Ch. Dallet, 위의 책, 371~372쪽.
22) Ch. Dallet, 위의 책, 362~365쪽.

이러한 현상은 천주교가 양반들에 의해 학문적 연구대상으로 수용되었던 초기와는 달리, 중인계층에서는 종교적 대상으로 발전되었음을 의미한다. 이렇게 되자 교리에 밝지 못하던 신도들은 尹有一을 북경교구에 파견하여 성사 집전을 담당할 수 있는 성직자를 파견해 줄 것을 정식으로 요청하였다. 이 때 북경 교구에서는 중인계층의 종교적 열의에 감복하여 주문모 신부를 파견하였다.23) 그것은 주문모 신부가 입국한 후 明道會를 조직하여 천주교리 연구에 박차를 가하였다는 사실에서도 엿볼 수 있다.24)

셋째, 주문모 신부가 입국하여 포교활동을 시작한 1795년(정조 19)부터 辛酉獄事가 일어난 1800년(정조 20)까지는 천주교의 발전기 또는 도약기라고 할 수 있다.

이 시기 주문모 신부는 명도회를 조직하여 천주교리를 연구·보급함으로써 천주교세를 크게 확장시켰다. 특히 천주교 이론에 밝은 정약종 등은 천주교 교리서인『주교요지』·『聖敎全書』를 펴내 교리를 보급시키는 데 기여하였을 뿐만 아니라 교세를 확대시켰다.25) 그러나 천주교회의 운영권은 총회장이던 崔昌賢(顯)이 담당하였다는 점에서26) 명도회는 천주교리 연구의 중심기관이었으며, 총회장은 천주교의 조직과 운영을 책임지고 있었음을 알 수 있다. 즉 명도회는 교리 연구를, 총회장은 행정 업무를 총괄하는 각기 다른 기능을 가지고 있었다. 따라서 총회장은 신도들로부터 존경받던 인물이 선출되었을 것으로 짐작된다.

더구나 이 시기는 주문모 신부의 포교활동에 힘입어 4천여 명에 불과하던 신도수가 무려 1만여 명으로 증가하였다. 이 때 천주교도들은 대부분 농민을 비롯한 하층집단이었는데, 그 중에서도 부녀자가 3분의

---

23) Ch. Dallet, 위의 책, 328~337쪽.
24) 趙珖,「辛酉迫害의 性格」,『敎會史硏究』1, 1977, 78~80쪽.
25) Ch. Dallet, 앞의 책, 440~443쪽.
26) 黃嗣永,『帛書』, 33~34行, "總會長 崔若望昌賢 中路人也 …… 德望爲敎中 第一人".

2를 차지하였다.[27] 이러한 현상은 천주교의 평등사상이 조선의 봉건제도 하에서 억눌려 살아온 예속 계급과 가부장적 신분제도 하에서 짓눌려 살아온 부녀자들이 대거 천주교에 입교하는 주된 요인이 되었음을 암시한다.

뿐만 아니라 천주교회에서도 명도회·평신도회·여신도회 등을 조직하여 교세를 확장시키는 데 적극 활용하였다. 이러한 실례는 천주교도의 증가 원인으로 콜롬바(강완숙)를 중심으로 한 부녀자들의 활동상을 소개한 다음 자료를 통해서도 알 수 있다.

> 콜롬바(姜完淑)는 …… 여자들을 많이 입교시켰는데, 그 중에는 양반집 부인들도 상당히 있었다. 국법은 반역죄를 제외하고는 양반집 부인들에게 형벌을 가하지 아니하였으므로 여자 신입 교우들은 정부의 禁令을 개의치 않았다.[28]

이는 당시 천주교회에 관계하고 있던 지도층의 출신이 매우 다양하였음을 말해 준다. 특히 양반(남인) 중심의 초기와는 달리 양반·천민·부녀자 등 각계 각층이 고르게 분포되어 있었고, 그들은 대부분 유교사회의 전통적 가치체계를 부정하였다. 그것은 그들이 전통적인 宣敎觀이나 綱常倫理觀에서 벗어나 있었다는 사실을 반증하는 것으로서, 천주교의 수용기와는 확연하게 구분되고 있다.[29]

이러한 사실은 李道起가, 기존의 지배체제를 인정하는 속에서 천주

---

27) Ch. Dallet, 앞의 책, 321·392쪽 ; 黃嗣永, 『帛書』, 20行, "婦女居其二 …… 賤人居其一".

28) Ch. Dallet, 앞의 책, 321·392쪽. 姜完淑은 德山의 洪氏에게 출가하여 남편과 시어머니를 극진히 공경한 효부였다. 남편 친구로부터 천주교를 전해 들은 그는 스스로 책을 구해 읽고 복음의 진리를 깨달은 다음 시어머니와 친정 부모에게 신앙을 갖게 하였다는 이유로 洪州牧에 체포되었으나 여자라서 석방되었다. 그러나 이에 위협을 느낀 남편으로부터 절연당하자 시어머니, 아들(홍필주)과 함께 서울로 이사하여 독실한 천주교 신자가 된 이후 주문모 신부를 도와 포교에 전념하다가 순교당하였다.

29) 趙珖, 「黃嗣永帛書의 社會思想的 背景」, 『史叢』 21·22합집, 1977.

교를 수용하였던 초기와는 달리 천주교인들이 군주나 강상윤리에 근거하여 다스리는 자의 윤리는 물론 양반 지배체제 자체를 부정하고 있다는 점을 다음과 같이 지적한 데서도 알 수 있다.

> 저는 무식한 탓으로 …… 공자와 맹자의 道는 알지 못하며 …… 천주교는 모든 사람을 위하여 만들어진 것입니다. …… 처음에는 천주한 분만이 계셨습니다. …… 창조 후에는 임금과 신하가 있게 되었습니다. …… 부처, 공자, 맹자, 임금과 신하 등은 천지창조 후에 생긴 것입니다.[30]

또한 朴取得이 인간의 현세적 평등을 내면적으로 강조함으로써 유교적 신분제도를 바탕으로 한 봉건적 양반 지배질서를 다음과 같이 부정하고 있다는 사실에서도 엿볼 수 있다.

> 세상이 마칠 때 모든 나라가 없어진 다음에는 양반과 서민, 임금과 백성의 구별이 없이 …… 하늘에서 내려오신 천주 聖者 앞에 모일 것이고, 그들은 과거와 당시의 사람들을 심판하실 것입니다.[31]

이와 같이 천주교 순교자들은 물론 지도자들도 대부분 근대 지향적인 의식을 가지고 있었다. 그렇지만 천주교도들의 반봉건적 태도는 오히려 봉건적 지배체제를 강화시키려는 지배세력과의 갈등과 대립을 조장하는 원인이 되기도 하였다. 따라서 지배세력과의 대립은 결국 신유옥사와 같은 천주교 대박해를 유발시키는 직접적 동기가 되었다는 사실도 부정할 수 없다.

2) 개신교의 수용

---

30) Ch. Dallet, 앞의 책, 402쪽.
31) Ch. Dallet, 위의 책, 413쪽.

기독교는 루터(Martin Luther : 1483~1546)의 종교개혁 이후 聖書至上主義를 체득하면서 특히 기독교계(Protestant)[32] 를 중심으로 점진적인 포교 방법을 지향하고 있었다. 그러므로 한국에서 포교를 시작한 기독교는 초기의 천주교와는 달리 성서 보급운동을 펴면서 점진적인 포교 방법을 추진함으로써 비교적 우호적인 입장에서 포교활동을 시작할 수 있었다.

기독교계의 성서 보급운동은 19세기 초 외국인들에 의하여 시작되었다. 즉 1816년 9월 海圖 작성 임무를 띠고 서해안의 庇仁 앞바다에 왔던 영국 군함 알세스트(Alceste) 호 선장 맥스웰(M. Maxwell) 대령과 리라(Lyra) 호 선장 홀(B. Hall) 대령이 馬梁鎭僉使 趙大福에게 그리스도성서를 기증한 것이 최초라고 전해지고 있다. 당시 기독교의 수용과정을 정리하면 다음과 같이 세 단계로 구분할 수 있다.

첫째 기독교의 수용과정.

기독교는 1832년(순조 32) 7월 네덜란드 선교회 소속의 독일인 구즐라프(C. A. Gutzlaff) 목사가 황해도 장산곶과 군산만에 들어와 약 1개월 간 체류하면서『한문성서』와『그리스도 교리서』를 전달함으로써 토대를 마련하였다. 그리고 1865년(고종 2) 스코틀랜드 출신의 토마스(R. J. Thomas) 목사가 백령도와 대동강에서『한문성서』를 전달하면서 기독교가 발전할 수 있는 초석을 다져 놓았다. 토마스 목사는 1866년 제너럴 셔먼(General Sherman) 호 사건 때 순교당하였다.

그리고 1866년 12월에는 제너럴 셔먼 호 사건의 조사 임무를 띠고 대동강에 들어온 미국 군함 와크셋(Wachusett) 호의 안내원 겸 통역으로 동행한 미국 북장로교 선교부(중국 煙臺駐在)의 코벳(H. Corbett) 목사가 황해도 牧洞浦에 들어와『한문성서』와『전도문서』를 전파하였다. 또 같은 해 동일한 목적으로 파견된 미국 군함 세난도(Shenandoah) 호의 안내원 겸 통역인 미국 북장로교 선교부(중국 등주 주재) 소속의 매터(C. W. Mateer, 狄考文) 목사도『한문성서』를 들

---

32) 본고에서의 개신교(protestant)는 편의상 기독교로 지칭하기로 한다.

여왔다.[33)]

1867년 9월 초 스코틀랜드 성서공회 소속의 윌리암슨(Williamson : 중국 연대 주재) 목사가 남만주 변두리에 들어와 토마스 목사의 행방을 탐문하면서 기독교 복음서를 전파하였다. 특히 토마스 목사의 순교와 제너럴 셔먼 호 사건은 기독교계 목사들이 한국에 들어와 선교활동을 전개하는 계기로 활용됨으로써 기독교에 대한 선교 가능성과 함께 改敎의 문을 활짝 여는 직접적 요인이 되었다.

둘째 기독교의 성서 번역과정.

한국 선교를 위하여 주변에서만 맴돌던 기독교계 선교사들은 흥선대원군의 쇄국정책으로 복음전파의 실효성을 거둘 수 없게 되자 성서 번역과 그 보급운동을 통하여 선교를 실현시키고자 노력하였다. 기독교 선교사들의 성서 번역작업은 만주지역과 일본지역에서 별도의 작업을 통하여 추진되었다.

만주지역에서의 성서 번역작업은 1874년 牛莊으로 건너간 李應贊, 白鴻俊, 李成夏, 金鎭基, 徐相崙 등에 의하여 추진되었다. 이들은 1876년 매킨타이어(J. Macintyre) 목사로부터 세례를 받은 후 봉천에서 로스(Ross)와 매킨타이어 목사를 도와 1882년「누가복음」과「요한복음」을, 1887년에는『예수선교전서』를 한글로 번역하여『한글성서』를 간행하였다. 그리고 서울·의주·집안현의 한인촌 등지에서 복음전파에 전념하는 등 기독교를 전파시키는 데 크게 공헌하였다.[34)]

한편 일본에서의 성서 번역작업은 1882년 일본으로 건너간 李樹庭에 의하여 추진되었다. 이수정은 1883년 4월 29일 安川亨 목사와 미국 북장로교 선교사 낙스(G. W. Knox) 목사로부터 세례를 받았다. 그리고 미국 성공회 소속의 루미스(D. H. Loomis : 日本 橫浜 駐在) 목사와 성서 번역작업에 착수하여 1884년『懸吐漢韓新約全書』와 한글「마가복음」을 간행하였다. 그는 1883년 일본에서 주일학교를, 1884년에는

---

33) 金良善,「韓國基督敎會史」,『韓國文化史大系(12)』, 高麗大民族文化硏究所, 1972, 571~753쪽.
34) 金良善, 위의 논문, 573쪽.

한인교회를 설립하여 재일한국인 유학생을 전도하기도 하였다. 그리고 1883년 7월과 12월에는 미국 교회에 선교사 파견청원서를 보내 미국 교회가 한국인 선교사업에 적극 참여해 줄 것을 요청하는 등 기독교 발전에 일익을 담당하였다.[35] 이러한 현상은 한국 기독교의 미래를 예견할 수 있는 것이기도 하였다.

이와 같이 한글성서 번역작업은 선교사들이 한국에 입국하기 이전부터 만주나 일본 등지에서 별도로 추진되었지만 기독교의 전래는 한미통상조약(1882)이 체결되면서 본격적으로 추진되었다. 즉 한국에서 1883년 閔泳翊을 報聘使로 미국에 파견하였으며, 미국에서 푸트(L. H. Foot) 공사의 입국을 시작으로 알렌(H. N. Allen)·언더우드(H. G. Underwood)·아펜젤러(H. G. Appenzeller) 등이 내한하면서 기독교는 급속하게 전파되었다. 특히 알렌은 갑신정변 당시 개화당으로부터 부상을 입은 민영익을 치료해 줌으로써 기독교는 국가로부터 박해를 받아오던 초기의 천주교와는 달리 우호적인 입장에서 선교활동을 시작할 수 있었다.[36]

셋째 기독교계의 선교활동 과정.

기독교 선교사들의 내한은 두 갈래로 이루어졌다. 하나는 이미 언급한 바와 같이 토마스 목사의 순교와 제너럴 셔먼 호 사건을 계기로 기독교계 선교사들이 스스로 입국하여 포교를 위한 선교활동을 시작한 경우이고, 또 하나는 조선의 요청에 따라 입국한 선교사들에 의하여 선교활동이 이루어진 경우이다.

기독교 선교사들의 내한에 기여한 인물로는 이수정과 민영익을 들 수 있다. 이수정은 일본에서 활동하던 낙스 목사를 감동시켜, 津田仙 박사와 일본인 신도가 파견될 수 있도록 주선하였다. 그리고 미국 북장로교 선교부에 선교사 파견을 건의하였을 뿐만 아니라 미국 교회(長老·監理) 지도자들에게 한국 선교의 당위성을 인식시키는 데 큰 역할

---

35) 金良善, 위의 논문, 574쪽.
36) 柳洪烈, 앞의 책, 845쪽.

을 하였다.37) 또 민영익은 '한미조약'이 체결된 이후 보빙사로 미국에 파견되었을 때, 처음 만난 가우처(J. F. Goucher) 박사에게 한국 선교의 당위성을 인식시켜주었다.38) 이 때 민영익의 활약상은 기우처 박사의 다음과 같은 회고를 통해서도 엿볼 수 있다.

> 뉴욕 선교부에 한국 선교사업을 시작해 달라고 요청한 후 신문을 통하여 한국 선교의 필요성을 강조하는 한편 자신이 2천 달러를 한국 선교에 써 달라고 기부하고 선교기금을 모집하는 데 앞장섰다. …… 일본에서 선교활동을 하고 있던 맥클레이(R. S. Maclay) 목사에게 한국 선교를 위하여 한국을 시찰하고 보고해 줄 것을 요청하는 전문을 보냈다.39)

그 결과 1884년 7월 3일 한국에 파견된 일본 주재 미국 북감리교 선교사 맥클레이 목사는 약 2개월 간 서울에 머물면서 김옥균을 통하여 국왕을 알현하였을 뿐만 아니라 교육·의료 활동을 전개할 수 있는 윤허까지 받고 돌아감으로써 한국 선교의 길을 열어 놓았다.

한편 맥클레이 목사의 보고를 통하여 한국 선교의 필요성을 인식한 미국 북감리교 선교부는 초대 한국 선교사로 아펜젤러와 스크랜튼(M. F. Scranton, 施蘭敦)을, 미국 북장로교 선교회는 알렌과 언더우드를 한국 선교사로 임명하여 파견하였다. 그리하여 1884년 9월 알렌이 서울에 도착함으로써 기독교 선교활동은 시작하였다. 그러나 1885년 초 일본에 도착한 언더우드·아펜젤러·스크랜튼 등은 1884년 갑신정변(12월 4일)으로 국내 정세가 불안하자 일본의 맥클레이 집에 머물면서 입국을 준비하다가 1885년 언더우드(4월)를 선두로 아펜젤러·스크랜튼(6월)이 한국에 들어옴으로써 본격적인 선교활동이 시작되었다.

이 밖에도 1889년에는 호주 장로교회의 데이비스 남매(J. H. Davis, M. T. Davis)가 경상도에 들어와 선교회를 조직하여 교육활동과 의료

---

37) 金良善, 앞의 논문, 575쪽.
38) 孫仁銖, 앞의 책, 59쪽.
39) 『培材八十年史』, 培材八十年史編纂委員會, 1965, 59쪽.

활동을 통한 전도활동을 시작하였다. 그리고 1890년에는 영국 성공회가 경기지역에서, 침례교가 강원도지역에서, 1892년 미국 남장로교가 전라도지역에서, 1896년 미국 남감리교가 경기도와 강원도지역에서, 1898년 캐나다의 장로교가 함경도지역에서, 1904년 안식교와 1907년 성결교가 서울과 평안도지역에서, 1908년 구세군이 서울에서 전도활동을 실시하였다. 그 결과 1910년 한국에서 포교활동을 전개하던 선교사만도 무려 277명에 이르렀다.[40]

이와 같이 한국은 일본을 비롯한 서구열강과 각종 통상조약을 체결함으로써 문호를 개방하였음에도 유독 선교사들의 활동만은 여전히 법으로 금지하고 있었다. 그러나 1884년 맥클레이 목사가 입국하여 고종으로부터 기독교계가 교육활동과 의료활동에 참여하여도 좋다는 윤허를 받아냄으로써 비로소 제한된 속에서나마 교육활동을 통한 선교활동을 보장받을 수 있게 되었다.

3) 기독교의 교육이념

기독교계의 선교활동은 복음전파에 우선하여 한국인들에게 필요한 교육과 의료 부문에서부터 접근하기 시작하였다. 때문에 선교사들도 복음전파에 우선한 교육을 실시하여 한국인의 무지를 일깨우고, 의료활동을 통하여 육신의 고통을 치료하는 것이 곧 기독교의 구원을 실천하는 것이라고 인식하였다. 그것은 선교사들이 정부의 포교금압정책을 둔화시키기에 보다 효과적이라고 인식하였기 때문이기도 하지만, 의료활동을 통하여 기독교의 봉사정신을 실천함으로써 한국인을 불행에서 구제하고, 교육활동을 통하여 민중계몽의 구체적 방법을 강구함으로써 서구의 근대문화 특히 교육이념과 평등사상을 이 땅에 심어주려고 노력하였다는 사실을 반증하고 있다.

이러한 기독교 정신에 따라 선교사들은 전국 각지에서 각종의 학교

---

40) 孫仁銖, 앞의 책, 19쪽.

를 설립하여 근대교육을 실시함과 동시에 사랑으로 복음을 전파하면서 정신적 구제를 도모하였다. 이러한 기독교 정신은 당시 한국인들에게 관심을 불러일으키기에 충분하였다. 더구나 박영효는 '종교는 개화의 근본'이라는 상소를 올려 민족적 위기를 극복하기 위해서도 기독교를 수용해야 한다고 권장하면서 종교 개화정책을 제창하였다.[41]

또 이능화는 선교사들의 학교설립운동에 대하여 근대교육이 전무한 한국에서 미국 교회가 근대학문을 가르치고 있다고 소개하면서 교육이 구국의 첩경이라는 점을 다음과 같이 강조하였다.

> 朝鮮社會는 在於無敎育狀態하니 美國敎會가 乘此時機하여 設立學校하야 (培材學堂 爲朝鮮私立學校之元祖) 敎授新學하니……[42]

그리고 기독교계에서도 회보를 통하여 근대교육은 구국을 위해서도 더없이 중요하다는 점을 강조하면서 근대교육을 통한 개화와 개명만이 국력을 부강하게 만들 수 있다는 점을 다음과 같이 강조하였다.

> 옛 사람이 가라사대 자식에게 황금 한 광주리를 주는 것이 경서 한 권 가르치는 것만 못하다.[43]
> 개화하는 데는 인재를 교육하는 것이 긴요한 일이요 교육하는 데는 하나님 도를 흥왕케 하는 것이 긴요한 일……[44]
> 전국 백성들이 우리 주를 믿어서 교육에 힘쓰고 차차 진보하면 다른 나라와 동등 권리가 있겠오.[45]

이처럼 근대교육의 중요성이 인식되자 기독교 선교사들을 중심으로 추진되던 근대학교 설립운동은 전국적인 사회운동으로 확산되었다. 이는 『그리스도신문』에 게재된 당시의 상황을 통해서도 엿볼 수 있다.

---

41) 朴泳孝, 「開化에 대한 上疏」.
42) 李能和, 『朝鮮基督敎及外交史(下)』, 201쪽.
43) 『죠선그리스도신문회보』 4, 1897년 2월 24일.
44) 『대한그리스도인회보』 15, 1899년 4월 12일.
45) 『그리스도신문』 18, 1901년 5월 2일.

　　예수교회마다 학당을 설립하는 것은 유익한 일인 고로 건양 2년 6월
　　…… 아무 곳 교회든지 학당을 설립하려 하면 선생될 사람을 택하되
　　예수를 진실히 믿는 이로 보내시오.[46]

　특히 다음의 기록은 당시 근대교육에 대한 각 교회의 자발적인 열의
가 어떠하였는가를 잘 반영해주고 있다.

　　이 회당과 학당을 지을 때에 서양 목사의 손으로 지은 것이 아니라
　　본국 교우들이 각각 연보하기를 힘쓰고 돈이 없는 사람들은 몸으로 가
　　서 역사를 하였으니……[47]

　근대교육을 위하여 기독교계가 노력한 결과 1886년 아펜젤러가 培
材學堂을 설립한 것을 시작으로[48] 이화·경신·정신·숭실·송도 등
이 연이어 설립되면서 전국적인 교육구국운동으로 확산되었다. 특히
1897년 장로교 교회 학당의 경우 16개 교(서울 5, 평양 3, 부산 2, 원산
1, 장연 4, 해주 1)였으나, 1901년에는 32개 교(서울 10, 평양 17, 부산
3, 원산 2)로 증가하였을 뿐만 아니라 주일학당도 229개 교나 설립되었
다.[49]

　이처럼 기독교 선교사들은 복음전파에 앞서 학교설립을 선교사업의
주안점으로 인식하고 실천하였다. 그러나 선교사들의 교육활동에 대하
여 학부 차관이었던 일본인 俵孫一은 전후가 뒤바뀐 선교사업이라는
점을 다음과 같이 부각시킴으로써 부정적인 입장과 시각의 차이를 분
명하게 밝히고 있다.

　　차라리 한국에서의 선교사 사업은 학교를 주안으로 하고, 종교를 부

---

46) 『그리스도신문』 9, 1897년 5월 7일.
47) 『죠선그리스도인회보』 42, 1897년 11월 17일.
48) 『培材八十年史』에서는 1885년 8월 3일 두 학생(李謙羅·高永弼)으로 수업
　　하였다고 기록하고 있다.
49) 『죠선그리스도인회보』 33, 1897년 11월 17일 ; 『그리스도인신문』 23·24,
　　1901년 6월 6·13일.

차적으로 하는 것같이 보인다.50)

이와 같이 선교사들의 학교설립운동은 정부와 국민 감정 사이에 뿌리 깊게 박혀 있던 기독교와 서양인에 대한 악감정과 편견을 고려하여 포교를 점진적으로 추진한 일단의 조처였으나 결과적으로 한국의 근대화에 크게 이바지하였다. 이러한 사실은 선교사들이 설립한 기독교계의 근대학교 설립정신과 교육이념에서도 잘 반영되고 있다.

특히 배재학당 설립자인 아펜젤러는 설립 목적과 배경에 대하여, 본교는 자유주의를 표방하는 속에서 한국의 전통과 문화를 존중하고, 기독교의 진리를 실천하며, 교회와 국가에 봉사할 수 있는 인재를 양성하는 데 있다는 점을 다음과 같이 밝히고 있다.

> 우리는 통역관을 양성하거나 우리 학교의 일꾼을 기르려는 것이 아니라 자유의 교육을 받은 사람을 내보내려는 것……51)

이러한 기독교 정신은 여성교육의 요람인 이화학당을 설립한 스크랜튼 부인과 貞信女學校를 설립한 엘레스(A. J. Ellers) 여사에게서도 엿볼 수 있다. 엘레스는 정신여학교의 정신에 대하여 "학교는 우리가 세웠지만, 배우는 너희들은 너희 풍속대로 하라"고 주문함으로써 한국의 전통과 풍속을 그대로 지키면서 기독교교육을 실시하려는 의지를 분명하게 밝히고 있다.52) 특히 스크랜튼 부인은 이화학당의 설립 목적에 대하여 보다 나은 한국인을 양성하려는 데 있다는 사실을 다음과 같이 밝히고 있다.

> 우리는 단지 한국인을 보다 나은 한국인으로 만듦으로써 만족한다. 우리는 한국인이 한국적인 것에 대하여 긍지를 가지게 되기를 희망한

---

50)『官報』1910, 21쪽, 明治 四三年 七月 一三日 韓國駐箚各道憲兵隊長會議席
　　上俵學部 次官演說要領.
51)『培材八十年史』, 培材八十年史編纂委員會, 1965, 107쪽.
52) 孫仁銖, 앞의 책, 39쪽.

다. 그리스도와 그의 교훈을 통하여 완전 무결한 한국인을 만들고자 희망하는 바이다.53)

이와 같이 기독교 선교사들은 교회를 중심으로 교육사업을 적극 추진하였다. 특히 선교사들은 교육사업이야말로 기독교 포교활동과 서로 보완관계에 있다고 인식함으로써 교육의 발전이 곧 기독교의 발전이라고 생각하였다. 이런 점에서 선교사들은 근대교육은 국가의 흥망을 좌우하는 원동력이라는 대전제 아래, 근대학교 설립을 적극 추진하였다고 할 수 있다. 그 결과 1910년 5월 한국에는 많은 근대학교가 설립되었다. 이 때 인가된 사립학교 수와 기독교계 각 종파에서 설립한 근대학교를 정리하면 다음 <표 5-1>과 같다.54)

<표 5-1> 인가된 사립학교 수

		인가된 학교 수	기독교계 학교 수
서	울	94	24
경	기	200	64
강	원	43	6
충	남	91	16
충	북	48	7
전	남	36	4
전	북	77	31
경	남	104	18
경	북	150	74
평	남	443	254
평	북	401	121
황	해	286	182
함	남	218	21
함	북	50	-
계		2,250	882

---

53) L. G. Paik, *The History of Protestant Mission in Korea*, Reprinted by Yonsei University Press, 1970, 119쪽.
54) 『培材八十年史』, 79~80쪽.

위의 <표 5-1>에서 보는 바와 같이 선교사들은 많은 근대학교를 설립하여 근대교육을 통하여 보다 완벽하고 보다 나은 한국인을 양성한다는 교육이념을 실천하면서 기독교를 전파하는 데 최선을 다하였다. 이러한 사실은 자조자립을 강조한 배재학당의 다음과 같은 교육방침을 통해서도 확인할 수 있다.

그 자신이 자조하지 않으면 아무도 그를 돕지 않는다는 것을 느끼도록 하는 학생을 만드는 것.55)

이와 같이 기독교 선교사들은 한국에서 기독교 정신을 실천하기 위하여 직접 근대학교를 설립하여 운영하였다. 그러므로 선교사들은 교육을 통하여 한국인에게 민족적인 자긍심과 자주성을 배양시켜 주려는 데 목적을 두고 있었다고 할 수 있다. 이런 점에서 기독교계 학교는 자조자립의 설립정신을 바탕으로 민주주의 교육, 평등주의 교육을 실천에 옮겼을 뿐만 아니라 후일 한국 기독교 교회가 스스로 자립할 수 있는 밑거름을 쌓아 놓았다고 할 수 있다. 따라서 기독교계의 근대학교 설립운동은 한민족의 자주성과 자긍심을 바탕으로 민족운동을 전개할 수 있는 초석을 놓는 데도 크게 기여하였다고 할 수 있다.

3. 기독교계의 교육사업활동

1) 천주교계의 근대학교 설립

한국 천주교는 漢譯된 기독교 서적을 통하여 수용되었다. 때문에 초기에는 천주교리를 한문으로 해독할 수 있는 상류계층의 지식인들만이 접할 수 있었다. 이러한 한계를 깨달은 이응찬·이수정 등은 만주

---

55) L. G. Paik, 앞의 책, 121쪽.

와 일본 등지에서 한글 성서를 간행·보급시켜 하층민에 천주교리를 학습시키고 전파시키는 데 기여하였다. 그러나 이러한 방법은 선교대상자인 하층민들이 한글을 해독할 수 있다는 전제를 필요로 하였다. 따라서 선교사들은 그리스도 교리를 전파하기에 앞서 우선 한글을 깨우쳐주어야 할 필요성을 인식함으로써 문맹퇴치를 위한 교육사업을 적극 추진하게 되었다.

이러한 사실은 달레가 『韓國敎會史』에서 천주교계가 1866년 청소년을 교육시키기 위해서 근대학교를 설립하여 문맹퇴치활동에 앞장섰음을 다음과 같이 밝히고 있는 점에서도 알 수 있다.

교구장에게서 서울로 부름을 받아 와서 李 마테오(德甫)는 바로 서울에 청소년 교육을 위한 학교 설립이라는 중요하고도 어려운 사업을 맡았다. 짧은 시일 안에 그는 청소년을 12명까지 모을 수 있었고, 그들에게 과학과 인문을 가르치고 교리 학습과 종교 의무 실천으로 그들의 마음과 정신을 단련하였다.56)

이는 『그리스도신문』에서 교회가 한글성서 보급운동을 통하여 한글보급에 노력한 결과 많은 한국인들이 한글을 해독하게 되었다고 지적하고 있는 사실에서도 엿볼 수 있다. 아울러 교회에 나오는 부인들은 모두 한글로 번역된 성경을 읽을 수 있을 뿐만 아니라 교리를 잘 이해하고 있다면서 교회에 나올 것을 다음과 같이 계몽하고 있다.

그 곳 여인들이 국문을 알지 못하는 자가 별로 없고 혹 국문을 알지 못하는 자가 있을 것 같으면 그 남편이 가르쳐준다 하니……57)
오 목사 부인이 …… 사경을 가르치는데 …… 사경하는 부인이 열둘이오 …… 국문을 아는 고로 …… 성경을 잘 보고 도리의 말씀을 잘 듣더라58)

---

56) Ch. Dallet, 앞의 책, 411~412쪽.
57) 『그리스도신문』1901년 12월 26일.
58) 『그리스도신문』1902년 1월 2일.

이런 점에서 천주교계의 한글성서 보급운동은 여성들에게 문맹퇴치는 물론 교육의 기회까지 부여함으로써 여성의 사회적 지위를 향상시키는 데 크게 기여하였다. 이는 당시 신도들의 기대가 어떠하였는가를 반영해 주는 것이기도 하다. 신도들의 기대는『대한그리스도회보』에서 다음과 같은 기사를 내보내고 있는 사실에서도 엿볼 수 있다.

　　평양 사는 한 분이 편지 …… 예수를 믿는 사람의 양식은 성경이온데 한문을 모르는 사람은 남녀 간에 국문으로 번역한 성경 내려 보내기를 배고픈 자의 밥과 …… 같이 기다리오니[59]

이러한 경향은 북장로회의 미슌 회장이 1893년 耶蘇敎書會(대한성교서회)를 설립하고, 한글성서를 출판하면서 밝힌 취지문에도 잘 함축되어 있다.[60] 즉 그는 한국인들에게 한글성서를 보급함으로써 한글에 대한 숭상의식을 고취시켜주었을 뿐만 아니라 국민적 주체의식을 확립시켜 주는 데 기여하였다는 사실을 다음과 같이 밝히고 있다.

　　우리 대한국 성서회사는 …… 애석히 여겨 회사를 설시하고 …… 수십만 권을 출판하였으니 이는 …… 다만 어두운 인민을 밝히고자 함이라 …… 대한 선비들이 언문을 숭상치 아니하고 중국 문자만 숭상하니 …… 언문서책을 출판 …… 내 나라 글을 알게 되어 사백여 년 감추었던 언문이 지금이야 행사하니 더욱 감사하노라.[61]

이와 같이 천주교계의 한글성서 보급운동은 한국인들에게 내 나라 글을 스스로 깨우치도록 배려하였을 뿐만 아니라 이를 통하여 민족의식을 고취시키는 데 큰 역할을 하였다.

그런데 천주교계의 교육적 활동은 1784년 명례동교회의 설립과 함께 시작되었다고 할 수 있지만, 본격적인 근대교육은 1831년 조선교구

---

59)『대한그리스도회보』1898년 5월 4일.
60) 郭安連,『長老敎會史典彙集』, 1918, 12쪽.
61)『그리스도신문』1901년 2월 14일.

가 북경교구에서 분리 독립되면서 추진되었다. 특히 1836년에 입국한 모방(P. P. Maubant : 1803~1839) 신부는 1937년 6월 金大建·崔良業·崔萬濟 등에게 마카오 유학을 알선함으로써 서양의 근대학문을 직접 배워 오도록 주선하는 등 천주교 발전에 크게 기여하였다. 이런 점에서 모방 신부는 선교사업을 통하여 한국인에게 종교인으로서의 전문적 지식을 쌓는 데 기여하였을 뿐만 아니라 교역자 양성에도 크게 기여하였다.62)

한편 김대건을 비롯한 유학생들은 마카오 외방전도회 경리부에서 설립한 조선신학교(교장 깔레리[Callery])에 입학하였다. 그들은 리보아(Libois), 드플래슈(Desfleches), 르그레좌(Legregois), 메스뜨르(Maistre) 신부로부터 가르침을 받고63) 종교인으로서의 폭넓은 소양과 전문지식을 쌓아 가기 시작하였다. 이런 점에서 조선신학교는 비록 외국에 설립된 신학교이기는 하지만, 한국인을 위한 최초의 신학교로서 한국교회사는 물론 근대교육사에서 차지하는 의의가 대단히 크다. 사실 한국 천주교는 이를 기점으로 교역자를 양성하기 위한 노력을 더욱 활발하게 전개하였다. 그 결과 1886년 마카오·페낭 등지의 유학생만도 47명에 이르렀다.64)

천주교계에서 교역자를 양성하기 위한 신학교육은 1838년 앵베르(L. Imbert : 1797~1839) 주교가 丁夏祥을 비롯한 4명에게 신학을 가르치면서부터 시작되었다. 그러나 다음 해 발생한 己亥迫害에서 신학교육을 주도하던 앵베르 주교와 정하상 등이 순교당함으로써 곧바로 중단되었다. 그 후 신학교육은 1850년 다블뤼(M. Daveluy, 安敦伊) 신부가 학생을 선발하여 근대교육을 실시하면서부터 다시 활기를 되찾기 시작하였다.65)

그 대표적인 사례가 제천의 배론신학교와 龍山神品學校였다. 배론

---

62) 柳洪烈, 앞의 책, 301쪽.
63) Ch. Dallet, 앞의 책, 136~137쪽.
64) 「鄭圭夏 페낭留學回顧記」, 『京郷新聞』 1943년 11월 5일.
65) Ch. Dallet, 앞의 책, 384쪽.

신학교는 4대 교구장이었던 베르뇌(S. F. Berneux, 張敬一) 주교가 충
북 제천군 봉양면 구학리에 설립한 최초의 신학교였다. 배론신학교는
張樂韶가 3명의 학생에게 한문을 가르치면서 시작되었다. 그러나 신학
교육은 쁘르띠에(C. A. Pourthie) 신부와 쁘띠니꼴라 신부가 교수요원
으로 보충되면서 교육기관으로서 자리를 잡았다. 이 때 신부들은 신학
을 공부하기에 앞서 한문·역사·지리·철학 등의 기초학문을 가르침
으로써 성직자로서 다양한 지식과 소양을 쌓도록 배려하였다. 현재 배
론신학교의 규모나 운영 실태 등을 상세하게 파악할 수 있는 자료는
부족하지만 한때 배론신학교를 직접 운영하였던 쁘르띠에 신부의 기
록을 통하여 그 대강을 파악할 수 있다.

쁘르띠에 신부는 어려운 환경과 사회적 악조건 속에서도 한국인들
에게 천주교를 전교하기 위하여 배론신학교 설립에 적극적으로 참여
하였다고 실토하면서 배론학교의 운영에 따른 고충을 다음과 같이 회
고하고 있다.

> 우리는 가난한 농군의 집에 갇혀 있고 이 모든 건물은 그 초가의 연
> 결로 간주되는 것이고 또한 우리는 가능한 한 아주 비좁게 되어서 나
> 의 가련한 학생들은 …… 광에 갇혀 있습니다. …… 병자가 생기면 그
> 들은 공부하는 학생 옆의 방바닥에 눕게 됩니다. …… 이웃 동네 外人
> 들에게 발각될 것을 두려워하므로 마을 쪽으로는 외출하지 못합니
> 다.66)

이러한 당시의 상황은 베르뇌 주교의 다음과 같은 기록을 통해서도
엿볼 수 있다.

> 모든 학생이 병들어 돌려보내야 할 지경이고, 2년 전부터 다블뤼(M.
> Daveluy, 安敦伊) 부주교에게 다른 지방에 또 하나의 신학교 설립을
> 부탁하였으나 아직 마땅한 곳을 얻지 못하였다.67)

---

66) Ch. Dallet, 위의 책, 22~23쪽.
67) Ch. Dallet, 위의 책, 509~510쪽.

용산신품학교는 천주교에 대한 박해를 피하여 원주(현 여주군 강천면 부평리)로 피신한 천주교도들이 설립한 신학교에 뿌리를 두고 있다. 즉 이 신학교는 원래 원주의 천주교도들에 의하여 설립되어 1887년 용산 함벽정(현 원효로 4가 성심여중고 자리)으로 자리를 옮긴 후 용산예수성심신학교라고 부르다가 1900년 용산신품학교로 개명되었다. 본교는 이 때부터 주교의 신품 예절을 거행하는 등 성직자를 양성하는 전문신학교로 발전하였다. 용산신품학교의 수업 연한은 12년으로 중등과 3년, 고등과 3년, 철학과 2년, 신학과 4년 과정이 있었다.[68] 특히 중등과 3년, 고등과 3년 과정에서는 라틴어와 일반 신학을 가르쳤으며, 철학과 2년, 신학과 4년 과정에서는 철학과 신학을 이수하도록 규정하였다. 이러한 교과과정은 학생들에게 서구의 근대학문과 신문물을 두루 습득하도록 기회를 부여한 조치로서 성직자로서의 폭넓은 지식과 소양을 쌓을 수 있도록 배려한 것이라고 할 수 있다.

이 밖에 당시에 설립된 별도의 신학교에 관해서 파악할 수 있는 자료는 없다. 그러나 서양 선교사들과 조선 교회지도자들의 적극적인 교육활동으로 미루어, 보다 많은 신학교가 설립되었을 것이라는 추측은 가능하다. 그것은 메스뜨르 신부가 마카오에 있던 외방전교회의 신학교 교장에게 보낸 서신에서 다블뤼 신부도 별도의 신학교를 직접 설립하여 운영하였다는 사실을 다음과 같이 밝히고 있기 때문이다.

　　다블뤼 신부가 다른 곳에 학교를 하나 세워 제게 구원의 손길을 뻗쳤습니다. 그 학교도 같은 수효의 학생을 받을 수 있을 것입니다.[69]

또 로베르 신부도 1878년 별도의 신학교를 직접 설립하여 운영하였던 것으로 추측된다. 이러한 사실은 그가 부모에게 보낸 서신에서 자신이 신학교 교장이라는 직책을 맡고 있고 소속된 학생의 이름을 다음과 같이 밝히고 있는 사실을 통해서 알 수 있다.

---

68) 李忠浩, 「舊韓末 天主敎會의 敎育活動」, 『歷史敎育論集』 4, 1983, 63쪽.
69) Ch. Dallet, 앞의 책, 212쪽.

　　내가 신학교장 책임을 가진 이상 한문자도 알아야 하겠습니다. 며칠
후 주교님께서 신학생 두 명을 보내셨으니 하나는 베드로요 하나는 바
오로입니다.[70]

　천주교계의 신학교 설립운동은 1905년 이후 더욱 활발하게 추진되
었다. 그것은 민족지도자들이 일제의 감시가 소홀한 교회를 중심으로
사립학교를 설립하여 애국계몽운동에 앞장섰기 때문이다. 이는 일제가
1908년「사립학교령」을 공포하고 이를 이용하여 민족지도자들의 근대
학교 설립신청서는 받아들이지 않으면서도, 외국인 선교사들이 신청한
근대학교(778교) 설립신청서는 모두 인가해준 사실에서도 반증되고 있
다.[71]

　이와 같이 개화기 천주교계는 전교활동에 앞서 한국인들에게 한글
을 깨우쳐 주기 위한 문맹퇴치운동의 일환으로서 성서 번역작업과 함
께 교육사업을 추진하면서 교육계몽운동을 전개하였다. 그 결과 천주
교계는 1910년 국권 피탈 이전까지 전국에 많은 신학교와 근대학교를
설립하였다. 이 때 천주교계에서 전국 각지에 설립한 근대학교를 정리
하면 다음 <표 5-2>와 같다.[72]

2) 기독교계의 근대학교 설립

　기독교는 앞에서 언급한 바와 같이 천주교에 비하여 비교적 우호적
으로 한국에 전래되었다. 기독교계의 근대교육은 1883년 푸트(L. H.
Foote) 공사가 입국한 이후 알렌·언더우드·아펜젤러 등이 입국하면
서부터 시작되었다. 특히 1886년 프랑스와 체결한 한불조약은 비록 제
한적인 요인이 있기는 하였지만[73] 기독교가 포교의 자유를 얻어내는

---

70) 林忠信 譯,『信仰自由의 黎明期』, 카톨릭출판사, 1966, 38쪽.
71)『皇城新聞』1909년 5월 8일. 한국인이 신청한 사립학교 수는 1217건 중 42건
　　만 인가되었다.
72) 李忠浩, 앞의 논문, 66쪽.

<표 5-2> 한말 천주교계 학교

연대	校名	설립자	설립 장소
1887	龍山神品學校	류비어(류달영) 신부	서울 용산 함벽정 (원효로 4가 성심여중고)
1899	鍾峴學校 (啓星學校)	명동성당	서울(경성남부종현)
1901	제물포여학교 (博文學校)	천주교인	인천
1902	월산학교	김 신부	황해도 문화군 월산 아현동
1906 (1904?)	奉三學校	오바오르 신부	황해도 안악 매화동
1906	敦義學校	증남포성당(안중근)	평안도 증암포
1906	삼애서숙	장원일	북간도 룡성시
1907	樂峴學校	–	서울
1907	三愛學校	상포리천주교	강원도 이천군 낙양면 상포
1907	敬愛學校	신부와 교인들	황해도 장연군
1907	매괴학교	–	충청도 면천군 비방면 소합
1907	대교동학교	남문교(교주)	북간도 대교동
1907	慕聖學校	천주교회	재령읍
1908	명신학교	정원영(면장)	황해도 송화도 화면
1908	봉양학교	천주교인들	봉산군 은괴
1908	聖濟學校	외국인과 천주교인들	숙천군 신지리
1908	명의학교	천주교인(교장 한세필)	강원도 이천군 하읍면 개양
1908	普盛學校	천주교인	평안도 용강군 예현
1908	三興學校	안중근	평안도 삼화 진남포
1908	계명학교	장 신부	전북 여산 북일면 화산
1909	광진학교	임가밀 신부	청안군 북면 백학동
1909	인성학교	김 신부(약슬)	풍천군 천동면 석탄
1909	간도경애서숙	주민과 신부	간도 오도구
1909	영신학교	천주교(김양홍)	진안군 연면 이은동
1909	聖義學校	김성학 신부	경북 김산군 김천면 별동
–	해성학교	강 신부	경기도 안성군 금곡면 미리
–	야명의학교	천주교인	강원도 이천군 하읍면 개양
–	보덕학교	천주교인	숙천군 선원면

73) 『增補文獻備考』 卷182, 交聘條, 條規 第9條 2項.

데 큰 역할을 하였다. 물론 기독교계의 초기 선교활동은 맥클레이(R. S. Maclay) 목사가 고종으로부터 윤허를 받아낸 과정에서 알 수 있듯이 포교활동이 아니라 의료활동과 교육활동이라는 간접적인 방법으로부터 시작되었다.

이런 점에서 기독교 선교사들의 의료활동과 교육활동은 포교를 전제로 한 것이다. 선교사들의 의료활동은 1885년 4월 알렌이 廣惠院을 설립하면서부터 시작되었다.[74] 이는 선교사들이 적극적인 봉사활동을 전개하였기 때문이기도 하지만, 그보다는 정부에서 '갑신정변' 이후 서양 의학에 대한 우수성을 인정하였기 때문이기도 하다.

기독교계의 근대교육은 아펜젤러·스크랜튼 부인·언더우드 등이 배재학당을 비롯한 이화학당·경신학교(초명 고아원) 등을 직접 설립하면서 그 기반을 다져 놓았다. 특히 아펜젤러가 설립한 배재학당은 외국인이 설립한 한국 최초의 근대학교였을 뿐만 아니라 대표적인 중등교육기관이었다. 그렇지만 그 성과는 선교사들의 기대에 미치지 못하였다. 다음은 배재학당을 설립한 아펜젤러가 개교 당시의 실정을 토로한 기록이다.

> 우리 선교학교는 1886년 6월 8일 시작되어 7월 2일까지 수업이 계속되었는데 학생은 6명이었다. 오래지 않아 한 학생은 시골에 일이 있다고 떠나버리고, 또 하나는 6월은 외국어를 배우기에 부적당한 달이라는 이유로 떠나버렸으며, 또 다른 학생은 가족에 喪事가 있다고 오지 않았다. …… 10월 6일인 지금은 재학생이 20명이요, 실제 출석하고 있는 학생 수는 18명이다.[75]

이와 같이 기독교 선교사들은 배재학당 설립과 함께 근대교육을 통하여 한국인들에게 그리스도교를 포교하고, 서구의 근대학문을 전수함으로써 한국사회를 근대화시키는 데 이바지하였을 뿐만 아니라 민족

---

74) 白樂濬, 『韓國의 現實과 理想』, 東亞出版社, 1963, 360쪽.
75) L. G. Paik, 앞의 책, 122~129쪽. 그러나 『培材八十年史』에서는 최초의 학생은 2명이라고 기록되어 있다.

의식을 향상시켜 주는 데 크게 기여하였다.

특히 스크랜튼이 광혜원에서 일하면서 의술을 배우겠다고 찾아온 청년에게 우선 영어를 배우도록 배재학당의 아펜젤러에게 추천해 옴으로써 선교 교육을 실시할 수 있는 기반을 닦아 놓았다. 즉 배재학당의 근대교육은 1885년 8월 아펜젤러를 찾아온 2명의 학생에게 영어를 가르치면서 시작되었으나 정식으로 개교한 것은 1886년 6월 8일이었다. 이 때 아펜젤러는 청년학생들에게 매일 1시간씩 영어를 가르쳤지만 종교 교육은 실시하지 않음으로써 포교보다 근대교육에 중점을 두고 있었다. 이는 당시 아펜젤러가 한국인의 교육열과 시대적 상황을 다음과 같이 지적하고 있는 사실을 통해서도 짐작할 수 있다.

> 한국인들이 영어를 배우려는 열기는 언제나 대단합니다. 이 새로운 언어에 대한 약간의 지식만 있어도 높은 자리에 올라가는 디딤돌이 되는 것은 이전이나 지금이나 마찬가지입니다.[76]
> "왜 영어를 공부하려고 합니까?"라고 물어보면 한결같이 "벼슬을 얻으려고"라고 대답합니다. …… 우리 선교부는 6월 8일 학교를 시작해서 7월 2일에 첫학기를 끝냈는데, 이 동안에 등록한 학생은 6명입니다. 오래지 않아 한 사람은 이 나라의 상투적인 핑계인 "시골에 볼 일이 있어서……", "새 언어를 배우기가 힘들어서……", "가족 중에 초상이 나서"라는 이유로 떠났습니다. …… 본교는 최소한 연말까지는 학교가 붐빌 것이라고 믿을 만한 충분한 이유가 있습니다.[77]

더구나 아펜젤러는 1887년 학생수가 급격히 증가하자 서구식 새 校舍를 마련하여 배재학당의 기반 시설을 닦는 등 교육시설을 확충해 놓았다. 그러자 이에 감복한 고종은 1887년 2월 21일 '培材學堂'이란 학교명과 편액을 하사하였다. 따라서 배재학당은 정부의 인가를 받은 최초의 근대교육기관으로 발전할 수 있었다. 이는 당시의 감격을 아펜젤러가 다음과 같이 회고하고 있는 사실에서도 엿볼 수 있다.

---

76) "Annual Report of M. E. C.", 1886, 267쪽.
77) 이만열, 『아펜젤러』, 연세대출판부, 1985, 475쪽.

오늘 우리 선교학교는 국왕으로부터 이름을 하사받았다. …… 그 이름은 '배재학당'이며, '유능한 인재를 양육하는 집'이라는 뜻이다. 오늘 외무부의 서기이며 통역관인 김씨가 커다란 한자로 쓴 학교 이름을 가지고 왔다. 이것은 내가 이해하는 바로는 정부의 승인을 의미하는 것이고, …… 이제 비록 국립학교는 아니지만 사립학교가 아닌 공립학교가 된 셈이다.[78]

그 결과 배재학당은 다음 해 정부로부터 10명의 학생을 위탁받아 근대교육을 실시하는 등 국가적 관심과 기대 속에서 근대교육기관으로 발전하였다. 특히 아펜젤러는 1887년 학생수가 63명으로 증가하자 더 많은 학생을 수용하기 위하여 새 교사를 마련하기로 결정하고, 선교부의 리드(J. M. Reid) 신부에게 건축비(2000불) 지원을 정식으로 요청하였다. 그리고 5월 12일 선교부의 허락으로 새 교사를 신축하던 중 워렌(H. W. Warren) 감독이 내방하자 9월 14일 봉헌식까지 올렸다. 그 결과 1889년 학생수가 82명으로 증가하였으며, 1890년 「배재학당 규칙」을 제정하는 등 명실공히 근대교육기관으로서의 기반을 확고하게 다져 놓았다.[79] 아펜젤러는 당시의 감격을 다음과 같이 회고하고 있다.

오후 3시 새로운 대학 건물의 개관식을 가졌다. …… 언더우드가 내 요청에 따라 한국말로 짧은 연설을 했다. …… 감독은 영어로 "미국이 한국에 주는 호의와 형제애의 선물이다"라고 했다. …… 이 개관식은 한국에서 공개적으로 열린 첫 종교의식이 된 셈이다.[80]

이와 같이 아펜젤러가 근대교육에 심혈을 기울인 것은 '배재'라는 말이 뜻하듯이 유용한 인재를 양성하기 위해서였다. 즉 그는 배재학당의 교육을 통하여 인재를 양성함으로써 복음전파의 원동력으로 삼고자

---

78) 아펜젤러, 『일기』 1887년 2월 21일.
79) 『培材八十年史』, 22쪽. 「배재학당 규칙」은 전 24조로 되어 있다. 그 중요한 내용은 수업료 징수, 하교시간의 제정, 학교 출입시의 주의, 이의 허가사항, 학습여행, 시험방법 등이다.
80) 아펜젤러, 『일기』 1887년 2월 21일.

했던 것이다. 이는 아펜젤러가 배재학당의 교육 목표를 다음과 같이
설정하고 있었다는 사실에서도 엿볼 수 있다.

> '유용한 인재'는 갈보리에서 돌아가신 주의 피로써 구원받지 않고는
> '양육'될 수 없다. 학생들은 길을 묻고 있는 중이다. 우리의 기도와 심
> 령의 소원은 이 학교를 특별한 영적인 힘이 넘치는 기관으로 만드는
> 데 있다.[81]

특히 1894년에 발생한 동학혁명·청일전쟁·갑오개혁 등 일련의 사
회변혁운동은 근대교육에 대한 인식을 바꿔 놓음으로써 향학열을 높
이는 계기로 작용하였다. 이러한 향학열은 같은 해 관립교육기관인 '육
영공원'이 폐교됨에 따라 '육영공원'의 학생을 사립교육기관에서 모두
수용할 수밖에 없다는 사회적 요인이 발생한 데도 원인이 있었다. 그
결과 1894년 이후 선교사들은 광성·숭덕·정신·숭실·배화 등 근대
학교를 설립하였으며, 민족지도자들도 興化學校를 비롯한 乙未義塾·
中橋義塾 등 많은 사립학교를 설립하여 근대교육을 발전시키는 데 기
여하였다.[82]

더구나 배재학당은 1895년 정부와 위탁생에 관한 계약을 체결함으
로써 국고의 보조로 더욱 발전할 수 있는 전기를 마련하였다. 그리하
여 배재학당은 영어과·한문국문과·신학과로 반을 재편성하고, 영어
·국사·산술·화학·물리 등의 교과목을 개설하였다. 뿐만 아니라 신
분에 관계없이 입학을 허용함으로써 학생수가 급격히 증가하였다. 그
결과 1896년에는 영어과 106명, 한문국문과 60명, 신학과 6명이 재학하
였으며, 학생의 평균 연령은 영문과 18세, 한문국문과 12세였다. 특히
한문국문과에서는 중국 고전을 비롯하여 체조·교련 등의 실기과목과
야구·테니스 등 근대 스포츠를 정식 교과목으로 채택함으로써 재학
생들의 체력 향상을 도모하는 교과과정을 편성하였다.

---

81) "Annuail Report of M. E. C.", 313쪽.
82) 金鎬逸, 『韓國近代學生運動硏究』, 檀國大 博士學位論文, 1987, 2쪽.

배재학당의 교육열은 1895년 12월 미국에서 귀국한 서재필이 비상근 강사로 부임하면서부터 더욱 높아졌다. 서재필은 매주 1회 학교에 출근하여 지리학·유럽 정치사·교회사 등을 가르치면서 서구의 근대 민주정치를 소개해 줌으로써 학생들에게 서구 시민사회에 대한 이해를 증진시켜주었다. 뿐만 아니라 그는 협성회를 조직하여 학생들 스스로 토론회를 개최하도록 지도함으로써[83] 민주시민으로서의 자질과 역량을 쌓도록 배려하였다. 그 때문에 배재학당은 "조선에서 가장 강력한 교육적·도덕적·지적 영향력을 가진 학교"라는 평가를 받기도 하였지만 배재학당의 교사였던 벙커의 지적대로 도덕과 종교를 중시하였다. 이런 점에서 배재학당은 포교를 전제로 한 도덕과 종교를 중요시함으로써 민중들로부터 적극적인 호응을 얻지 못하는 한계성을 지니고 있었다는 사실도 부정할 수 없다.

그렇지만 1907년 교과목에서 빠져 있던 영어를 다시 가르치면서부터 학생 수는 더욱 증가하였다. 그리하여 일주일 수강과목을 30~34시간으로 늘리는 등 교육의 내실화를 기하였다. 이 때 배재학당에서 새로 마련한 교과과정에 따라 1908년 신학기부터 실시한 교과과정의 내용을 정리하면 다음 <표 5-3>과 같다.

이와 같이 기독교 선교사들은 교육의 목적을 선교에 두고 있었다. 이는 한국 최초의 여성교육기관인 이화학당의 설립과정을 통해서도 확인할 수 있다. 즉 1885년 7월 한국에 도착한 스크랜튼 여사는 다음 해 11월 정동에 선교부 겸 근대학교로 사용할 건물을 신축하여, 이화학당을 설립하였다. 처음 4명의 여학생으로 출발하여 다음 해 7명으로 증가하였으나 학생들 대부분은 비천한 신분이거나 불우한 여성들이어서, 한국의 여성교육은 시작부터 양반들로부터 외면당하고 있었음을 알 수 있다.

---

83) 尹聲烈, 「남기고 싶은 이야기 - 培材學堂(19) - 」, 『中央日報』 1977년 2월 24일.

<표 5-3> 배재학당의 주당 교과시간표

	제1학년	수	제2학년	수	제3학년	수	제4학년	수
성경	인물	3	복음요사	2	성서개설	3	성서개설	3
국어	독·작문	4	독·작문	4	독·작문	3	독·작문	3
한문	독·습자	5	독·습자	4	독·습·작	4	독·습·작	4
역사	한국역사	2	동양역사	2	세계역사	2	한국역사	2
지리	한국지리	2	동양지리	2	동양지리	2	세계지리	2
수학	수학	2	대수	2	대수	2	대수	2
영어	독·습자	5	독·습자	5	독·습·작	6	독·습·작	6
일어	독·습자	2	독·습자	2	독·회화	3	독·회화	3
물리	?	2	?	2	?	2	?	3
화학					?	2	?	2
생물	식물	2	식물	2	동물	2	동물	3
음악	단음창기	1	복음가창	1	복음창가	1	복·가·악	1
미술	사생화	1	용기화	1	-		-	
체조	체조	1	교련	1	교련	1	교련	1
계		30		30		34		34

이러한 현상은 스크랜튼이 이화학당의 설립 목적에 대하여, 그리스도 복음을 통하여 충실한 신앙인을 만들기 위한 근대여학교가 아니라 한국 사회에 알맞는 여성을 양성하려는 데 두고 있었다는 사실을 강조한 점에서도 엿볼 수 있다.

> 우리 목표는 여아들을 외국인의 생활·의복·환경에 맞도록 하는 것이 아니라 …… 보다 나은 한국인을 만드는 데 만족하며 한국인이 한국적인 긍지를 가지게 하는 데 만족한다.[84]

뿐만 아니라 스크랜튼은 이화학당 설립 초기의 실상에 대하여, 뿌리 깊이 남아 있던 전통적 남존여비의 유교사상을 극복하면서 여성교육을 위한 여학교를 설립하였다고 밝히면서, 그 애로를 다음과 같이 밝히고 있다.

---

84) L. G. Paik, 앞의 책, 127쪽.

1886년 5월경 여학생 하나를 상대로 수업이 시작되었다. …… 이 女兒가 우리에게 온 것은 틀림없이 가난 때문이었는데 며칠 지나 어머니는 …… 자기 딸을 외국인에게 맡겨 둘 수 없다고 생각하게 되었다.[85]

이렇듯 스크랜튼 여사는 온갖 역경을 이겨내면서 한국의 여성교육 발전에 크게 공헌하였다. 이러한 사실은 1887년 명성왕후가 '이화학당'이라는 학교명을 하사하였다는 사실과 길모어(G. W. Gilmore)의 다음과 같은 지적을 통해서도 추측할 수 있다.

한국 여아는 그들 생활을 영위하여야 하는 조건 밑에서 모범적인 주부들로 만드는 동시에 그들의 친척과 동료 사이에서 기독교 선교사가 되도록 만드는 데 있다.[86]

그 이유는 두 가지가 있다. 하나는 한국 고래의 전통과 고유문화를 무시하지 않는 범위 안에서 이를 개량하려는 점진적인 선교정책 때문이었으며, 다른 하나는 한국에 들어온 초기 선교사들이 서구형 기독교와는 달리 기독교의 교육이념을 '보다 나은 한국인'으로 설정하고, 이를 향하여 다각적인 노력을 기울였기 때문이다.

한편 1885년 4월 초 입국한 언더우드도 학교를 설립하여 근대의식을 심어 주는 데 기여하였다. 그는 입국과 동시에 광혜원에서 생물과 화학 과목을 가르쳤고, 1886년에는 고아들을 모아 정동의 자기 집에서 고아원 겸 학교(일명 언더우드 학원)를 설립하여 교육활동에 직접 참여하였다. 언더우드가 본교를 개교할 당시의 실상과 고충은, 피어슨(A. T. Pierson)에게 보낸 서신에서 밝힌 근대학교 설립 초기의 운영 상황과 애로점에서도 엿볼 수 있다.

이 고아원에는 25명의 男兒가 수용되어 있다. 그들은 방을 치우기도 하고 자기 먹을 음식을 마련하기도 하면서 학교 운영에 필요한 일을

---

85) 『梨花八十年史』, 梨花八十年史編纂委員會, 1967, 43~44쪽.
86) G. W. Gilmore, *Korea from its Capital*, Philadelphia, 1980, 300쪽.

많이 하고 있다. …… 선교본부에서는 이 학교에 대한 예산을 대폭 삭
감할 수밖에 없게 되어 학교 유지가 큰 문제로 되어 있다.[87]

그 후 위의 학교는 1891년 예수교학당, 1893년 민노아 학당, 1905년
경신학교 등으로 학교 이름을 바꾸면서 신문화를 수용하는 데 선도적
역할을 담당하였다. 특히 1915년 중앙기독교 청년회관(YMCA)을 빌려
경신학교에 대학부를 신설하여 대학교육의 기초를 닦아 놓음으로써
한국인들에게 고등교육의 기회를 마련해주었다.
이와 같이 기독교 선교사들은 기독교 선교만이 아니라 배재학당을
비롯한 이화학당·경신학교 등의 설립을 시작으로 전국 각지에 많은
근대학교를 설립하여 한국인들에게 근대교육을 실시하였다. 그것은
1905년을 전후하여 "우리가 살 길은 오직 교육뿐"이라는 사회적 인식
이 팽배해지는 속에서 국민적 공감대를 형성함으로써 교육열의 고조
와 함께 기독교계의 근대학교가 더욱 많이 설립되었다는 사실에서도
입증되고 있다. 당시 기독교계에서 설립한 근대학교를 각 종파별로 정
리하면 다음 <표 5-4> 및 <5-5>와 같다.[88]

<표 5-4> 교파·국적별 학교 수

학교수	한국인	미국인	영국인	프랑스인	계
장로교	62	412	27		501
감리교	2	156			158
성공회(영)	1		3		4
천주교	21			25	46
안식교회		2			2
각파합동		1			1
불교	5				5
종파미상	81	3			84
계	172	574	30	25	801

---

87) L. G. Paik, 앞의 책, 21쪽.
88) 孫仁銖, 앞의 책, 76~77쪽 ;『培材八十年史』, 335쪽을 참조하여 작성하였음.

<표 5-5> 개신교계의 근대학교

연대	校名	교파	설립 장소
1885	廣惠院(延世大 醫大 전신)		서 울
1885	培材學堂	감리회	서 울
1886	梨花學堂	감리회	서 울
1886	儆新學校	장로회	서 울
1894	光成學校	감리회	평 양
1894	崇德學校	감리회	평 양
1894	正義女學校	감리회	평 양
1895	貞信女學校	장로회	서 울
1895	一新女學校	장로회	동 래
1896	正進學校	감리회	평 양
1896	攻玉學校	감리회	서 울
1897	崇實學校	장로회	평 양
1897	信軍學校	감리회	서 울
1897	永化女學校	감리회	인 천
1898	培花女學校	감리회	서 울
1898	盲啞學校	감리회	평 양
1898	明信學校	장로회	재 령
1900	平壤神學校	장로회	평 양
1903	崇義女學校	장로회	평 양
1903	樓氏女學校	감리회	원 산
1903	貞明女學校	장로회	목 포
1904	德明學校	감리회	원 산
1904	好壽敦女學校	감리회	개 성
1904	進誠女學校	장로회	원 산
1904	懿昌學校	감리회	해 주
1905	永明學校	감리회	공 주
1906	啓聖學校	장로회	대 구
1906	信聖學校	장로회	선 천
1906	保聖女學校	장로회	선 천
1906	義明學校	안식교	순 안
1906	韓英書院	감리회	개 성
1906	美理欽學校	감리회	개 성
1907	樂峴學校	천주교	서 울
1907	須皮亞女學校	장로회	광 주

1907	信明女學校	장로회	대 구
1907	紀全女學校	장로회	전 주
1908	新興學校	장로회	전 주
1908	昌信學校	장로회	마 산
1909	懿貞學校	감리회	해 주

　이와 같이 한국에 들어온 기독교 선교사들은 정치적·경제적·사회적 고충을 극복하는 어려움을 겪으면서 선교사업의 일환으로 각종 학교를 설립하여 운영하였다. 더구나 근대교육은 1905년을 전후하여 한국의 자주권이 상실되고, 국력이 쇠퇴하면서 민족적 위기의식을 통감한 민족선각자들에 의하여 부각되기 시작한 교육열에 편승하여 국권회복과 자주독립이라는 민족운동으로 승화하면서 더욱 활발하게 추진되었다. 그러나 기독교 선교사들의 근대교육운동이 종교적으로 편향된 인생관 내지는 세계관을 주입시켜주었다는 사실도 부정할 수는 없다. 그럼에도 한국인들에게 일제의 침략에 따른 배일사상을 고취시켜 줌으로써 한국의 근대교육을 발전시켰을 뿐만 아니라 민족의식과 민족정신을 배양시켜 주는 데 크게 기여하였다. 특히 기독교 선교사들은 일제가 편협한 교육정책을 시도할 때마다 강력하고도 단호하게 대처함으로써 민족교육기관으로서의 위상을 확립시켜 주는 데 크게 공헌하였다.

제6장 천도교(동학)계의 교육운동

1. 동학의 사상적 기저

1) 동학의 창도와 조직

동학은 1860년 4월 5일 崔濟愚(水雲 : 1824~1864)가 창도한 민중종교이다.[1] 1860년대는 세도정치 이후 계속된 중앙정부의 통제력 약화로 말미암아 탐관오리의 수탈이 가중되는 등 정치기강은 이완되어 극소수의 특권층을 제외한 대다수 민중들은 도탄에 빠져 있었다. 특히 서학(천주교)이 전래된 이후 밀려들기 시작한 서구열강의 동양 침탈과 아편전쟁 이후 나타난 중화중심의 세계관 붕괴에 따른 불안감이 더욱 고조되면서 민족적 위기의식은 한층 더 높아 갔다. 때문에 조선의 통치이념인 성리학마저도 점차 현실과 유리되는 등 민중들로부터 신뢰성을 잃어 갔다. 뿐만 아니라 지도층에 대한 불신풍조가 팽배해지면서 시대적 위기를 극복할 수 있는 사회개혁을 은근히 기대하는 민중의 수가 날로 증가하고 있었다.

이러한 사회적 현상은 국가 백년대계의 좌표인 교육제도에도 많은

---

1) 최제우는 1824년 慶北 月城郡 見谷面 柯亭里에서 近菴公(최옥)과 韓氏 사이에서 태어나 1860년 4월 5일 東學(1905년 12월 1일 天道敎로 개칭)을 創道하였다. 1863년(哲宗 14) 惑世誣民의 罪로 체포되어 死刑당하였으나 이후 동학 교세가 확장되고 동학교도들의 줄기찬 교조신원운동으로 1907년(隆熙 1) 赦免되었다.

영향을 미쳤다. 특히 과거제도는 "인재를 선발하기 위한 조선의 과거 제도마저 부정이 심하였다"[2]라고 지적될 정도로 폐단이 극에 달하여 吳知泳도 당시의 상황을 다음과 같이 지적하였다.

> 文科라고 하는 것은 단순히 한문식으로 인재를 뽑는 것이었다. ……
> 傍目이라는 것을 보면 이른바 글자(한문공부) 한다고 하는 사람의 姓
> 名은 볼 수 없고 다만 돈많은 부자의 자식이나 세력 있는 집 자손의
> 성명만이 걸려 있는 것이오. 武科라고 하는 것도 또한 그와 같이 활줄
> 이나 쏘는 자의 성명은 볼 수 없고 돈 있는 놈, 세력 있는 놈의 성명만
> 이 걸리는 것이며 科擧 이외에 모든 벼슬이라는 것도 상당한 인재를
> 뽑아 다하지 아니하고 모두가 사정으로 청탁하여 관직 선택하는 것을
> 마치 시장에서 물건 매매하는 듯이 한다.[3]

이러한 우려는 최제우가 조선의 건국이념인 동시에 통치이념이었던 성리학이 세도정치의 도구로 전락한 실태를 「夢中老少問答歌」에서 다음과 같이 비판하고 있는 사실에서도 엿볼 수 있다.

우리도 이세상에   利在弓弓 하였다네
賣官賣爵 世道者도   일심은 弓弓이오
錢穀쌓인 富僉知도   일심은 弓弓이오
流離乞食 敗家者도   일심은 弓弓이오……
淆薄한 이세상에   君不君 臣不臣과
父不父 子不子를   晝宵間 탄식하니[4]

이러한 시대적 배경 속에서 살아온 최제우는 17세 때 부모를 잃은

---

2)『哲宗實錄』卷8, 7年 丙辰 3月 乙未條, "司諫辛志鼎路略曰 科擧之弊 …… 洞察弊源 …… 而及夫文二所榜 出之與情不協 物論大駭 …… 批曰 審如爾 言 自言徒費公文 彼不以君言爲意 而狼藉行私 則何以取信八方之士乎 不覺 駭椀 所請依施".

3) 吳知泳,『東學史』, 永昌書館, 1940, 97쪽.

4) 天道敎中央總部,『天道敎經典』.『龍潭遺詞』에는 龍潭歌·安心歌·敎訓歌·道修歌·勸學歌·道德歌·興比歌·夢中老少問答歌 등이 수록되어 있다.

후 전국을 방황하면서 세도정치의 폐단과 서구세력의 동진 현상에 따른 민족적 위기의식과 사회상을 직접 목격하였다. 이에 35세 때인 1859년 고향인 龍潭亭(慶州)으로 되돌아와 "어리석은 세상 사람을 구제하겠다"는 일념으로 참도를 찾고자 기도와 사색을 거듭한 끝에 여씨 바위골에서 乙卯文書를 계시받아 동학을 창도하였다. 그는 「몽중노소문답가」에서 "萬古에 없는 無極大道"를 터득한 것이 동학이라고 밝히고 있다.

<pre>
妻子産業 다버리고   八道江山 다밟아서
人心風俗 살펴보니   無可奈라 할길없네
우습다 世上사람   不顧天命 아닐런가
</pre>

「龍潭歌」에서는 그 과정을 다음과 같이 밝히고 있다.

<pre>
天恩이 罔極하여   庚申四月 初五日에
글로어찌 記錄하며   말로어찌 形言할까
萬古없는 無極大道   如 如覺 得道로다
</pre>

이런 점에서 볼 때 민족적 위기의식이 최제우의 동학 창도에 긍정적 동기를 제공하였다고 할 수 있다. 즉 동학의 창도는 세 가지 측면에서 그 동기를 찾아볼 수 있는데, 이를 『東經大全』과 『龍潭遺詞』의 기록을 통해 살펴보자..

첫째, 최제우는 「論學文」에서 "西洋之人道成德立及其造化無事不成"이라고 밝히고 있다. 서양의 힘(무력)을 두려워한 나머지 서양의 무력에 대항할 수 있는 조화의 능력을 얻기 위하여 天命을 받으려고 동학을 창도하였다는 것이다. 이는 외세의 침략에 대응하는 민중의 구심체로서 동학이 창도되었음을 의미하는 대목이라고 할 수 있다.

둘째, 최제우는 「몽중노소문답가」에서 "아서라 이 세상은 堯舜之治라도 不足施오 孔孟之德이라도 不足言이라" 하여 당시를 요순의 정치나 공맹의 덕으로도 다스릴 수 없는 난세라고 규정하였다. 이는 최제우가 전통적 유교이념으로는 불안한 현실을 개혁할 수 없다는 전제 하에서 난세를 바로세우기 위하여 동학을 창도하였다는 점을 특별히 강조한 것이라고 할 수 있다.

셋째, 최제우는 「용담가」에서 "가련하다 가련하다 이내 家運 가련하다"라고 밝히고 있다. 이는 최제우가 자신의 뜻을 활짝 펴지 못한 처지와 가문의 운세를 크게 걱정한 대목으로서 이 역시 그가 동학을 창도하는 동기가 되었다고 할 수 있다.

최제우는 동학을 창도하면서 동학은 서학(천주교)에 대립되며, 서학과 서양세력의 동진에 따른 위기의식을 극복함과 동시에 孔孟學(유학)과도 다른 '한국의 학'이란 점을 특별히 강조하였다. 이는 그가 동학은 東(조선)에서 나서 동에서 득도한 종교라는 점을 강조한 것으로서, 한민족에게 민족적 자긍심과 자신감을 진작시켜 주려는 데 중점을 두고 있음을 암시한다. 또한 동학은 '輔國安民'을 실천하려는 민족사상이며 동시에 민족종교라는 점을 부각시키고 있다. 이는 「논학문」에서 다음과 같이 강조한 사실에서도 알 수 있다.

> 나는 역시 동쪽에서 나서 동쪽에서 道를 받았으므로 도는 비록 天道이지만 學은 東學이다. 더욱이 땅이 동쪽과 서쪽으로 갈려 있는데 어떻게 서쪽을 동이라 하고 동쪽을 서라고 부르겠는가. 공자는 魯에서 태어나 鄒에서 교화를 이룩하였으므로 鄒魯의 학풍이 이 세상에 전해졌다. 내 道는 이 땅에서 받았으며 또 이 땅에서 펼 것이니 어찌 서학이라고 부를 수 있겠는가.

한편 이돈화는 『天道敎創建史』에서 동학사상을 설명하면서, "유교의 윤리, 불교의 각성, 仙敎의 養氣는 각각 天道의 일부분"이라고 밝히고 있다.5) 이는 동학이 한민족의 정신적 지주로 정착한 유·불·선 사상을 배척하기보다는 오히려 그 장점, 즉 유교의 大倫大綱, 불교의 普濟衆生, 선교의 淸淨自修를 천도의 三科로 수용하였음을 의미한

---

5) 李敦化, 『天道敎創建史』, 天道敎中央宗理院, 1933, 470쪽.

다.6) 때문에 동학사상에는 풍수지리설·음양설·토착민간신앙이 모두 수용되었다. 그것은 동학이 봉건제도 하에서 수탈만을 강요당한 대다수의 농민이나 천민들과 입장을 같이하는 것으로서, 동학이 민중세력을 중심으로 발전할 수 있는 잠재적 요인이 되었다고 할 수 있다.

당시 유학은 양반의 科擧學으로 전용되고 있었을 뿐만 아니라 空理空論과 사변화에 치우친 나머지 사회적 병폐만을 낳아 국력을 약화시키고 있었다. 때문에 혁신적인 몇몇 선비들은 유학의 사변화를 비판하면서 사회개혁을 위한 시무책으로 실학을 발흥시키기도 하였다. 하지만 이 실학도 양반 중심의 학문이었지 하층민을 대상으로 한 것은 아니었다. 또한 불교도 조선의 배불숭유정책으로 교화적 기능을 상실함으로써 舊勢를 회복하지 못하고 부녀자를 대상으로 겨우 명맥을 유지할 정도로 크게 위축되어 있었다. 뿐만 아니라 도교도 민중의 위기의식을 구출하기에는 너무 세속화된 종교로 전락되어 있었다. 그러므로 서학과 서구열강의 동진에 따른 민족적 위기의식이 고조된 상황에서 이를 극복할 수 있는 새로운 개혁이념이나 종교가 절실히 요구되었다.

이러한 사회적·사상적 배경 하에서 등장한 동학은 尊華攘夷 사상에서의 탈피를 시도하였다. 그것은 최제우가 서구세력의 침투에 대한 민족적 위기를 정신적으로 극복한다는 목적에서 "내 道는 이 땅에서 태어나 이 땅에서 도를 받았으며 이 땅에서 펼 것"을 주장한 사실에서도 엿볼 수 있다. 때문에 동학은 민족의 주체성과 자주성을 지나치게 강조하는 한계성을 지니고 있음에도 불구하고 당시 외세의 침투에 위기의식을 느끼고 있던 민중들에게 동학을 확산시키는 요인이 되기도 하였다. 종교의 특성상 창도자의 사상이 무엇보다도 중요하다는 점을 감안할 때, 종교의 제도나 조직이 어떠한 사회적 배경 하에서 마련되었는가 하는 문제는 교세의 확장에 결정적으로 작용한다.

한편 동학은 1905년 12월 1일 천도교로 그 명칭이 개칭될 때까지 45년 동안 기본 조직체인 屬人制를 바탕으로 발전하였다. 그 과정을 정

---

6) 白鍾基, 『韓國近代史硏究』, 博英社, 1985, 197쪽.

리하면 다음과 같이 구분할 수 있다.

첫째, 동학을 창도한 敎祖 최제우대에는 接主制를 바탕으로 동학교세의 확장에 박차를 가한 '조직기'였다. 이 시기 동학은 전국에 접소를 설치하여 접주의 직을 두고 그 지역의 동학교인을 총괄·교화시키는 데 힘썼다. 이 때 전국 각지에 설치된 동학의 접소와 접주를 정리하면 다음과 같다.7)

동학의 접주 설치 지역

慶州(李乃謙)	縣西(白培·姜元甫)	寧海(朴夏善)
淸道(金同瑞)	淸河(李敏淳)	安東(李武仲)
英陽(黃在民)	固城(成漢瑞)	永川(金元達)
釣谷(崔慶翊)	盈德(吳明哲)	興海(孫鳳祚)
京畿道(李昌善)	延日(金伊瑞)	丹陽(閔士燁)
新寧(河致旭)	蔚山(徐君孝)	長鬐(崔仲義)

둘째, 崔時亨(海月 : 1829~1898)대에는 包制를 바탕으로 교리를 확대·전파시킨 동학교세의 '확장기'였다. 즉 최시형은 布德 21년(1880) 6월 15일 강원도 인제군 남면 갑둔리 김현수의 집에서 순한문으로 된 동학 경전인 『동경대전』을, 다음 해(1881년) 6월에는 충북 단양군 남면 천리 여규덕의 집에 개간소를 설치하여 순한글의 『용담유사』를 간행하였다. 그리고 포덕 24년(1883)에는 충청도 목천군 내리의 김은경의 집에서 『동경대전』 천여 부를 인쇄하여 각 포에 발송함으로써 교세를 삼남의 전 지역으로 확장시켰다.8) 따라서 종래의 접주제를 대신한 포제는 각 지역의 단위에 따라 대접주·수접주·접주·접사의 직을 두어 접주제를 확대·개선하였을 뿐만 아니라 서로 긴밀한 연락을 취할 수 있도록 종적인 조직체계를 강화시키는 등 신흥교단으로서의 면모를 갖추어 놓았다.

셋째, 포덕 25년(1884) 이후에는 六任制를 중심으로 조직을 운영하

---

7) 天道敎史編纂委員會 編, 『天道敎百年史』, 1981, 95~96쪽.
8) 天道敎史編纂委員會 編, 위의 책, 139~142쪽.

던 동학의 '안정기' 내지는 '번영기'였다. 육임제는 최시형이 포덕 25년 10월 손병희·朴寅浩·宋甫汝를 비롯한 문도 15인과 함께 공주 迦葉寺에서 49일 간의 산간수도를 마친 다음 동학의 조직과 체제를 개선하기 위하여 내린 친필강서로 마련된 동학의 새로운 제도이다. 이 때 규정된 육임의 자격과 기준은 다음과 같았다.9)

1. 校長 : 자질이 알차고 인망이 두터운 사람으로 삼을 것.
2. 敎授 : 성심으로 수도하여 교리를 전할 수 있는 사람으로 삼을 것.
3. 都執 : 위풍이 있고 기강이 밝으며 시비선악의 한계를 아는 사람으로 삼을 것.
4. 執綱 : 시비를 밝히고 기강을 바로잡을 수 있는 사람으로 삼을 것.
5. 大正 : 공명성을 갖고 부지런하고 중후한 사람으로 삼을 것.
6. 中正 : 바른 말을 능히 할 수 있는 강직한 사람으로 삼을 것.

이와 같이 포제와 육임제는 동학 교세를 확장시키는 데 큰 위력을 발휘하였을 뿐만 아니라 신앙활동이나 교조신원운동을 전개하는 과정에서도 맡은 바 소임을 충실하게 수행하였다. 이는 갑오년의 동학농민혁명에서 각 포의 대접주가 대장이 되고, 육임을 총동원하여 농민군의 교화를 담당함으로써 농민군의 규율을 올바르게 세우고, 사기를 높여주었던 점10)에서도 그 활약상의 일단을 엿볼 수 있다.

동학의 조직은 동학농민혁명 이후 정부의 탄압이 가속화되는 와중에도 전국적 규모로 확대되었다. 그것은 1901년 일본으로 망명한 孫秉熙(義菴 : 1861∼1922)가 간부를 수시로 불러들여 문도의 일을 파악하고 협의하는 등 적절히 대처하였기 때문이기도 하다. 이 때 손병희는 동학의 조직과 교세를 확장시키기 위한 구체적 방안으로 民會를 조직하여 운영할 것을 명하였다. 그 명에 따라 간부들은 귀국 후 종래의 大

---

9) 天道敎史編纂委員會 編, 위의 책, 145∼147쪽. 최시형은 교세 확장을 위하여 전라도 익산군 미륵산 사자암에 4개월 은거해 있었다.
10) 李元浩, 「東學의 人間觀과 現代敎育的 意味」, 『韓國의 傳統敎育思想』, 精神文化硏究院, 1983, 236∼238쪽.

同會를 접주제로 개편하여 조직을 확대시켰다. 당시 확대 개편된 접주
제의 조직을 정리하면 다음과 같다.[11]

    동학의 접주 조직
    100호 이상의 지역에는 해접주
    500호 이상의 지역에는 수접주
    1000호 이상의 지역은 대접주
    10000호 이상의 지역은 의창대령
    50000호 이상의 지역은 해명대령
    100000호 이상의 지역은 수청대령

이와 같이 동학은 접주제에 따라 조직을 확대·개편함으로써 대접
주로 임명된 사람만도 200여 명에 달했으며, 대령도 100여 명이나 되
었다. 이러한 양상은 과장된 측면도 있겠으나, 동학의 조직체계와 규모
의 대강을 파악할 수 있는 단서가 된다.

더구나 일본에 머물던 손병희는 1904년 4월 權東鎮(憂堂 : 1861~
1947), 吳世昌(葦滄 : 1864~1953), 趙義淵(杞園 : 1856~1915) 등과 박
인호, 洪秉箕(仁菴 : 1868~1949) 등이 보고하는 국내의 상황에 대처하
였다. 즉 大同會를 中立會로 바꾸고 다시 進步會라 개칭하면서 본회
의 취지·강령·규칙 등을 마련하여 국내로 보내는 등, 동학의 조직을
강화시키는 데 앞장섰던 것이다. 이 때 마련한 진보회의 강령은 다음
과 같다.[12]

    1. 황실을 존중하고 독립 기초를 확고히 할 것
    2. 정부를 개선할 것
    3. 군정·재정을 정리할 것
    4. 인민의 생명·재산을 보호할 것

---

11) 義菴孫秉熙先生記念事業會, 『義菴 孫秉熙先生 傳記』, 1985, 193쪽.
12) 義菴孫秉熙先生記念事業會, 위의 책, 195쪽.

　이처럼 동학은 다른 종교보다도 뛰어난 조직체계를 갖추고 운영함
으로써 동학사상에 생명력을 불어넣었을 뿐만 아니라 개화기 민중의
식을 고쳐시키는 데도 크게 기여하였다. 특히 1890년대에 들어와 '輔國
安民'을 실천덕목으로 내세우는 등 민중계몽활동을 추진하는 데 큰 역
할을 하였다. 이런 점에서 동학은 한국의 근대화 과정에서 절대적인
역할을 하였다고 할 수 있다. 즉 한국인들에게 '자주부강', '개화' 의식
을 일깨워 주는 데 크게 공헌한 것이다.

2) 동학의 인본주의 교육사상

　동학은 '人乃天' 사상을 宗旨로 하고 있다.13) '인내천' 사상에는 인
간에 대한 신뢰를 전제로 하고 天 곧 한울님(하느님)을 받든다는 뜻이
내포되어 있다. 즉 사람이 곧 하느님이니 사람을 하느님같이 존엄하게
섬기라는 뜻이 함축되어 있는 것이다. 따라서 동학사상에서는 인간의
권리를 天理로 규정하고, 이를 부각시킴으로써 천리는 그 누구도 침범
할 수 없다는 인본주의사상에 바탕을 두고 있다고 할 수 있다.
　그러면 경전을 중심으로 동학에서는 '천'을 어떻게 인식하였는가를
살펴보기로 하자.
　최제우는 인간은 신분의 귀천과는 무관한 '侍天主'의 주인이라고 규
정하고 있다. '한울님'은 모든 사람의 육체 속에 존재하고 있다고 파악
함으로써 인간의 존엄성과 함께 평등성을 강조한 것이다. 이러한 동학
사상은 조선 후기 양반들의 냉대 속에서 탄압과 멸시를 받아 오던 많
은 민중들에게서 환영받는 요인이 되기도 하였다. 최제우의 「勸學歌」
와 「敎訓歌」에 보이는 다음과 같은 정의는 이러한 면을 엿보여 준다.

　　　대저人間 草木群生　　　　　死生在天 아닐런가
　　　不時風雨 怨望해도　　　　　臨死號天 아닐런가

---

13) 鄭雲採, 『人乃天의 眞理와 事人如天主義』, 省文社, 1973, 57쪽.

운수야 좋거니와	닦아야 도덕이라
너희라 무슨팔자	불노자득 되단말가
해음(하염)없는 이것들아	날로믿고 그러하냐
나는도시 믿지말고	한울림을 믿어셔라
네몸에 모셨으니	사근취원 하단말가

그러므로 최제우는 『용담유사』에서 '한울님' 즉 사람을 모시는 올바른 태도에 대하여, 자신의 도덕적 성찰을 토대로 誠·敬·信을 중시해야만 한다는 점을 다음과 같이 제시하고 있다.

1. 日日時時 먹는음식	誠敬二字 지켜내어
한울림을 공경하면	自兒時 있던신병
勺藥自效 아닐런가	……
誠之又誠 공경해서	한울림만 생각하소
妻子불러 효유하고	영세불망 하여스라

(「勸學歌」)

2. 知覺없는 이것들아	남의修道 본을받아
誠之又誠 공경해서	正心修身 하여스라

(「敎訓歌」)

3. 매몰한 이내사람	부대부대 갈지말고
誠敬二字 지켜내어	차차차차 닦아내면
무극대도 아닐런가	

(「道修歌」)

4. 守心正氣 하여내어	仁義禮智 지켜두고
군자말씀 본받아서	誠敬二字 지켜내어
先王古禮 잃잖으니	그어찌 혐의되며
世間五倫 밝은법은	人性之綱으로서

(「道德歌」)

최제우는 우리의 도를 일상 생활에서 성실·공경·신의를 지키는 것이라고 규정함으로써 도덕적·사회적 규범을 중시하는 인간관을 특별히 강조하고 있다. 이는 동학이 신분의 귀천과 남녀노소의 차별이 심하던 당시의 봉건적이고 비인도적이던 사회상을 비판하면서 형성되었다는 사실을 살펴볼 때, 동학의 실천논리와 교육사상의 본질을 파악할 수 있는 중요한 단서가 될 것이다.

이러한 사실은 「座箴」에서 다음과 같이 강조하고 있는 점에서도 알 수 있다.

우리 道는 넓고도 간략하니 많은 말을 할 것이 아니라 별로 다른 도리가 없고 성·경·신 석 자이니라.

또 동학의 '인내천' 사상은 인간에게 최고의 가치를 부여하여 '한울님'에게 인간 이상의 절대적 권위를 부여하지 않고 있다. 동학의 이러한 인간평등사상은 최시형에 의하여 더욱 구체화되었다. 최시형이 법설(十毋天)에서 제시한 인간평등사상의 내용을 정리하면 다음과 같다.[14]

1. 毋欺天하라 : 한울님(사람)을 속이지 말라.
2. 毋慢天하라 : 한울님을 거만하게 대하지 말라.
3. 毋傷天하라 : 한울님을 상하게 하지 말라.
4. 毋亂天하라 : 하울님을 어지럽게 하지 말라.
5. 毋夭天하라 : 한울님을 일찍 죽게 하지 말라.
6. 毋汚天하라 : 한울님을 더럽히지 말라.
7. 毋餓天하라 : 한울님을 주리게 하지 말라.
8. 毋壞天하라 : 한울님을 허물어지게 하지 말라.
9. 毋厭天하라 : 한울님을 싫어하게 하지 말라.
10. 毋屈天하라 : 한울님을 굴하게 하지 말라.

---

14) 『東經大全』, 429~430쪽.

이처럼 동학은 인간평등사상을 강조하고 있다. 따라서 동학에서 강조하는 한울님은 절대자로서의 하나님이 아니라 인간과 동일한 존재임을 내포하고 있다. 그러므로 동학의 '인내천' 사상은 현대의 어느 민주주의 사상보다도 철저하고 깊은 의미의 평등사상을 지니고 있다고 할 수 있다.15) 이러한 동학의 인본적 평등교화사상은 최시형 대에 이르러 관념성을 극복하면서 더욱 구체화되었다.

그것은 최시형이 동학교도의 생활지침서로 쓴 「待人接物」에서, 동학교도는 인본적 평등사상을 실행할 것을 특별히 강조하고 있을 뿐만 아니라 자신이 몸소 실천에 옮기는 모범을 보여주었다는 사실에서도 알 수 있다. 최시형이 생활지침서로 제시한 내용을 정리하면 다음과 같다.

1. 사람이 바로 한울이니 사람 섬기기를 한울같이 하라.
2. 道家에 사람이 오거든 사람이 왔다 이르지 말고 한울님이 강림하셨다 말하라.
3. 道家의 부인은 경솔히 아이를 때리지 말라.
4. 남을 훼방하고 배척하여 삶을 상하게 하는 것과 …… 사람의 長短을 말하는 것은 도덕에 크게 해로우니라.

이와 같이 동학의 근본교리에서는 '인내천' 사상에 바탕을 두고 모든 사람을 차별하지 않는다는 '事人如天'을 강조하였다. 이는 인간의 생활에서 誠・敬・信을 실천에 옮기는 것을 무엇보다도 중요하게 파악하였음을 의미한다. 사실 교육이란 인간의 궁극적 목적인 동시에 최고의 가치이기도 하다. 동학의 '인내천' 사상에는 인간은 모두 평등하다는 신념과 빈부귀천과 무관한 인간애와 존엄성이 포함되어 있다. 여기에는 인간의 가치를 찾자는 교육적 성격이 내포되어 있다 할 수 있다. 때문에 동학은 인간에 대한 불신을 타파하였을 뿐만 아니라 성・경・신

---

15) 朴鍾鴻, 「韓國思想研究의 構想」, 『韓國思想講座』, 韓國思想研究會, 1980, 14쪽.

을 바탕으로 한 인간의 존엄사상을 실현시키려 노력하였다. 이런 점에서 동학의 '인내천' 사상이야말로 인본주의적 교육사상과도 맥을 같이 하고 있으니 인간이 교육의 주체가 되어야 할 뿐만 아니라 목적이 되어야 한다는 데 바탕을 두고 있다.

3) 동학의 사회교화주의 사상

동학사상은 지배계층에서 소외된 대다수의 민중계층을 그 대상으로 하고 있다는 데 특징이 있다. 그러므로 동학사상에는 민중의 소망과 종교적 신앙심이 모두 반영되었다고 보아야 할 것이다.16) 따라서 동학은 경전을 통하여 부도덕한 사회상을 비판함과 동시에 도덕지상주의 사상을 고취시키는 교화적 기능에 중점을 두었다.

최제우는 『용담유사』에서 道成立德의 길은 守心正氣를 기본적인 실천덕목으로 삼아 五倫의 도덕정신을 되살려야 한다는 점을 강조하는 등 도덕지상주의를 제창하였다. 이는 최제우가 「도덕가」에서 다음과 같이 정의하고 있는 사실에서도 추측할 수 있다.

守心正氣 하여내어	仁義禮智 지켜두고
君子말씀 본받아서	誠敬二字 지켜내어
先王古禮 잃잖으니	그 어찌 협의되며
世間五倫 밝은법은	人性之綱으로서……
聖賢의 가르침이	耳不聽 음성하며
目不視 악색이라	어질다 제군들은
이런말씀 본을받아	아니잊자 맹세해서
一心으로 지켜내면	道成立德 되려니와

이어 최제우는 '인내천'과 '사인여천'의 실천방안으로 '敬天愛人'을 강조하면서 인류도덕의 이상을 교화시키려고 노력하였는데 그 내용은

---

16) 金龍德, 『朝鮮後期 思想史研究』, 乙酉文化社, 1977, 160쪽.

다음과 같다.

<table>
<tr><td>飜覆之心 두게되면</td><td>이는역시 逆理者요</td></tr>
<tr><td>物慾交弊 되게되면</td><td>이는역시 鄙陋者요</td></tr>
<tr><td>헛말로 誘引하면</td><td>이는역시 惑世者요</td></tr>
<tr><td>안으로 不良하고</td><td>겉으로 꾸며내면</td></tr>
<tr><td>이는역시 欺天者라</td><td></td></tr>
</table>

　　더구나 동학교도들은 대부분 천민과 농민들로서 전통적 유교사회의 규칙과 부조리를 제거함과 동시에 새로운 사회를 창조하려는 사회개혁운동에 강한 의욕을 가지고 있었다. 이런 의미에서 동학사상은 반봉건·반외세적인 내정개혁을 주도하려는 근대적 민중운동으로서의 성격을 모두 지니고 있었다고 할 수 있다.

　　특히 『동경대전』 「포덕문」에서 지적하고 있는 바와 같이 동학에서는 하늘의 이치에 역행하고 있는 전통적 유교사회를 개탄하면서 어지러운 현실에서 하루속히 벗어나야 한다는 당위성을 다음과 같이 제시하고 있다.

> 又此挽近以來로 一世之人이 各自爲心하여 不順天理하고 不顧天命하니 心常悚然하여 莫知所向矣러라 惜哉라 於今世人은 未知時運하여 聞我斯言則 入則心非하고 出則巷議하여 不順道德하니 甚可畏也로다. 賢者聞之에 其或不然而吾將慨歎이나 世則無奈라 忘略記出하여 論以示之하노니 敬愛此書하며 欽哉訓辭어라.

　　또 『용담유사』에서는 유교사회의 부패를 척결하기 위해서도 모두가 건전한 정신과 생활태도를 갖도록 노력하여야 한다는 점을 강조하였다. 「안심가」에서 그 대책으로 제시한 내용을 정리하면 다음과 같다.

<table>
<tr><td>四月이라 初五日에</td><td>꿈일런가 잠일런가</td></tr>
<tr><td>天地가 아득해서</td><td>정신수습 못할터라</td></tr>
</table>

공중에서 외는소리	천지가 진동할때
집안사람 거동보소	경황실색 하는말이
애고애고 내八字야	……
昊天金闕 上帝님을	네가어찌 알까보냐
草野에 묻힌인생	이리될줄 알았던가
開闢時 國初일을	滿紙長書 나리시고
十二諸國 다버리고	我國運數 먼저하네
그럭저럭 愴惶失色	정신수습 되었더라

이처럼 동학은 경전을 통하여 유교사회의 부패를 고발하는 한편, 민중의 입장에서 자유·정의·진리를 절규하였을 뿐만 아니라 불의·비리·부정을 적극 배격하였다. 그리고 근대의식을 보급시키면서 무지한 민중을 일깨워주었을 뿐만 아니라 서학에 현혹되어 주체성을 상실한 민중들에게 민족정신을 고취시키는 데도 크게 기여하였다. 특히 천도를 받들어 만민평등사회를 실현시키고자 노력함으로써[17] 소외당한 대다수의 민중들에게 새로운 삶을 인도하는 교화적 기능을 수행하였다.

그러면 동학사상에서 가장 교화적이고 혁신적인 요소는 무엇인가?

최제우는 「포덕문」에서 "惜哉 於今世人 未知時運"이라 하여 유교와 불교는 그 운이 다하였다는 時運觀을 제시함으로써 조선의 몰락을 예언하였다. 더구나 그는 부패하고 타락한 현실을 구제하기 위하여 유교나 불교에 대신하는 동학의 "참 도를 폈다"고 밝힘으로써 사회개혁을 기대하고 있던 대다수의 민중들로부터 환영받을 수 있는 민중종교로서의 기반을 구축할 수 있었다.

특히 최제우는 그 시운관에서 인간의 신분·귀천·부귀도 역시 시운에 달려 있다고 강조하였다. 그는 무비판적이고 운명론적으로 현실에 순응하는 대다수의 민중들에게 "입도한 세상사람 …… 지상신선 네 아니냐" 하여 군자공동체적 지상천국의 건설을 약속하였다.[18] 이는 민

---

17) 李炫熙, 『東學革命과 民衆』, 大光書林, 1986, 25~28쪽.
18) 申一澈, 『崔水雲研究』, 景仁文化社, 1973, 37쪽.

중들에게 미래에 대한 희망을 갖도록 감화시켰을 뿐만 아니라 사회개
혁에 대한 참여의식을 높이는 데 기여하였다. 이를 「교훈가」에서는 다
음과 같이 밝히고 있다.

한울림이 사람낼때　　　緣없이는 아니냈고
우리라 무슨팔자　　　　그다지 기험할꼬
부하고 귀한사람　　　　이전시절 빈천이요
빈하고 천한사람　　　　오는시절 부귀로세

　이러한 동학사상을 잘 반영한 것이 開闢思想이다.[19] 특히 後天開闢
思想은 동학이 창도되기 이전을 先天의 世로, 그 이후를 後天의 世로
규정함으로써 동학에 의하여 후천의 새로운 시대가 열릴 것이라는 점
을 강조하였다. 따라서 후천시대는 하느님을 대신한 代天者가 인간을
교도한다는 선천시대와는 달리, 모든 사람이 '侍天主'하는 성현군자가
되어 도덕정치에 입각한 지상천국을 이룩할 수 있다고 주장하였다.
　또 「논학문」에서는 "明明德 念念不忘則 至化至氣 至於至聖"이라
하여 명덕을 쌓으면 至氣(우주의 본질)·至聖(地上神仙)에 이를 수 있
다는 점을 강조하였다. 따라서 동학은 양반사회의 핍박에 억눌려 살아
온 대다수의 민중들에게 새로운 시대가 열릴 것이라는 희망을 심어주
었을 뿐만 아니라 민중종교로 부상되었다.
　그렇지만 동학사상은 봉건제적 신분제도 하에서 민중의 욕구를 충
족시켜 줄 수 있는 진보적인 개혁사상을 가지고 있었으면서도 사회개
혁의 방법을 구체적으로 제시하지 못함으로써 '輔國安民', '廣濟蒼生'
의 종교적 표식에 우선할 수밖에 없었다는 아쉬움을 남기고 있다. 그
이유는 다음과 같이 정리할 수 있다.
　첫째, 후천개벽 사상에서 내세운 지상천국론은 하나의 이상론이었으
므로 현실과 동떨어진 개혁론에 지나지 않았다는 점을 들 수 있다. 더
구나 도덕지상주의와 無爲而化思想은 현실에 적응하는 행위를 부정하

---

19) 李炫熙, 『東學思想과 東學革命』, 청아출판사, 1984, 41~60쪽.

는 등 동학사상을 관념화시켜 놓았음을 지적할 수 있다.

둘째, 동학은 서학(천주교) 및 서구 열강의 침투에 강한 거부감을 표시함으로써 광범위한 지지세력을 확보할 수 있었으면서도 그 대응책을 구체적으로 제시하지 못하였다는 한계점을 지적할 수 있다.

특히 弓字를 쓴 부적을 태워 마시면 능히 洋倭를 제압할 수 있다고 주장하였을 뿐만 아니라 산중에 제단을 만들어 하늘에 제를 올리고 목검으로 검무를 가르쳤다는 사실은 좋은 사례라고 할 수 있다. 그것은 음양사상과 샤머니즘적인 요소를 융합시킨 것으로서 대단히 비과학적이고 비합리적이었다는 사실을 부정할 수 없기 때문이다.[20] 이는 강재언이 다음과 같이 평가하고 있는 사실에서도 알 수 있다.

> 복술석의에서 이르기를 옛날 임신 임진년에 이로움이 송송에 있고, 이로움이 집집마다 있으며, 갑자에는 이로움이 궁궁에 있고, 궁자를 태워 먹으면 족히 제어할 수 있다고 하였다.[21]

셋째, 동학사상은 앞에서 서술한 바와 같이 인간평등의 '인내천' 사상에 토대를 두고 있었다는 점을 들 수 있다. 그러나 자신들의 사상적 배경이 되었던 유학까지도 부정함으로써 극단적인 도덕지상주의를 추구하고 있다. 뿐만 아니라 주문에 의한 인간의 신선화를 추구함으로써 주술적 신앙으로서의 한계점을 노출시키고 있다. 이것을 「교훈가」에서 보면 다음과 같다.

나역시 바라기는	한울님만 전혀믿고
해몽못한 너희들은	서책은 아주폐하고
수도하기 힘쓰기는	그도또한 도덕이라
문장이고 도덕이고	귀어허사 될까보다
열세자 지극하면	만권시사 무엇하며

---

20) 姜在彦, 『朝鮮近代史硏究』, 한밭출판사, 1982, 150쪽.
21) 『高宗實錄』高宗 元年 2月 29日條, "福述釋義曰 昔在壬辰壬申之年 有曰利在松松 利在家家 而甲子則利在弓弓 燒飮弓字 足以制之云".

이는 이돈화의 다음과 같은 말에서도 드러난다.

> 만일 모든 사람이 사람된 덕을 잃어 버리고 문필만을 숭상한다 하면 문필로써 세상을 亡케 할 날이 있으리라. …… 나라를 망케 하고 세상을 그릇되게 하는 자가 詩書를 외운 儒生이 아니냐[22]

이런 점에서 설사 동학이 평등사회를 실현시켰다 하더라도 그것이 봉건사회를 부정하고, 새로운 사회를 건설하려는 구체적 방법이었다고 단정할 수는 없다. 그것은 동학의 '무위이화' 사상이 사람들에게 세속적인 관심을 포기하도록 설득함으로써 자기 구제의 역할에는 충실하였다고 할 수 있지만, 정치적·사회적 개혁을 추진하는 데는 적극적이지 못하였다는 점을 부정할 수 없기 때문이다.[23]

이는 崔時亨이 1894년 동학농민혁명[24]이 발생하자 通文을 발표하여 斯門亂賊으로 규정한 사실을 통해서도 엿볼 수 있는데, 그 내용은 다음과 같다.

> 道로써 亂을 지음은 불가한 일이다. 호남의 전봉준과 호서의 徐璋玉은 국가 역적이요 사문의 난적이라 우리는 빨리 모여 그것을 공격하자.[25]

이와 같이 동학은 민중적 지지기반을 다양하게 확보하고 있었으면서도 사회개혁을 위한 지도이념으로서는 크게 성장하지 못하였다. 그렇지만 전통적 봉건세력과의 갈등과 대립 속에서 체험을 통하여 많은 경험을 축적할 수 있어서 소장층 간부를 중심으로 종교적 제약을 극복해 가면서, 사회개혁을 위한 실천운동으로 승화시킴으로로써 무력항쟁을

---

22) 李敦化, 앞의 책, 37쪽.
23) 曺佐鎬, 「韓末의 國權擁護思想과 民族의 自强運動」, 『人文科學』 9, 成均館大 人文科學硏究所, 1979, 134쪽.
24) 李炫熙, 「東學革命인가 東學思想인가」, 『東學思想과 東學革命』, 청아출판사, 1984, 61~68쪽.
25) 吳知泳, 앞의 책, 138쪽.

통한 반봉건적 사회개혁운동을 과감하게 전개할 수 있었다.

2. 동학의 교육이념

1) 동학의 인간교육관

동학의 사상체계는 인간을 중심으로 다루고 있다는 데 특징이 있다. 동학사상의 핵심인 '인내천' 사상에 대해서는, 연구자에 따라 다양한 성격으로 규정하고 있어 마치 인식에 차이가 있는 것처럼 보이지만 모든 연구자들이 인간의 존엄성은 물론 인간성의 회복을 강조하고 있다는 공통적인 연구결과를 보이고 있다. 연구자들의 차이점과 공통점을 구분하여 정리하면 다음과 같다.26)

첫째, 인간지상주의·인간평등주의
둘째, 자주적 근대운동으로서의 평등주의·민족주의·혁명주의
셋째, 현대의 휴머니즘에서 본 종교적·윤리적 민주주의
넷째, 종교적 神人一體, 철학적 個全一體, 윤리적 自他一體의 원리

동학은 대개 하느님에 대하여 '인내천'·'시천주'·'사인여천'으로 다양하게 표현하고 있지만 인간과 하느님을 대등한 관계로 인식하는 공통점을 가지고 있다. 이런 점에서 현대의 민주주의 사상보다도 더 인간의 존엄성을 강조하고 있다고 할 수 있다. 즉 동학에서 인간은 여하한 사회적·제도적 요인에 관계없이 존재 그 자체로서 하느님과 같은 존엄성을 지닌 존재이다. 이러한 동학에서 추구한 인간교육사상은 어

---

26) 趙芝薰, 『韓國文化史序說』, 探求堂, 1964, 172쪽 ; 金龍德, 앞의 책, 338쪽 ; 朴鐘鴻, 「韓國思想研究의 構想」, 『韓國思想』 3, 高麗文化社, 1960, 14쪽 ; 白世明, 「韓國思想의 由來와 將來」, 『韓國思想』 3, 高麗文化社, 1960, 38쪽.

떠하였는지 살펴보자

『용담유사』「도덕가」에서는 地閥·門閥·文筆보다도 修身이 중요하다는 점을 강조하고 있다.

약간어찌 수신하면
추세해서 하는말이
문필이 유여하니
모몰염치 추존하니
지벌이 무엇이게
문필이 무엇이게

지벌보고 가세보아
아무는 지벌도 좋거니와
도덕군자 분명타고
우습다 저사람은
군자를 비유하며
도덕을 의논하노

이는 윤리·도덕을 바탕으로 참된 인간을 만들어 보자는 것으로서 정신개벽과 동시에 사회개혁을 단행함으로써 현실적 모순을 개혁시키자는 것으로 이해할 수 있다.[27]

그러면 동학에서 추구한 이상적 인간상은 어떠한 것이었을까?

「교훈가」에서는 道成立德할 수 있는 길은 동학의 종지인 "侍天主造化定 永世不忘萬事知"의 13자에 있다는 점을 다음과 같이 주장하고 있다.

열세자 지극하면
심학이라 하였으니
현인군자 될것이니
자포자기 하단말가

만권시서 무엇하며
불망기의 하여서라
道成立德 못미칠까

그것은 당시 사회적 혼란 속에서 자포자기하고 있던 민중들에게 후천개벽의 시대를 맞이하라는 구원의 소리이기도 하였다. 따라서 '도성입덕'하기 위한 실천덕목으로서 하느님을 각 개인의 몸에 모시고 있다는 믿음을 전제하고 있다. 그러므로 하느님을 잘 모시기 위해서는 誠·敬·信을 잘 지키는 인간이 되어야 한다는 점을 다음과 같이 강조하

---

27) 李敦化, 『新人哲學』, 天道敎中央總部, 1973, 153~157쪽.

고 있다.

나는도시 믿지말고 　　　　한울림을 믿어셔라
네몸에 모셨으니 　　　　사근취원 하단말가

　이는 동학이 추구하던 布德天下 즉 지상천국을 건설한다는 이상에 부합되는 것이기도 하다. 그것은 사람은 자기 몸에 모시고 있는 하느님과 상통함으로써 萬事를 스스로 깨우칠 수 있으며, 그래야만 인간성에 바탕을 둔 지상천국이 세워질 수 있다고 주장한 것이라고 이해할 수 있다.

　그런데 「흥비가」에서는 인간이란 자각하고 깨달을 수 있는 무궁한 존재이기 때문에 자각적인 신념과 의지가 무엇보다도 중요하다는 점을 강조하고 있다. 이를 통해 인간평등론에 바탕을 둔 동학 교육관의 일면을 엿볼 수 있다.

이글보고 저글보고 　　　　무궁한 그이치를
불연기연 살펴내어 　　　　부야홍야 비해보면
글도역시 무궁하고 　　　　말도역시 무궁이라
무궁히 살펴내어 　　　　무궁히 알았으면
무궁한 이울속에 　　　　무궁한 내아닌가

　또 「좌잠」과 「논학문」에서는 성·경·신을 잘 깨닫기 위해서는 무엇보다도 신념과 의지가 중요하다면서 동학 교육관을 제시하였는데, 그 내용을 정리하면 다음과 같다.

　우리의 도는 넓고도 간단하여 많은 말이 필요없으며, 특별히 다른 도리도 없다. 오직 성·경·신 석 자이니 이것을 공부한 후에는 바야흐로 깨달을 수 있으며, 더러운 생각이 생기는 것을 걱정하지 않고 오직 깨달음이 늦게 오는 것을 두려워한다.[28]

---

28) "吾道博而約 不用多言義 別無他道理 誠敬信三字 這裏做工夫 後方可知 不

이르기를, 우리의 도는 무위로써 변화하는 것이다. 그 마음을 지키면 그 기를 바르게 하는 것이며, 그 성품을 따르면 그 가르침을 사랑하는 것이니 자연 속에서 변화가 나타나는 것이다.[29]

이것은 최제우가 오랜 종교적 체험에서 얻은 것으로서, 인간은 자아의 내면화 또는 자각화에 의해서만 존재 가치를 스스로 찾을 수 있다고 보았기 때문이다.

진리란 自我를 살리는 까닭에 진리가 되는 것이라는 인식 아래 자아의 깨달음과 신념이 없는 진리는 형식적인 것에 불과하게 된다.[30]

또 동학은 인간을 삶의 주체적 존재라고 파악함으로써 삶의 주체자인 동시에 역사의 주체자로 사회개혁을 주도해 나갈 사람(민중)의 역할을 특별히 강조하고 있다. 즉 사람이란 하느님을 모시고, 그와 자아의 영역에서 서로 통하여 하나가 되어야만 자유의지를 이룩할 수 있다고 보았다. 이는 동학의 종교적 신념에 대하여 최동희와 이돈화가 다음과 같이 지적한 사실에서도 엿볼 수 있다.

인간은 삶에 있어서 모든 노력을 다하고 있으나 최후에는 어떤 신념으로 결단을 내리지 않을 수 없으므로 인간은 최후에 종교적인 것에 얽매이게 되는데 결국 이것은 신종교운동을 일으키는 원동력이 된다.[31]

인간의 자유의지는 무궁한 보편자로서의 하느님과 일치함으로써 가능하다.[32]

怕塵念起 惟恐覺來遲".
29) "曰吾道 無爲而化矣 守其心正其氣 率其性 愛其敎 化出於自然之中也".
30) 崔東熙, 「東學의 基本思想」, 『韓國史學』, 1980, 92쪽.
31) 崔東熙, 앞의 책, 94쪽.
32) 李敦化, 앞의 책, 63~64쪽.

즉 동학에서는 누구나 입도하여 하느님을 자기 몸에 모시면 군자가 될 수 있다고 주장함으로써 인간의 내면성과 자주성을 특별히 강조하고 있다.[33] 그러면서도 인간이란 사회를 주도할 수 있는 주체자로 스스로의 자각이 무엇보다도 필요하다는 주장과 함께 규칙의 근본인 인간성을 상실한 채, '各自爲心'을 조장하는 것은 전통적 유교사회의 잘못된 체제에서 비롯되었다고 비판하고 있다.

유교사회에 대한 「권학가」의 비판 내용은 다음과 같다.

효박한 이세상에	불고천명 하단말가
장평갱졸 많은사람	한울님을 우러러서
造化中에 생겼으니	은덕은 고사하고
근본조차 잊을소냐	가련한 세상사람
각자위심 하단말가	경천순천 하여스라
효박한 이세상에	불망기본 하여스라

사실 18세기 이래의 실학사상은 일종의 개신유학이라고 부를 정도로 경세적 시무책에 관심을 둔 사회개혁사상이었다. 그럼에도 그것은 오직 선비(士)들의 학문적 대상에서 이루어진 것이었고 민중 중심의 사상이었다고는 할 수 없다. 때문에 사회개혁은 기존 유교·불교·도교로는 이룩될 수 없다는 인식이 크게 확산되었다. 따라서 동학에서는 민중들이 사회의 주체자로 승격되는 '보국안민' 사상을 강조할 수밖에 없었을 뿐만 아니라 결국 민족적 저항사상으로 구현되었다.

이러한 사실은 이돈화가 水雲主義에는 인간중심의 사상이 강하게 내포되어 있다는 점을 다음과 같이 강조하고 있는 점에서도 알 수 있다.

현대의 모든 문화를 혁신하기 위한 일종의 생활혁신운동으로서의 종교이다. 즉 모든 문화를 통일하며 지도하여 인간중심주의에 귀납하여

---

33) 申一澈, 「水雲의 歷史意識」, 『崔水雲研究』, 景仁文化社, 1973, 22쪽.

일대 신생활의 활로를 개척하는 의미의 종교……[34]

이와 같이 동학에서는 인간을 역사발전의 주체로 파악함으로써 민중들이 하나로 뭉치고 자각해야만 현실적 모순을 스스로 극복할 수 있다고 주장하여 '同歸一體'에 바탕을 둔 인간성 회복운동을 일으키는 데 크게 기여하였다. 이런 점에서 동학사상 속에는 모든 종교사상에 함축되어 있는 일반적 내세관도 포함되어 있다고 할 수 있다.

2) 동학의 역사교육관

동학사상에서는 역사관을 뚜렷하게 내세우고 있지는 않다. 그렇지만 「수덕문」에서 "仁義禮智는 先聖之所敎요 守心正氣는 惟我之更定"이라는 점을 강조한 것을 보면, 전통적인 유교사상을 전적으로 부정하지 않고 있다. 따라서 유교의 지혜를 수용하여 내면적 실천운동으로 발전시킬 수 있는 길을 마련해 놓았다고 할 수 있다. 그것은 동학사상 속에 불교와 유교사상을 주체적으로 종합하려는 역사의식의 일면이었다고 이해할 수 있다.[35]

특히 동학은 유교적 윤리·도덕관과는 거리가 먼 '시천주'·'인내천' 사상과 鄭鑑錄的 時運觀을 특별히 강조하고 있다.[36] 그것은 민중을 역사발전의 주체자로 인식함으로써 그 가능성을 후천개벽에서 찾고 있었음을 반증하는 것이기도 하다.

이처럼 동학은 진보적 역사의식을 가지고 있었지만, 기존사회가 몰락하고 새로운 사회가 열릴 것이라는 시운관도 함께 수용함으로써 순환론적 역사의식을 동시에 가지고 있었다고 할 수 있다. 물론 동학사상 속에는 주술적 요인이 내재되어 있어서 제대로 평가받지 못해 온

---

34) 李敦化, 앞의 책, 138~139쪽.
35) 申一澈, 「崔水雲의 歷史意識」, 앞의 책 ; 李炫熙, 『東學思想과 東學革命』, 청아, 1984, 11쪽.
36) 金龍德, 앞의 책, 284~285쪽.

것도 사실이다.[37] 그렇지만 한민족의 자주적 근대화와 민중운동으로서의 활동에 대해서는 높은 평가를 받고 있는 것 또한 부정할 수 없다. 그것은 동학사상이 전근대적이고 전통적인 유교적 관념에서 벗어나 민중이 역사발전의 주체자로 발전할 수 있다는 우주론적이고 진보론적인 역사관을 가지고 있었기 때문이다.

또 「논학문」에서는 동학의 神觀(우주관)에 대하여 인간을 비롯한 우주만물은 모두 살아 있다고 인식함으로써 우주만물은 혼자가 아닌 공동체로 살아가는 것이라고 파악하였다. 따라서 만물은 시간이 갈수록 낡아질 뿐만 아니라 그 속에서 새롭게 재생하는 작용이 일어나게 마련이라는 자연적 이치를 다음과 같이 밝히고 있다.

> 이르기를 지란 지극함을 다하는 것이며, 기란 영묘하고 아득하여 겪지 않고도 무사하며 천명이 아닌데도 무사한 것이어서 형체가 있으나 나타나기 어렵고 들리나 볼 수 없다. 이것은 우주의 원기 중 하나의 기이다. 금지란 도에 들어가 기를 깨닫고 접촉하는 것이며 원위란 축복을 바라는 것이며, 대강이란 기가 변화하기를 바라는 것이다.[38]
>
> 시란 안으로 신령함이 있고 밖으로 기의 변화가 있어 일세의 사람이 각기 옮길 수 없다는 것을 아는 것이다. 주란 그 존경함을 칭하는 것으로서 부모를 섬기는 것과 같으며, 조화란 행동하지 않고 변하는 것이며, 정이란 그 덕을 합하여 마음을 안정하는 것이다. 영세란 사람의 평생이며, 불망이란 생각이 존재하는 뜻이며, 만사란 수가 많다는 것이며, 지란 그 도를 깨닫고 그 깨달음을 받는 것이다.[39]

---

37) 李丙燾, 「東學敎門과 그 發生의 諸要因」, 『國史上의 諸問題』 6, 國史編纂委員會, 1960, 137~147쪽.

38) 「論學文」, "曰至者 極焉之爲至 氣者 虛靈蒼蒼 無事不涉 無事不命 然而如形而難狀 如聞而難見 是亦渾元之一氣也 今至者 於斯入道 知其氣接者也 願爲者 請祝之意也 大降者 氣化之願也".

39) 「論學文」, "侍者 內有神靈 外有氣化 一世之人 各知不移者也 主者 稱其尊而與父母 同事者也 造化者 無爲而化也 定者 合其德 定其心也 永世者 人之平生也 不忘者 存想之意也 萬事者 數澶多也 知者 知其道而 受其知也".

이것은 우주질서가 극히 자연적이고 필연적인 조화에 의하여 이루어진다고 파악하는 것으로 이해할 수 있다. 즉 인간과 자연의 발전도 盛衰之理인 '무위이화'에 의하여 이루어지는 조화라고 보았다. 이러한 자연적 현상에 대하여「포덕문」과 이돈화는 다음과 같이 설명하고 있다.

　　蓋自 上古以來 春秋迭代 四時盛衰 不遷不易 是亦 天主造化之迹 昭然于天下也

시운을 의논해도　　　　　　일성일쇠 아닐런가
쇠운이 지극하면　　　　　　성운이 오지마는
현숙한 모든군자　　　　　　동귀일체 하였던가
　　　　　　　　　　　　　　　　　　（「勤學歌」）

우리라 무슨팔자　　　　　　고진감래 없을소냐
홍진비래 무섭더라　　　　　한탄말고 지내보세
　　　　　　　　　　　　　　　　　　（「安心歌」）

'無爲而化'는 오직 유일한 절대본체인 한울에서만 인정할 법칙이므로 '무위이화' 스스로 自存自律의 법칙이 되지 아니치 못할 것이다. 모든 現象界의 법칙은 상대적 관계에서 생기는 상대법칙이지만 '무위이화'는 결코 他에 의존하거나 타에 의하여 動하는 법칙이 아니요 자존자립적으로 스스로의 힘과 能과 明과 德을 가진 법칙이니 전지전능이라 함은 곧 이를 이름이다.[40]

이와 같이 동학에서는 인간은 무한히 발전할 수 있는 가능성을 지닌 존재라고 전제함으로써 역사적 순환논리를 제시하고 있다. 그것은 민중들에게 미래에 대한 확신을 심어준 사상으로서, 우주의 생성원리(정신)가 인간에 의하여 가장 뚜렷하게 표출될 수 있다는 진화론적 우주

---

40) 李敦化, 앞의 책, 38쪽.

관에 바탕을 두고 있었기 때문이다.

이는 이돈화가 人間格은 우주의 구체적 표현이라는 사실을 다음과 같이 지적하고 있는 사실에서도 엿볼 수 있다.

> 人間格은 宇宙格을 대표한 최고의 격이다. 원래 우주는 절대유일의 격으로 볼 수 있으니 그 유일의 격을 이루어 놓았다 할 수 있다. 星雲에는 성운의 격, 植物에는 식물의 격 등으로 나타난다. 우주격은 인간격을 이루어 놓은 것이다.[41]

더구나 동학은 「교훈가」에서 누구나 동학에 입도하면 군자가 될 수 있다는 점을 강조함으로써 소외된 민중들에게 평등사회가 도래할 것이라는 확신을 심어주었다.

> 법을정코 글을지어　　　　입도한 세상사람
> 그날부터 군자되어　　　　무위이화 될것이니
> 지상신선 네아니냐

이런 점에서 동학에서 추구한 평등사상은 노동자·농민을 선동하는 혁명적 이론으로서의 유물사관과는 구분된다.

또 최제우는 「몽중노소문답가」에서 기존의 유교사회는 성쇠지리에 따라 그 종말이 올 것이라고 예언함으로써 후천개벽론과 함께 순환론적 역사관을 제시하였다.

> 아서라 이세상은　　　　요순지치라도 부족시요
> 공맹지덕이라도 부족언이다　　일시에 타파하고……
> 십이제국 괴질운수　　　　다시개벽 아닐런가

이는 최제우가 「안심가」에서 유교적 사회질서의 모순이 극에 달하고 있다는 사실을 다음과 같이 개탄하고 있는 점에서 엿볼 수 있다.

---

41) 李敦化, 위의 책, 51쪽.

가련하다 가련하다 아국운수 가련하다

전세임진 몇해런고 이백사십 아닐런가……

개같은 왜적놈아 너희신명 돌아보라

너희역시 하륙해서 무슨은덕 잊었던고

즉 최제우는 「안심가」에서 일본을 비롯한 서구 열강에 대한 경계심을 한층 더 높여주었을 뿐만 아니라 안으로 사회적 모순을 극복하고, 밖으로 국태민안을 소원하면서 보국안민의 구국사상을 고취시키는 등 민족의 주체성을 강조하였다. 더구나 동학이 조선 말의 난국 속에서 창도되었다는 사실과 연관시켜 볼 때, 동학사상에는 정감록적인 '시운관'이 내재될 수밖에 없었다. 즉 새로운 시대가 열린다는 후천개벽과 시운관은 소외된 대다수의 민중들에게는 더욱 절실한 것으로 받아들여질 수밖에 없었기 때문이다. 따라서 동학에서 廣濟蒼生의 방도를 종교적 면에 국한시키고, 새로운 시대가 도래한다는 시운론적 요인을 배제하였다면 구원을 바라던 대다수의 민중들로부터는 큰 호응을 얻지 못하였을 것이다.[42]

그렇지만 「포덕문」에서 천명을 생각하지 않고, 천리에 순응하지 않는 반항을 인정함으로써 당시를 난세로 간주하였다. 때문에 동학은 천리와 천명을 민중에 기준하여 역사를 해석하려는 입장을 취하고 있다. 즉 동학의 역사관에는 민심에 순응하는 도덕적 지상주의를 강조함으로써 민중들로부터 큰 호응을 얻을 수 있었다.

일세지인 각자위심

불순천리 불고천명

심상송연 막지소향

그러나 「안심가」에서는 천당이나 극락에 관한 신천지를 동경하기보다는 사회개혁을 더 염원하였다. 이러한 인식은 실학사상의 사회개혁

---

42) 金龍德, 앞의 책, 288쪽.

이념을 동학의 사회개혁 이념으로 승화시키면서 민중 위주의 이상사
회 건설로 연결시키고자 노력하였음을 나타내는 것이라고 할 수 있
다.43)

내가또한 신선되어   비상천 한다해도
이내선경 구미용담   다시보기 어렵도다

이와 같이 동학사상 속에는 신을 전제하고 있으면서도 내세의 지옥
과 천국을 특별하게 설정하지 않고 있다. 이런 점에서 동학사상에는
인간은 천명에 따라 불평등한 선천의 시대를 물리치고, 모두가 평등한
후천의 시대를 맞이해야 한다는 순환론적 역사관을 제시하였다고 할
수 있다.

3) 동학의 도덕교육관

동학사상은 '守心正氣'를 종지로, 성·경·신을 기본 덕목으로 설정
하고 있다. 그러므로 종래 유교·불교 등 전통사상이 지니고 있던 관
념적 요소를 모두 비판하고 있다. 그러면서도 민중들에게 "私心을 벗
어나 마음쓰는 것이 공명정대하고, 늘 자기를 반성하며, 조용히 성내지
아니하며, 혼미함이 없도록 마음의 눈을 떠야 한다"44)고 주장하였다.
이는 개인의 도덕적 성취를 목표로 한 '수심정기'를 강조한 것으로서
인간은 "自己同一性을 얻고 자아를 자각하여 個人格의 존엄성"을 가
질 것을 주장한 것이라고 이해할 수 있다.45)
이런 점에서 최제우의 '시천주' 사상은 '天道'를 따르는 믿음에 대한
의지인 동시에 종교적 신념에서 이루어진 사상이라고 할 수 있다. 따
라서 그는 "하느님을 모시는 종교적 헌신에 의해서만 성이니 경이니의

---

43) 李炫熙, 『東學思想과 東學革命』, 49쪽.
44) 吳益濟, 『天道敎槪觀』, 天道敎中央總部出版部, 1889, 42쪽.
45) 申一澈, 「東學思想의 展開」, 『韓國思想』, 景仁文化社, 1980, 93쪽.

是道德이 비로소 그 생명을 얻게 된다"46) 하여 도덕적 경지를 넘어서야만 종교적 경지에 이를 수 있다고 역설하였다. 「安心歌」에서는 다음과 같이 지적하고 있다.

첩첩이 험한일을　　　　　　　당코나니 고생일세
이도역시 천정이라　　　　　　　무가내라 할길없네

그러나 당시 사회적 요인과 연관하여 볼 때, 동학의 이러한 주장은 단순히 종교적 의미보다는 봉건사회의 모순과 현실에 대한 반항의식에서 나타난 결과였다는 사실도 부정할 수 없다. 이러한 요인은 吳知泳이 당시의 사회 상황에 대하여 다음과 같이 지적한 사실에서 엿볼 수 있다.

백성들은 마을마다 곡성이고 사람마다 원성이었다. 이 때 온 나라 안에 있는 백성들의 마음은 나날이 극도로 위구를 품게 되었다. 관리나 양반 부자들은 백성을 魚肉으로 보는데 백성이 그것을 원수로 아니 볼 수가 없었다. …… 백성의 힘에 의해 살면서도 도리어 백성들을 못살게 한다고 말끝마다 이 나라는 망한다. 꼭 망하여야 옳다. …… 날마다 亡國歌를 일삼았다.47)

또 申一澈은 동학이 왕조해체기의 이탈된 민심을 수습하기 위해서는 민중을 포용하기 위한 신앙을 펼칠 수밖에 없었다는 시대적 필요성을 다음과 같이 지적하고 있다.

교리상 민간신앙적 주술적 언어를 통해 널리 민중을 入信케 했고 왕조해체기에 이탈된 민심을 동학에 집결시킬 수 있었다.48)

---

46) 崔東熙, 「水雲의 基本思想과 그 狀況」, 『崔水雲研究』, 景仁文化社, 1973, 190쪽.
47) 吳知泳, 앞의 책, 190쪽.
48) 申一澈, 앞의 책, 78쪽.

이는 최제우가 「수도가」와 「교훈가」에서 소외된 민중들에게 스스로 각자의 몸에 모시고 있는 하느님을 자각하도록 계도함으로써 정신적 지주로서의 역할을 담당하였다고 다음과 같이 밝히고 있는 사실에서도 엿볼 수 있다.

십년을 공부해서   도성덕립 되게되면
속성이라 하지마는   무극한 이내도는
삼년불성 되게되면   그아니 헛말인가

문장이고 도덕이고   귀어허사 될까보다
열세사 지극하면   만권시서 무엇하며
심학이라 하였으니   불망귀의 하여서라

그러면 경전을 통하여 동학의 도덕 교육관을 살펴보자.

「도덕가」에서는 백성을 두려워하는 '敬畏之心'에 이르지 못한 지식은 무지와 같다고 비판하면서 도덕론을 다음과 같이 제시하고 있다.

無知한 世上사람   아는바 천지라도
敬畏之心 없었으니   아는것이 무엇이며

또 「呪文」에서 '侍天主造化定', '永世不忘萬事知'를 특별히 강조하고 있다. 그런데 이돈화는 '萬事知'를 다음과 같이 해석하였다.

萬事知의 知, 즉 '直覺'은 생명을 외측으로부터 더듬지 아니 하고 직접 내면으로부터 구체적으로 파악하고 감응하고 융화하고 직각하는 것이다. …… 직각이야말로 의식작용의 근저이며 본원인 것이다. 환언하면 일견 불명료하고 막연한 듯한 직각적 지식이야말로 전체 정신생활의 근본인 것이며 그의 보통의 지식, 즉 과학적 논리적 지식과 같은 것은 이 근본적 직각 작용에서 파생하여 특별히 발달된 부분에 대한 지식에 불과한 것이다.49)

즉 '만사지'란 단순히 만사를 안다는 의미가 아니라 자아에 대한 자각적 인식을 토대로 과학적·논리적 지식으로 발전시킬 수 있는 인식체계를 의미하는 것이다. 그런 만큼 자신의 진정한 깨달음과 신념이 없는 단순한 지식과 진리는 형식적인 것에 불과한 것이라고 비판하였다.

그러므로 「興比歌」에서도 형식화된 과거제도의 모순을 비판하고 있다. 즉 조선 유학은 입신양명을 위한 과거의 학문으로 전락됨으로써 많은 젊은이들이 시간과 정열을 무모하게 소모하는 교육적 모순을 초래하였다고 지적하였다.

칠팔세 글을배워   심장적귀 하여내여
청운교 낙수교에   立身揚名 할마음은
사람마다 있지마는   깊고깊은 저웅덩에
진심갈력 지은글을   넣고나니 허무하다.

이러한 사실은 고종 22년에 실시되었던 增廣監試覆試에서 13명이 부정행위를 저질렀고[50] 오지영이 과거시험에서 탐관오리가 자행한 비행을 다음과 같이 개탄하고 있는 사실에서도 엿볼 수 있다.

소위 科擧場中이라 하는 곳에 들어가 보면 외면으로는 과거급제를 공공연히 내걸어 놓고 있다. 그리고 수많은 사람들이 지은 글을 거두어 들어간다. 하나 그 다음 날 榜을 보면 소위 글을 한다는 사람의 성명은 하나도 볼 수 없고 오직 돈많은 부자의 아들이나 세도 있는 집 자손의 이름만이 걸려 있다. 武科도 역시 같아 활깨나 쏘는 자의 성명은 볼 수 없고 돈 있는, 세력 있는 놈의 이름만이 내걸린다.[51]

최제우는 「교훈가」에서 "儒도 佛도 누천 년에 運이 역시 다했던가"

---

49) 李敦化, 앞의 책, 33쪽.
50) 金泳謨, 『朝鮮支配層硏究』, 一潮閣, 1977, 54~55쪽.
51) 吳知泳, 앞의 책, 187쪽.

라고 주장하면서 유교가 조선사회의 봉건지배체제를 유지하기 위한 수단으로 전락된 사실을 개탄하고 있다. 또 '만사지'를 역설하면서,『동경대전』「논학문」에서 "道成德立 及其造化 無事不成"이라 하여 '도성덕립'으로의 의지가 도의 본질이라는 점을 부각시켰다. 뿐만 아니라 그는 유가에서는 '인의 도'를, 도가에서는 '천의 도'를 내세우고 있지만, 결국 生生不息하는 '자연'이라는 관점에서 도의 본질을 궁극적인 의지 즉 하느님의 뜻이라는 점을 부각시킴으로써 순리보다는 순명을 강조하였다.[52] 따라서 그는 '경외지심'을 잃은 유학은 이미 그 생명력을 잃었다고 비판하였다.

「도덕가」에서는 『대학』과 『중용』에서도 "至於至善 天命之謂性 率性之謂道 修道之謂敎"라는 점을 강조하고 있지만, 결국 '경외지심'은 밝히지 못한 채 구태의연하고 낡은 학문으로 존재할 수밖에 없었다는 점을 다음과 같이 비판하였다.

大學에 이른道는	명명기덕 하여내여
지어지선 아닐런가	中庸에 이른말은
천명지 위성이요	솔성지 위도요
수도지 위교라하여	誠敬二字 밝혀두고
아동방 현인달사	도덕군자 이름하나
무지한 세상사람	아는바 천지라도
경의지심 없었으니	아는것이 무엇이며

때문에 최제우는 동학이야말로 "萬古 없는 無極大道"이며 "道則天道 德則天德"이라는 점을 강조하였다. 즉 그는 '天의 道'는 '格物致知'의 객관적 방법이나 유교적 윤리도덕에 의해 추구될 수 있는 것이 아니라 하느님의 명에 따르는 직관적 믿음의 의지라는 점을 강변하였다. 이는 도의 본질을 자연이라는 객관적 실체에서 찾는 유교와 달리, 자

---

52) 崔東熙, 「道의 意味와 그 韓國的인 展開」,『韓國思想』, 太極出版社, 1972, 92~94쪽.

신의 마음에서 도를 궁구하는 주관적 의지라고 파악한 것으로 이해해야 할 것이다. 그러므로 동학에서는 도를 하느님의 의지인 '天의 道'와 사람의 의지인 '人의 道'로 구분하고 있다.[53)]

「논학문」에서는 군자와 소인은 천의 도로서 순명에 따르는 믿음과 확고한 의지에 의하여 구분된다는 사실을 다음과 같이 밝히고 있다.

> 그 사람의 천명은 귀천의 차이이며, 그 사람의 정해진 운명은 고락의 이치이다. 그러나 군자의 덕은 기가 바르고 마음이 안정된 까닭에 천지와 함께 그 덕이 합치되며, 소인의 덕은 기가 부정하고 마음이 흐트러진 까닭에 천지와 더불어 그 운명이 위반된다. 이것이 성쇠의 이치가 아닌가.[54)]

이에 대하여 이돈화는 인성의 무선무악설을 내세우면서 모든 인간은 선천적으로 평등하다는 점을 강조하고 있다. 그러면서도 현실세계에 존재하는 인간의 선악은 후천의 정신적·사회적 환경에 의해서 결정된다는 점을 다음과 같이 부각시키고 있다.

> 사람의 性이 근본부터 善惡이 고정되어 있다 할 것 같으면 그에 따라 선악의 표준점도 만고를 통하여 一定一變하여야 할 것이요. 따라서 도덕도 만고를 통하여 一定不變하리라는 모순에 떨어지고 만다.[55)]

즉 이돈화는 동학이 봉건적 신분질서를 고정화하려는 유교와 궤도를 달리하고 있으며, '후천개벽'을 주장한 동학사상에 바탕을 두고 현실 신분질서는 후천의 노력 여하에 의거하여 극복할 수 있는 것이라고 파악하였다. 그러나 동학의 저항정신은 자체적으로 수용하여 절대화시

---

53) 崔東熙, 앞의 책, 94쪽.
54) 「論學文」, "曰命其人 貴賤之殊 定其人 苦樂之理 然而君子之德 氣有正而心有定 故與天地合其德 小人之德 氣不正而心有移 故與天地違其命 此非盛衰之理耶".
55) 李敦化, 앞의 책, 187쪽.

킨 것이 아니라 사회적 요인에 의해서 이루어진 것으로서, 상대적 의
미를 지녔다는 사실도 부정할 수 없다. 때문에 이돈화는 유교사회에
대한 개혁의지를 다음과 같이 표명하였다.

> 우리가 말하는 敬人의 원리도 먼저 이 점에 착안하여야 할 것이다.
> 사람과 사람 사이에 진정한 敬의 원리를 실현코자 하면, 즉 '한울' 세상
> 을 만들고자 하면 안에 있는 정신이 '한울'과 합치되는 동시에 밖에 있
> 는 제도・환경도 '한울'로 만들지 않으면 안 될 것이니 水雲主義의 性
> 身雙全에서 먼저 말한 敬天은 內界的 신념이요 敬人은 外界的 신념
> 이 되는 것이다. 그리하여 이 외계적 신념을 실현시키고자 하면 그의
> 장애물인 제도와 환경의 개조부터 착안하게 될 때에 이것이 수운주의
> 의 사회적 도덕률이 된다.[56]

그렇지만 동학의 저항정신 속에는 조선사회의 대외적 요인 특히 일
본을 비롯한 서구 열강의 침탈에 대한 민족적 반항의식이 강하게 표출
되고 있다. 즉 「교훈가」와 「안심가」에서는 이를 다음과 같이 지적하고
있다.

한울님만 전혀믿고	해몽못한 너희들은
서책은 아주폐하고	수도하기 힘쓰기는
그도또한 도덕이라	문장이고 도덕이고
귀어허사 될까보다	
개같은 왜적놈을	한울님게 조화받아
전지무궁 하여놓고	대보단에 맹세하고
한이원수 갚아보세	

그러므로 최동희는 "반항적인 현실관도 역시 道의 본질을 의지라고
믿는 데서 오는 하나의 결과"라고 해석하였다. 그리고 "(최제우가) 전

---

56) 李敦化, 위의 책, 202쪽.

통사회에 품고 있는 강한 저항의식에 투영되어 있는 도의 본질 역시 자연이 아닌 의지로 해석된다"고 지적하였다.[57] 이런 점에서 동학에서 추구한 도덕관은 안으로 반봉건적 민권운동을 일으킬 수 있는 사상적 근거가 되었을 뿐만 아니라 밖으로는 반제국주의적 민족운동을 전개할 수 있는 사상적 근거가 되었다.

이와 같이 동학사상은 인간교육관·역사교육관·도덕교육관을 내세워 전통적 유교사회로부터 소외된 대다수 민중들에게 자아에 대한 각성을 불러일으켰을 뿐만 아니라 민족적 가치와 자긍심을 일깨워 주는데 큰 역할을 하였다. 특히 동학은 자아에 대한 믿음과 의지를 바탕으로 민중들에게 새로운 세계를 갈망하는 역사관 내지는 교육관을 제시하여주었다.

3. 천도교계의 교육사업

1) 천도교계의 민중교화활동

교조 최제우의 '천심즉인심', 최시형의 '사인여천', 손병희의 '인내천' 사상으로 계승된 동학사상은 '사람은 즉 한울님'이라는 관계를 설정함으로써 인간은 모두 평등하다는 만민평등론에 이론적 바탕을 두고 있다. 즉 동학에서는 모든 인간은 天意에 따라 존재한다고 파악함으로서, 존재 그 자체로서 존엄하며 선천적으로 평등하다는 인간평등론에 바탕을 두고 있다. 이에 대하여 이돈화는 다음과 같이 주장하고 있다.

> 사람은 차별이 있을 수 없으며 사람의 귀천을 인위적으로 구분하는 것은 天意에 어긋나는 것……[58]

---

57) 崔東熙, 앞의 책, 92~98쪽.
58) 李敦化, 앞의 책, 17쪽.

동학의 민중교화활동은 3세 손병희대에 이르러 크게 확산되었다. 손
병희는 1894년 동학농민혁명이 좌절된 직후 미국망명을 결심하고,
1901년 3월 孫秉欽(손병희의 동생)·李容九 등과 원산·부산을 거쳐
일본으로 건너갔다. 그는 일본을 두루 살핀 결과 국가의 장래를 위해
서는 근대교육을 육성하는 것이 무엇보다도 중요하다는 사실을 절감
하였다. 이에 손병흠에게 귀국하여 문도들과 근대교육을 실시할 수 있
는 구체적인 방법을 논의할 것을 지시하였다.

　　　道家子弟로 하여금 문명학술을 배우게 함이 국가 장래를 위하여 크
　　게 유익하니 그대는 본국에 돌아가 이 뜻으로 道人에게 曉諭하라.[59]

　한편 일본에 머물던 손병희는 경비문제로 미국행을 포기할 수밖에
없게 되자, 같은 해 9월 원산을 통해 다시 귀국하여 10월 '敬通'을 발표
하면서 포교와 수도활동에 전념할 것을 다짐하였다. 그리고 1902년 3
월 鄭廣朝·吳尙俊·李光洙를 비롯한 유학생 24명을 선발하여 奈良
·京都 등지의 학교로 보내 신문화와 신문명을 배워오도록 하였으며,
1903년 3월에도 40명을 유학보냈다. 당시 일본에 파견되었던 유학생들
중 천도교 본부에서 파악한 명단은 다음과 같다.[60]

　　　朴宗卿 張景洛 崔昌朝 徐允京 白宗治 黃錫翹
　　　鄭廣朝 吳尙俊 李寬求 金勝運 李光洙

　이는 그가 근대국가로 발전하기 위해서는 무엇보다도 근대교육이
중요하다는 사실을 인식하였음을 나타는 것으로서, 근대문물을 수용하
기 위하여 청소년 교육에 앞장섰음을 반증하는 것이기도 하다.[61] 이러
한 사실은 손병희의 다음과 같은 회고를 통해서도 엿볼 수 있다.

---

59) 『天道敎百年略史』, 天道敎中央總部 敎史編纂委員會, 布德 121(1980), 330
　　쪽.
60) 위의 책, 330~332쪽.
61) 李炫熙, 『東學思想과 東學革命』, 113~115쪽.

우리 나라 청년들을 양성하기 위하여 새로운 세계문명과 접촉시켜 새로운 문명사조에 호응시킴으로써 앞으로 부강한 독립국가의 기틀을 마련할 계획 하에서 …… 자신이 망명중이며 정치적으로도 한국침략을 눈앞에 둔 두 침략자들의 틈바구니에서도 잊지 않고 장차의 계획을 위하여 청년들의 교육에까지도 온 힘을 다하였던 것이다.[62]

이는 손병희가 온갖 박해와 탄압을 받으며 망명생활을 하면서도 자기 스스로의 힘으로 재원을 마련하여 유학생 파견을 적극 지원하였던 사실에서도 입증되고 있다. 뿐만 아니라 그는 1902년 위생에 관한 실천사항(위생보호장)을 통하여 민중의 포덕에 힘쓸 것을 다음과 같이 계몽하고 있다.

物에는 始가 있고 終이 있나니 始終이 또한 理氣變化를 수하야 自爲하는 바라. 그러므로 春夏에 生成하고 秋冬에 黃落하나니 어찌 疑端이 有하리오. 방금 세계에 위생 문제가 대단히 중요하나 사람이 모두 정해진 생명을 다 채우지 못함이 많음은 다름이 아니라 생의 근본을 모름이요.[63]

또 손병희는 1904년 의정대신 앞으로 「秕政改革案」을 건의하였다. 이것이 바로 그가 보국안민의 계책으로 제시한 '三戰論'으로서, 천도교의 갑진개혁운동이다.[64] 그는 이 삼전론에서 첫째로 '道戰'은 사상, 둘째로, '財戰'은 부국책, 셋째로, '言戰'은 교육과 외교의 방책임을 제창하면서 '無兵之亂'을 강조하였다. 이런 점에서 그의 '삼전론'은 넓은 의미에서 민중교화를, 좁은 의미에서 근대교육을 강화시키자는 주장이었다고 할 수 있다. 즉 그는 근대교육을 통하여 민중들에게 폭넓은 지식

---

62) 『義菴 孫秉熙先生 傳記』, 171쪽.
63) 『義菴 孫秉熙先生 傳記』, 162쪽.
64) 『天道敎百年略史』, 339~343쪽, "目下急先務者有三하니 財政 道政 言政也라…… 第一財政은 天寶之物貨也요 生民之利用也라…… 第二道政者는 主敎之謂也니 化民成俗之政策也라…… 第三言政者는 今當萬國交通之際하여 外交는 不可無者也라".

을 쌓아 주려고 하였던 것이다.

천도교 측의 교육사업은 동학이 천도교(1905년 12월 1일)로 개칭하면서부터 더욱 활발하게 추진되었다. 그것은 손병희가 민족의 역량을 키우기 위해 우선 민도를 높이고 서구의 신기술을 습득해야만 한다는 확신 아래 교육개혁운동을 적극 추진하였기 때문이다.[65] 사실 당시의 국내외 정세를 감안할 때, 민족이 살아남을 수 있는 길은 스스로 부강정책을 추진하여 국력을 쌓아 가는 방법밖에 없었다. 이는 그가 교육사업활동에 직접 참여한 이유를 다음과 같이 회고한 사실에서도 엿볼 수 있다.

> 학교 설립과 같은 본격적인 사업에 착수하기에는 준비 기간이 필요했으므로 旣設 학교에 대하여 보조비를 기여하는 잠정적인 일에 그치는 것이었다. 3월 초순에 …… 교장 金重煥에게 지폐 80圓을 기진한 것을 필두로 …… 西署 蛤洞小學校에 40원 …… 시내외의 사립학교 23개 교에 그 교육 정도와 교원·학생 수의 다과에 따라 차등을 두고 80원에서 20원에 이르는 보조금을 지급하였다. …… 그 후에도 興化學校와 琵琶洞 소재 私立光明學校에 각각 30원을 기증하고 4월 초 私立石村洞小學校에 15원을 보조하였다. …… 보조금을 기부하게 된 이유는 당시의 사립학교마다 재정난에 허덕이고 생도를 위한 교재 무상공여는 물론 교원의 봉급 지불조차 어려운 형편에 있었으므로 …… 학교의 재정 상태 여하에 따라 보조금을 가감하여 지급하는 것이었다. 이러한 사립학교의 보조는 일시 찬조금의 지급에 그치는 데도 있었으나 …… 매월 정액의 보조금을 지급하여 …… 학교 폐쇄의 비운에서 건져 내기에 힘쓴 것이다.[66]

이와 같이 천도교 측의 교육개혁운동이 활발하게 추진되자 통감부는 1908년 8월 8일 「사립학교령」을 공포하여 사학을 견제하는 데 악용

---

65) 李炫熙, 「甲辰開化革新運動의 民衆史的 位置」, 『千寬宇先生還曆紀念韓國史學論叢』, 1985 ; 『東學思想과 東學革命』, 113~116쪽.
66) 『義菴 孫秉熙先生 傳記』, 281쪽.

함으로써 사학을 크게 위축시켰다. 더구나 1910년 8월 일본은 국권마저 강탈함으로써, 인재를 양성하여 국권을 보존하려던 손병희의 노력은 그 의미를 상실할 수밖에 없었다. 그렇지만 다른 한편으로 이러한 변화는 손병희로 하여금 교육사업에 직접 참여하는 전환점을 마련해 주었다. 뿐만 아니라 그가 천도교의 구국정신을 계승·발전시켜 항일 구국정신의 초석을 다져 놓을 수 있는 계기가 되었다.

2) 천도교계의 근대교육사업

한국사회는 1910년 5월 조선에 부임한 寺內正毅의 공작정치로 인하여 위기의식이 크게 고조되어 있었다. 특히 총독부에서 같은 해 8월 공포한 「土地調査令」과 「會社令」은 한민족의 경제적 기반을 파산시켰다. 더구나 일제는 1908년 8월 8일 「사립학교령」과 1911년 9월 23일 「朝鮮教育令」을 공포하여 민족교육을 탄압하는 도구로 악용하였다. 그러나 이러한 일제의 민족교육에 대한 탄압정책은 손병희가 私學 운영에 직접 참여하는 동기가 되었다. 그는 각 교구에 강습소 설치를 명하는 한편 보성학교·동덕여학교를 인수·운영하였을 뿐만 아니라 각급 학교에 35만 원의 거금을 지원하는 등 인재 육성을 위한 교육진흥운동을 적극 추진함으로써 사학 발전에 일익을 담당하였다.67)

손병희의 근대교육운동을 찬양한 『황성신문』의 다음 기사를 통하여 근대교육에 관한 손병희의 의지는 물론 사학에 대한 민족적 기대의 정도를 파악할 수 있다.

> 笑笑居士 孫秉熙氏는 …… 現今 我韓은 急務가 在於教育 二字는 吾輩之日常主唱 而勸告者어니와 所恨者는 無其자 無其人이라.
> 今에 氏가 能獨辦巨資하여 欲大興全國之教育하니 此實 愛國之志士라.68)

---

67) 李炫熙, 앞의 책, 138~144쪽.
68) 『皇城新聞』 1909년 12월 24일.

한편 보성학교(전문학교·중학교·소학교 등을 포함)는 설립자인 李容翊이 1907년 망명지인 海蔘威(블라디보스톡)에서 사망하자 그의 장손인 李鍾浩가 그 운영권을 맡았으나 재정난으로 어려움을 겪고 있었다. 이 때 당국은 재정보조를 미끼로 보성학교의 관립화를 시도하였다. 그런데다 보성학교 운영권을 승계받은 이종호마저 1910년 국권 피탈과 동시에 해삼위로 망명함으로써 학교는 사실상 폐교 위기에 처하게 되었다. 이에 보성학교 학감 尹益善은 손병희에게 보성학교 운영에 직접 참여해 줄 것을 정식으로 요청하였다.[69] 손병희는 오세창에게 인수계약서(1910년 12월 21일) 작성을 지시하여 그 운영권을 확보함으로써 교육사업에 직접 참여하였다. 이 때 작성된 계약서에는 전 소유주가 3년 이내에 귀국하여 반환을 요구하면 실비 상환하고, 3년이 경과한 후에는 모든 권리를 천도교 측에 귀속시킨다는 단서 조항을 삽입해 놓았다.[70]

당시의 상황을 파악할 수 있는 자세한 자료는 전하지 않고 있다. 그러나 『매일신보』에 의하면, 천도교 측에서 보성학교의 채무를 청산해 주는 조건으로 8천 원을 지급한 것으로 되어 있다.

　　詳聞한즉 天道敎主 孫秉熙氏가 경비를 담당하기로 再作日에 該校 校監 尹益善氏와 계약서를 作成 調印하고, 위선 舊債額을 청산하기 위하야 八千圓을 지불하얐다더라.[71]

한편 보성학교를 인수한 천도교 측에서는 1911년 1월 윤익선을 보성전문학교 교장에, 崔麟을 중학교 교장대리에 임명함으로써 선교사들이 설립한 타학교와는 달리 천도교의 재정적 지원 아래 민족의 저항적 교육기관으로 발전할 수 있는 터전을 마련하였다.[72]

---

69) 『高麗大學校七十年誌』, 1975 참조.
70) 천도교 측은 보성학원 측과 1911년 2월 2일 정식계약을 체결하고 朴寅浩(天道敎 大道主) 명의로 설립자 변경원을 신청하였다.
71) 『每日申報』 1910년 12월 23일.
72) 『高麗大學校七十年誌』, 1975, 59쪽.

그러나 일제는 1911년 11월 「私立學校規則」과 「專門學校規則」을 공포하여 민간인이 설립한 학교에는 '사립'이라는 명칭을 앞에 붙이도록 규정함으로써 민족교육에 대한 탄압의 강도를 높여 갔다. 이 규정에 따라서 보성학교 역시 1915년 4월 1일부터 사립이라는 각종학교 명칭을 앞에 붙이게 되었다. 사립보성학교는 3학기제로 운영되었다. 1학기는 4월 1일에서 8월 31일까지, 2학기는 9월 1일에서 12월 31일까지, 3학기는 1월 1일에서 3월 31일까지였다. 이 때 사립보성학교 법학과와 상학과의 교과과정을 정리하면 다음 <표 6-1>, <표 6-2>와 같다.[73]

<표 6-1> 사립보성학교 법학과 교과과정표

	第1學年		第2學年		第3學年	
	時數	課程	時數	課程	時數	課程
修身	1		1		1	
法學通論	2					
憲法	2					
行政法			2	汎論	2	各論
刑法	2	總論	2	總論 및 各論		
民法	6	總則 債權 物權	4	債權 物權	5	債權·親族 相續法
商法	3	總則·商行爲	4	手形·會社	1	海商
刑事訴訟法					2	
民事訴訟法			3		4	
破産法						
國際法			4	國際公法	3	國際公法
經濟學	2	原論	2	財政		國際私法
日語	4	讀法·解釋·會話 書取·飜譯	4	左同 및 作文 文法	4	左同
簿記	2	商業簿記				
統計및實務					1	實務
計	24		24		24	

---

73) 『高麗大學校七十年誌』, 70~71쪽.

<표 6-2> 사립보성학교 상업과 교과과정표

	第1學年		第2學年		第3學年	
	時數	課程	時數	課程	時數	課程
修身	1		1		1	
商業通論	3					
鐵道 및 海運					1	鐵道·海運
海關倉庫			1	海關·倉庫	1	左同
保險					1	
銀行					1	
商業地理	2	商業地理				
商業歷史			2	商業歷史		
商品學			2			
貨幣			2	貨幣論		
簿記	3	商業簿記	2	左同 銀行簿記	2	銀行簿記 工業簿記
商業算術	2	商業算術·珠算	2	左同	2	左同
經濟學	2	原論	2	財政學		
法學通論	1					
民法	2	總則	2	物權	3	債權
商法 및 破産法	2	總則·商行爲	2	會社	3	手形·海商·破産
國際私法					1	
實踐					2	
日語	4	讀方·解釋·飜譯·會話·書取	4	左同作文·文法	4	左同
英語	2	讀方·解釋·飜譯·書取	2	左同	2	商業會話
計	24		24		24	

    그런데 1918년 10월 귀국한 이종호는 윤익선을 통하여 천도교 측에 사립보성학교는 물론 普成館·普成社를 원상대로 반환해 줄 것을 요청해 왔다. 이에 손병희는 "교육사업이란 공익을 위함이요 사익을 위함이 아니다"는 점을 강조하면서 같은 달 16일 사립보성학교의 재산목록을 작성하여 무조건 전 소유주에게 반환해 줄 것을 지시하는 등 민족지도자로서 폭넓은 아량과 지도력 등 범인으로서는 상상할 수조차

없는 의연한 모습을 보여주었다. 그러나 일제는 이종호가 배일주의자
인 이용익의 장손이며, 동시에 요시찰 인물이라는 점을 내세워 사립보
성학교의 인수를 반대하였을 뿐만 아니라 사립보성전문학교장 윤익선
과 사립보성고보교장 최린을 3·1독립운동의 주동인물이라는 구실로
구속하였다.

그리하여 高元勳이 1920년 2월 사립보성학교장에 취임하였다. 그리
고 1920년에는 「조선교육령」에 의거하여 58명의 연명으로 법인을 신
청하여 1922년 4월 1일 재단법인 사립보성전문학교로 인가받음으로써
민족사학으로 발전할 수 있는 터전을 닦아 놓았다.[74]

한편 천도교 측에서는 1914년 12월 27일 동덕여학교를 직접 운영함
으로써 여성교육의 발전에도 일익을 담당하였다. 동덕여학교는 趙東
植(春江 : 1887. 8. 26~1969. 12. 26)이 1908년 4월 28일 小安洞 사택에
서 개교한 東媛여자의숙이 1909년 4월 동덕여자의숙과 통합하면서 동
덕여자의숙으로 발전한 여성교육기관이었다. 그러나 1908년 「사립학
교령」으로 운영이 어렵게 되자 조동식은 손병희에게 그 고충을 다음과
같이 설명하면서 재정적 지원을 정식으로 요청해 왔다.

국가의 위급조망을 구하는 길은 교육사업이 제일인 것같이 생각되어
이걸 시작하였습니다. 별 근거도 없이 시작하고 보니 괴로움만 당할
뿐……[75]

이에 손병희는 동덕여자의숙을 돕기로 결정하고, 1909년 11월부터
개인 비용에서 매월 10원씩 보조하는 등 여성교육에도 남성교육과 똑
같이 배려하였다. 이러한 그의 결단은 교육에는 신분이나 남녀의 구분
이 있을 수 없다는 동학의 평등이념을 몸소 실천해 보인 것이다. 손병
희는 1910년 12월부터 보조금을 매월 70원으로 증액시키는 한편 관훈
동에 있는 천도교 시설물을 교사로 사용하도록 허락하였다. 그리고

---

74) 『高麗大學校七十年誌』 참조.
75) 『義菴 孫秉熙先生 傳記』, 287쪽.

1912년 6월 동덕여학교로 인가받음과 동시에 조동식을 교장에 임명하여 여성교육의 요람으로 발전할 수 있는 터전을 닦아 놓았다.[76]

그러나 일제는 1914년 소위 부실학교를 정리한다는 명목으로 「사립학교규칙」을 제정·공포하여 민족지도자들이 추진하던 교육열을 위축시키는 수단으로 악용하였다. 그 결과 1910년 5월 1973개에 이르렀던 사립학교가 1914년 5월에는 1242개 교로 오히려 감소되었다. 이러한 상황에서 자금난에 허덕이던 조동식은 1914년 12월 27일 그 운영권을 천도교 측에 위임해 옴으로써 손병희는 설립자를 박인호로 변경하고, 동덕여학교의 운영권을 맡았다.

천도교계에서 직·간접으로 관계하고 있던 근대교육기관으로는 위의 2개 학교를 비롯하여 서울의 文昌普成(靑坡洞), 대구의 嶠南학교와 日新普通學校 그리고 청주의 崇實敎員養成所 등 7~8개 교나 되었다. 이 외에도 천도교 측에서는 전국의 수십 개 사립학교에 보조금을 지급해 주었다.[77] 이처럼 천도교 측에서는 정치적 난관을 극복하면서 교육사업에 적극 참여함으로써 근대교육을 발전시키는 데 전위대적 역할을 하였다.

또 천도교 측의 교육사업과 연관하여 빼놓을 수 없는 것은 출판사업이었다. 손병희는 1908년 일본에서 귀국하면서 인쇄기와 활자를 들여와 보문관을 설립하고, 천도교 관련 서적을 비롯하여 민중계몽활동에 필요한 각종 신서적을 인쇄·보급함으로써 새로운 지식을 배양하는 데 크게 공헌하였다. 보문관은 손병희 소유의 활판 시설물(5000원 계산) 일체와 崔錫彰이 제공한 건물(1500원 계산) 그리고 閔健植이 출자한 4000원을 총 자산으로 설립한 출판사였다. 그러나 손병희의 이 첫 사업은 내분과 갈등으로 실패하였다.

그러자 손병희는 1910년 彰新社를 다시 설립하여 천도교 관련 서적은 물론 천도교 기관지인 『천도교월보』 창간호(8월 15일)를 발간하는

---

76) 『春江趙東植先生傳記』, 春江趙東植先生記念事業會, 1979, 127~132쪽 ; 『同德七十年史』, 同德女學園, 1980, 56~59쪽.
77) 李炫熙, 앞의 책, 116쪽.

등 문화보급운동을 펼쳤다. 그러나 이 역시 1910년 국권 피탈과 함께 일제의 감시가 강화됨으로써 위축될 수밖에 없었다. 그렇지만 손병희는 민중교화라는 일념에서 창신사를 보성사(보성학교 내)에 합병시키고, 시설과 인원을 대폭 충원하여 출판사를 확장하는 한편『천도교월보』와 천도교의 관련 서적 그리고 교과서를 비롯한 각종 인쇄물을 출판함으로써 개화기 출판문화 향상에도 크게 공헌하였다.

이와 같이 천도교 측의 출판사업은 동학 교리의 보급은 물론 당시 민족주의 사상운동을 계도하는 데 공헌하였다. 특히 3·1운동에서 '보국안민' 사상을 실천운동으로 옮기는 데 주도적인 역할을 하였다. 이는 손병희가 당시의 고충을 다음과 같이 회고한 사실을 통해서도 이를 엿볼 수 있다.[78]

지금 결손을 본다고 문을 닫아서는 안 됩니다. 한 나라가 많은 돈을 들여 군대를 양성하는 것은 一朝有事時에 대비하기 위함이오. 우리 보성사도 그 역할을 다할 때가 반드시 올 거요.

이 밖에도 천도교 측에서는 각종 사회단체를 조직하여 소년·청년·농민·부녀자 등의 활동을 적극 후원함으로써 제한된 범위에서나마 동학 교리를 확대·보급시키는 등 문화계몽운동에도 기여하였다. 이런 점에서 동학사상은 3·1운동의 기폭제적 역할을 하였을 뿐만 아니라 이후의 민족운동에서도 중추적 역할을 담당하였다. 이 때 민중계몽운동을 선도하던 천도교 측의 간행물과 단체를 정리하면 다음과 같다.[79]

천도교계에서 발행한 간행물과 단체
1910년『天道教月報』(1910. 8. 15)
1920년『開闢』(1920. 6. 25)
　　　　『別乾坤』(1926년 개벽지 폐간 후 발간, 1934년 속간 후 폐간)

---

78)『義菴 孫秉熙先生 傳記』, 305쪽.
79) 李延馥,「天道教青年黨과 新文化運動」,『韓國思想』12, 1974, 427~456쪽.

1922년『婦人』(1923. 10. 新女性으로 改題)
1923년『어린이』
1926년『新人間』
1928년『學生』
1931년『慧星』
1923년 개벽사의『농민』,『민중』
1921년 천도교소년회(金起田·方定煥)
1923년 천도교청년당
1924년 천도교학생회

이와 같이 천도교 측의 교육사업은 직접 학교를 설립하여 운영하지는 않았지만 종교적인 포교사업·교화사업·문화사업이라는 이름 아래 폐교 위기에 처해 있는 각급학교를 인수하여 민족교육의 요람으로 육성시키고 발전시키는 데 크게 기여하였을 뿐만 아니라 일제 하의 민족적 암흑기 속에서도 민족교육운동에 활력을 불어넣었다. 이런 점에서 천도교계에서 추진한 교육사업을 비롯한 모든 사회활동은 곧 민족교육운동으로 귀결되었다고 할 수 있다.

제7장 결론

　본 연구는 한국사에서 개화기 내지는 자강운동기·애국계몽운동기·사회변혁기 등으로 지칭되는 19세기 말부터 20세기에 이르는 시기에 전개되었던 종교계의 근대교육운동을 대상으로 하였다. 즉 개화기 민족주의를 발전시키는 데 기여한 종교계의 역할을 근대교육의 시행이라는 측면에서 살펴보았다. 본 연구를 통하여 조선 후기 실학사상에서부터 움트기 시작한 근대지향적 사회개혁의식이 개화사상으로 계승되면서 더욱 발전된 근대교육운동으로 승화되었음을 파악할 수 있었다. 특히 개화기 근대교육운동에 있어서 종교계를 비롯한 민족선각자 그리고 각종 사회단체가 자주·자강을 목표로 근대교육을 수용·발전시켜 왔다는 사실을 확인할 수 있었다. 이제 본 연구를 통하여 규명된 사실들을 요약·정리하는 것으로 결론에 대신하고자 한다.

　개화기 종교계의 교육운동은 근대사는 물론 근대교육사에서 차지하는 역사적 의의가 매우 크다. 개화기는 개항 이후 일본 제국주의를 비롯한 열강의 침탈로 인하여 국내외적으로 민족적 위기의식이 한층 고조되던 시기였다. 따라서 민족지도자들은 민족적 위기를 타개하기 위한 방안의 하나로서 전통적이고 구태의연한 유교사회의 잔재를 청산하고, 선진화된 서양의 근대교육제도를 수용해 나갔다. 이들에 의하여 적극적으로 추진된 근대적인 교육개혁, 즉 구국교육운동은 유교이념에 바탕을 둔 봉건국가가 근대국가로 발전할 수 있는 토대를 구축하였다.

　그 중에서도 가장 활동이 두드러진 것은 서양의 신문물을 수용하여 근대국가의 기반을 조성하려 했던 근대교육운동이었다. 즉 개화기의 근대교육은 '자주부강'을 목표로 삼고 있었을 뿐만 아니라 민족주의 교육으로서의 성격을 강하게 내포하고 있었다. 그러므로 근대교육운동은 신식교육기관인 근대 사립학교와 관·공립학교는 물론 구식교육기관이었던 산간벽지의 서원·향교·서당에 이르기까지 교육의 제도·내용·형태에 관계 없이 국권회복이라는 목표 하에 범국가적인 차원에서 적극적으로 추진되었다. 이런 점에서 개화기 근대교육은 '개화교육', '교육입국', '교육구국' 운동을 통한 구국의 의지를 확고하게 심어주었다.

이와 같이 개화기 교육운동은 한국의 근대교육을 발전시키는 데 사상적·사회적 배경이 되었을 뿐만 아니라 근대학교 설립운동을 확산시키는 촉진제 역할을 하였다.

개화기 유교계의 근대교육은 전통적인 유교문화의 질서를 파괴하지 않는 범위 안에서 점진적으로 추진되었다. 유교계에서 추진된 근대적 교육개혁운동의 사상적 배경은 개항 이후 서양문물의 수용을 위하여 제기된 '東道西器論'에 근거를 두었고, 나아가 개화론자들이 '自強洋務策'을 강조하면서 보다 적극성을 보였다. 그러므로 지배층은 서구적 근대화를 건설한다는 목표 아래 서양 선진문물의 수용에 대비하기 위하여 전통적인 유교 교육제도를 스스로 개편하였다. 특히 고종은 1882년 8도의 耆老들에게 교서를 내려 '一國更始'의 결의를 밝혔으며, 길모어를 비롯한 미국인 선교사를 초빙하여 '육영공원'을 설립하는 등 전통적인 유교교육에서 탈피함과 동시에 근대교육의 초석을 닦아 놓았다. 조선의 유교교육제도는 고종이 「교육조서」를 통하여 교육입국 의지를 표명하고, 1894년 갑오개혁에서 '학무아문'을 설치함과 동시에 근대학교 관제와 규칙을 제정함으로써 비로소 개편되었다.

유교계의 전통적인 교육기능은 1894년 근대식 학제가 마련될 때까지 중앙의 成均館과 四學, 그리고 지방의 鄕校·書院·書堂 등에서 담당하였다. 성균관을 비롯한 전통적 교육기관은 유교적 가치관에 근거를 둔 인재양성이라는 본연의 목적에서 이탈하여 정치적 목적으로 이용되면서 본래의 교육적 기능을 상실하는 등 차츰 국학으로서의 권위를 잃어 갔다. 이에 홍선대원군은 고종 2년 적폐의 온상지로 지목되어 오던 서원을 철폐하면서까지 유교교육의 전통적 체제를 확립시키려고 노력하였다. 고종 6년에는 의정부에서도 왕에게 「大學別單書」를 올려 교육에 대한 전통적 개념을 다시 강조하였다. 유교계의 교육이념과 구국정신은 국권이 피탈된 1910년 이후에도 성균관의 교육정신으로 계승되었다. 후일 성균관이 명륜학원으로, 명륜학원이 명륜전문학교, 다시 성균관대학으로 개편되었지만 성균관의 교육이념과 구국정신은 단절됨이 없이 계승되면서 근대교육을 발전시키는 데 기여하였을 뿐만 아니라 근대교육기관으로서의 위상을 되찾을 수 있었다.

한편 삼국시대에 전래된 불교는 민족정신을 일깨워준 중심사상으로 발전하는 등 한민족과 운명을 같이하여 왔다. 특히 조선시대의 배불정책에도 불구하고 불교계는 사찰에서 운영한 강원을 중심으로 교육적 기능을 지속적으로 수행할 수 있었다. 이러한 불교계의 전통은 개화기에도 그대로 계승되면서 개화기 근대교육의 기반을 조성하는 원동력이 되었다.

불교계의 근대교육은 이보담·홍월초 등을 비롯한 불교계 지도자들을 중심으로 적극 추진되었다. 이보담을 비롯한 불교지도자들은 봉원사 강원에서 이동인이 일본에서 들여온 신서적과 신문물을 접한 후 선진국의 신학문과 신문물을 수용하고자 적극성을 보였다. 이러한 지도자들의 적극적인 태도는 구태한 강원 중심의 구식 교육제도에서 탈피할 것을 주장하는 등 불교계의 교육개혁운동으로 전환되었다. 그런데 대륙 진출에 광분해 있던 일제는 "재한 일본 거류민에게 불교를 포교한다"는 명분을 내세워 일본 불교를 한국에 침투시켰다. 즉 일제는 한국인을 대상으로 포교활동을 시작하면서 한국인을 사상적으로 예속시키려고 시도하였다. 따라서 불교계의 교육근대화운동은 일제의 방해공작으로 인하여 제한을 받을 수밖에 없었다. 하지만 일본 불교의 한국 침투를 우려하던 이보담·홍월초 등은 대법산인 원흥사를 중심으로 사원의 조직을 개편하고, 불교계의 교육제도를 근대적인 교육제도로 개혁하는 등 불교교육의 근대화를 추진하는 기초를 새로 마련하였다. 그리고 종래의 고립적이고 폐쇄적이던 자세를 지양하면서 포교활동을 강화하는 등 대중불교로서의 발전을 시도하였다.

또한 불교지도자들은 근대식 불교학교를 설립하기 위하여 불교연구회를 조직하였다. 불교연구회는 1906년 2월 '明進學校'를 설립한 다음 전국 사찰에 通文을 보내, 보통학교와 중학교 설립을 권장하였다. 그리고 일반인들에게도 입학을 허용하는 등 근대적인 교육개혁을 단행함으로써 민중불교로서의 위상을 확보하였다. 뿐만 아니라 불교계 학교는 「사립학교령」의 시행으로 많은 사립학교가 폐교되는 상황 하에서도 보통학교와 지방학림으로 인가를 받아내는 등 근대교육의 발전에 상당한 성과를 거두었다. 즉 불교계는 보통학교와 중학교 그리고 중앙학림으로 연계되는 3단계 교육제도를 확립할 수 있었다.

이와 같이 불교계는 과감한 교육개혁을 추진하여 전국 사찰에 보통학교를 설립하고, 전문교육기관인 강원과 연계교육을 실시함으로써 승려는 물론 일반인들에게도 불교계의 교육기관에서 교육받을 수 있도록 배려하였다. 이런 점에서 개화기 불교계의 근대교육운동은 구국적인 민족교육을 발전시키는 데 밑거름을 쌓아 놓았다.

기독교(천주교)계의 교육은 조선 중기 실학자들이 학문의 대상으로 서학(천주학)을 수용하면서부터 시작되었다. 그러나 기독교계의 본격적인 근대교육은 개항 이후 들어온 선교사들에 의하여 그 토대가 마련되었다. 이들 선교사는 기독교 복음을 전파하기에 앞서 민중들에게 한글을 가르치면서 서양의 교육이념을 심어주었을 뿐만 아니라 민중계몽의 방법을 구체적으로 정착시켜 나갔다. 따라서 교회를 중심으로 추진된 선교사들의 선교활동은 기독교계의 근대교육운동과 서로 보완관계 속에서 발전해 왔다. 즉 선교사들은 기독교 발전이 곧 교육의 발전이며, 동시에 국가의 흥왕을 좌우하는 원동력이 된다는 대전제 하에 민중교육에 기초를 둔 근대교육을 실시하였다. 이들은 그리스도의 복음을 통하여 완벽하고 보다 개명된 한국인을 양성한다는 교육이념을 설정하고 이를 실천하는 데 앞장섰다. 그리고 천주교계는 성서보급운동을 통하여 문맹퇴치활동을 전개함으로써 민족의식을 고취시키는 데 크게 기여하였다. 특히 배론신학교·용산신품학교·조선신학교(마카오, 1837)를 설립하여 교역자 양성을 위한 본래의 기능도 수행하였다.

한편 1882년 한미조약이 체결된 이후 입국한 선교사들은 알렌이 광혜원을 설립하는 것을 시작으로 아펜젤러가 배재학당을, 스크랜튼 여사가 이화학당을 설립·운영함으로써 근대교육의 초석을 다져 놓는 데 기여하였다. 특히 이화학당을 설립한 스크랜튼 여사는 남존여비의 유교사상이 뿌리 깊이 남아 있던 조선의 유교사회에서 모든 난관을 극복하면서 여성교육을 위한 근대학교를 설립하였다는 점에서 그 의의가 더욱 크다.

기독교계의 근대교육운동은 한국의 전통적인 제도와 문화를 파괴하지 않는 범위 안에서 선교정책의 일환으로 추진되었다. 뿐만 아니라 선교사들은 '을사조약'이 체결된 이후 한국의 자주권이 상실되면서 민족적 위기를 맞게 되었을 때 "우리의 살길은 오직 교육뿐"이라는 인식의 확산과 함께 고조되기 시작한 교육열에 편승하여 더 많은 근대학교를 설립하였다. 특히 선교사들은 일제가 식민지 교육정책을 수행하면서 內鮮一體에 입각한 민족동화주의를 추진하려 할 때에는 강력한 제동을 가하는 등 국권회복과 자주독립을 위한 교육구국운동과 맥을 같이하고 있었다. 즉 선교사들의 근대교육은 종교교육에 한정되지 않고 한국이 처한 난국을 타개하려는 방향에서 실시되었다.

한편 천도교(동학)계의 교육운동은 동학의 '人乃天', '侍天主', '事人如天' 사상에 바탕을 두고 있었다. 즉 동학사상은 인간의 내면성을 파악하는 데 있어 하늘의 뜻에 따라 존재 그 자체가 존엄하다는 인간평등론에 바탕을 두고 있었다. 이런 점에서 동학에서의 인간에 대한 인식은 어느 민주사상보다도 진보적이고 진취적인 근대적 사상이었다.

그러므로 동학사상 속에는 '守心正氣'를 敎旨로 하고, 誠·敬·信을 바탕으로 한 인간사회를 실현시키려는 의지가 담겨 있다. 즉 인간의 권리는 하늘로부터 부여받았다는 '천부인권론'에 근거하고 있다. 동학에서 내세운 인권사상은 누구도 침해할 수 없다는 인본주의 사상에 바탕을 두고 있으며, 동시에 경전을 통해 부도덕한 사회를 비판하고 고발함으로써 도덕주의 사상을 고취시켰다. 그리고 서학에 현혹되어 주체성을 상실한 민중들에게 민족정신을 일깨워 주는 등 하늘의 뜻을 받들어 만민평등사회를 실현시키고자 하였다. 따라서 동학사상은 소외당한 대다수의 민중들에게 새로운 삶을 인도하는 교화적 기능도 함께 가지고 있었다. 이러한 사상체계를 지니고 있는 동학에서는 인간을 역사발전의 주체로 인식하였음은 물론, 누구나 하느님을 모실 수 있는 주체적 존재이며 동시에 '同歸一體'를 실현할 수 있는 사회적 존재라고 파악하였다.

따라서 동학의 민중교화활동은 민족의 주체적 역량이 외세에 의하여 함몰되는 갑오동학혁명 이후 구체적으로 나타났다. 그것은 동학농민군들이 전주성을 함락한 이후 외세의 개입으로 국내외의 정세가 불안해지자, 정부의 철수안을 받아들이면서 제시한 「폐정개혁안」에 잘 함축되어 있다. 즉 동학농민군들은 민중의 정치참여를 제도적으로 보장해 줄 것을 요구하였다. 이는 동학농민군의 항쟁이 일시적 소요나 반란이 아니라 오래 전부터 동학의 교화활동에 의해 의식화되어 민중의식이 성숙되어 왔기 때문에 가능하였다. 특히 천도교계의 근대교육은 1904년 손병희가 보국안민책으로 '三戰論'을 제시하고, 민중교화와 학교교육을 강조하면서 더욱 발전하였다. 그는 보성학교와 동덕여학교를 비롯한 여러 학교를 직접 운영하거나 운영비를 지원해 줌으로써 근대교육을 통한 인간평등사상을 몸소 실천하는 모범을 보여주었다.

이와 같이 개화기 종교계의 근대교육운동은 교육개혁을 통하여 전통적인 유교사회의 틀에서 탈피하는 데 일익을 담당하였다. 특히 서양 열강의 침탈에 대한 저항의식을 배양시켜 줌으로써 종교계 지도자들과 민족지도자는 물론 각계 각층에 잠재되어 온 근대로의 개혁의지를 가속화시키는 촉매제 역할을 하였다. 이러한 개혁의지는 일제의 억압과 탄압 속에서도 꾸준하게 계승·발전되면서 한국인에게 민족의식을 고취시켜주었을 뿐만 아니라 자주독립 의지를 배양시켜 주는 데 크게 기여하였다. 이런 점에서 개화기 종교계의 근대교육운동은 후일 민족운동과 독립운동을 선도하는 '전위대적' 역할을 담당하였다고 할 수 있다. 그리고 한국 근대사에 있어서 종교계의 역할도 이 운동을 근거로 재조명되어야만 할 것이다.

附錄

1. 韓國 開化敎育關係 法令年表

年次	重要內容	出　典
1894	議案 各衙門官制(學務)	高宗實錄 高31.6.28.
	議案 學務衙門官制 改正	官報 開國 503.7.11.
	議案 鄕會設立에 관한 件	官報 開國 503.7.12.
	議案 各府衙門通行規則	官報 開國 503.7.14.
	議案 各府衙門에 外國人을 두는 件	高宗實錄 高31.7.15.
	議案 學務衙門官制 改正 및 增補	官報 開 503.7.287.
	詔勅 警告文(洪範14條)	官報 開 503.12.12.
	奏本 法律學校를 設置하는 件	奏本 開 503.12.16.
1895	詔勅 敎育에 관한 件	詔勅 開國 504.2.2.
	勅令第41號 各部官制通則	勅令 開國 504.3.25.
	勅令第46號 學部官制	勅令 開國 504.3.25.
	勅令第49號 法官養成所 規則	勅令 開國 504.3.25.
	奏本 漢城府에 敎員養成을 위한 學校設立의 件	議奏五. 504.3.29.
	奏本 法官養成所를 設置하는 件	議奏五. 504.3.29.
	勅令第79號 漢城師範學校官制	勅令 開國 504.4.16.
	勅令第80號 漢城師範學校員高等俸給令	勅令 開國 504.4.19.
	勅令第88號 外國人學校官制	勅令 開國 504.5.10.
	勅令第89號 外國語學校職員의 高等俸給에 관한 件	勅令 開國 504.5.10.

學部廣告 銅峴에 官立學校를 설치하고 學徒를 募集하는 件
官報 建陽元年 8.5.

學部廣告 安洞에 官立小學校를 設置하고 學徒를 모집하는 件
官報 建陽元年 8.5.

學部令第5號 地方公立小學校의 設置를 정하는 件
官報 建陽元年 9.21.

學部令第6號 官立各學校 退學學徒處理에 관한 件
官報 建陽元年 9.24.

1897 勅令第10號 漢城師範學校.官公立小學校 敎員의 官等.俸給 改正
勅令 建陽2年 1.14.

勅令第13號 成均館官制 改正　　　　　　勅令 建陽2年 2.17.
詔勅 光武年號를 使用하는 件　　　　　　詔勅4 開國506.8.15.
勅令第40號 外國語學校官制 改正　　　　勅令 光武元.11.13.

1898 奏本 武官學校를 실시하는 件　　　　議案14.光武2年 4.3.
勅令第11號 武官學校官制 改正　　　　　勅令 光武2年 5.14.
勅令第14號 成均館官制 改正　　　　　　勅令 光武2年 5.26.
勅令第24號 武官學校官制 改正　　　　　勅令 光武2年 7.2.
奏本 各學校學徒.外國遊學卒業者를 수용하는 件
奏議19 光武2年 8.2.

勅令第24號 武官學校官制改正　　　　　　勅令 光武2年 7.2.
勅令第34號 武官學校官制 改正　　　　　勅令 光武2年 8.31.
奏本 獨立協會를 復設케 하는 件　　　　官報 光武2年 11.24.

1899 勅令第1號 官立各種學校敎官敎員俸給改正　勅令 光武3年 1.5.
勅令第7號 醫學校官制　　　　　　　　　勅令 光武3年 3.24.
勅令第8號 成均館官制 改正　　　　　　勅令 光武3年 3.24.
勅令第11號 中學校官制　　　　　　　　勅令 光武3年 4.4.
學部令 7號 官公立學校敎員敍任時試驗規則
官報 光武3年 4.17.

學部令第8號 漢城師範學校規則 改正　　官報 光武3年 4.25.
詔勅 學校敎員振興.商工學校開設에관한 件　官報 光武3年 4.29.
詔勅 儒敎를 崇尙하고 成均館官制를 改正하는 件
官報 光武3年 4.29.

法官養成所規程 改正   官報 光武8年 7.6.
勅令第23號 學部官制 改正   勅令 光武8年 7.26.
法部令第2號 法官養成所規則   官報 光武8年 7.30.
學部令第16號 官立農商工學校規則   官報 光武8年 8.22.
勅令第26號 學部官制 改正   勅令 光武8年 9.14.
詔勅 陸軍武官學校官制   官報 光8.9.27.號外
詔勅 陸軍硏成學校官制   官報 위와 同日字
詔勅 陸軍幼年學校官制   官報 위와 同日字
法官養成所規則 改正   官報 光武8.10.10.
1905 勅令第21號 法官養成所官制   勅令 光武9. 2.26.
勅令第22號 學部官制   勅令 光武9. 2.26.
勅令第23號 成均館官制   勅令 光武9. 2.26.
勅令第24號 觀象所官制   勅令 光武9. 2.26.
法部令第1號 法官養成所規則   官報 光武9 4.12.
學部分課規程   官報 光武9 4.14.
勅令第48號 陸軍衛生勅令   光武9 10.27.
勅令第60號 農商工學校附設農事試驗場官制

     勅令 光武9.12.29.
乙巳條約 調印(統監府設置)   光武9.11.17.
1906 詔勅 設學校 養人村의 件   詔勅 光武10.3.26.
勅令第10號 法官養成所官制 改正   勅令 光武10.3.19.
詔勅 學校의 設置와 敎育에 관한 件   官報 光武10.3.29.
勅令第10號 法官養成所官制改正   勅令 光武10 3.29.
法務部令第1號 法官養成所規則   官報 光武10.4.4.
勅令第18號 學部官制 改正   勅令 光武10.4.11.
學部令第17號 各種學校退學生徒學費還入規程 改正

     官報 光武10.4.28.
學部令第18號 官立漢城師範學校敎員臨時養成科規則

     官報 光武10.5.24.
勅令第25號 農商工學校附設農事試驗場官制廢止

     光武10.5.3.
勅令第26號 法官養成所官制 改正   勅令 光武10.6.6.

學部令第19號 前京城學堂을 官立漢城第二日語學校로 定하는 件

　　　　　　　　　　　　　　　　　　　　官報 光武10.6.21.

勅令第39號 農商工部所管 農林學校官制　　勅令 光武10.8.27.

勅令第40號 學部直轄學校及公立學校官制　　勅令 光武10.8.27.

勅令第41號 師範學校令　　　　　　　　　　勅令 光武10.8.27.

勅令第42號 高等學校令　　　　　　　　　　勅令 光武10.8.27.

勅令第43號 外國語學校令　　　　　　　　　勅令 光武10.8.27.

勅令第44號 普通學校令　　　　　　　　　　勅令 光武10.8.27.

學部令第20號 師範學校令施行規則　　　　　官報 光武10.9.1.

學部令第21號 高等學校令施行規則　　　　　官報 光武10.9.3.

學部令第22號 外國語學校令施行規則　　　　官報 光武10.9.3.

學部令第23號 普通學校令施行規則　　　　　官報 光武10.9.3.

學部令第24號 學部直轄普通學校 名稱　　　　官報 光武10.9.4.

學部令第25號 官立校洞普通學校를 官立漢城師範學校

　　　　附屬普通學校로 代用하는 件　　　官報 光武10.9.4.

學部令第26號 官立漢城高等學校에 豫科를 設置하는 件

　　　　　　　　　　　　　　　　　　　　官報 光武10.9.4.

學部令第27號 公立小學校.私立小學校를 普通學校令에

　　　　　의하여 설립된 학교로 인정하는 件　官報 光武10.9.4.

勅令第45號 學部直轄學校教員定員令　　　　勅令 光武10.9.3.

農商工部令第48號 農商工部所管 農林學校規則

　　　　　　　　　　　　　　　　　　　　官報 光武10.9.13.

學部令第28號 漢城府及各觀察府所在公立普通學校의

　　　　名稱　　　　　　　　　　　　　　官報 光武10.9.18.

勅令第56號 各公立學校職員俸給에 관한 件　勅令 光武10.9.24.

布達第140號 修學院官制　　　　　　　　　官報 光武10.10.29.

法部令第2號 法官養成所規則 改正　　　　　官報 光武10.10.29.

議政府令第2號 文官銓考所試驗規則　　　　官報 光武10.10.27.

勅令第63號 法官銓考規程　　　　　　　　　勅令 光武10.10.26.

法部令第5號 法官銓考細則　　　　　　　　官報 光武10.11.14.

勅令第73號 陸軍研成學校官制 改正　　　　勅令 光武10.12.3.

1907 學部令第29號 公立漢城普通學校를 官立京橋普通學校로

改定 增設하는 件　　　　　　　　　　　官報　光武11.1.5.
學部令第1號　學部直轄學校名稱 改正　　　官報　光武11.1.16.
學部令第2號　漢城府及各觀察府所在 公立普通學校의
　　名稱을 改正　　　　　　　　　　　　官報　光武11.1.16.
勅令第4號　陸軍衛生院官制 改正　　　　　勅令　光武11.1.14.
勅令第6號　農商工部所管 工業傳習所官制　勅令　光武11.2.1.
勅令第9號　大韓醫學院官制　　　　　　　　勅令　光武11.3.10.
農商工部令第50號　官立工業傳習所規則　　官報　光武11.3.8.
學部令第3號　學部所管 日本國留學生規程　官報　光武11.3.7.
詔勅　實業을 勸奬하는 件　　　　　　　　官報　光武11.3.16.
勅令第14號　農商工學校官制 廢止　　　　　勅令　光武11.3.22.
勅令第15號　學部直轄學校及公立學校官制中入
　　　　　　　　　　　　　　　　　　　　勅令　光武11.3.22.
勅令第16號　學部直轄學校職員令中 添入　　위와 동일자.
學部令第4號　官立普通學校의 名稱 所在地　官報　光武11.4.24.
學部令第5號　公立普通學校의 名稱 所在地　官報　光武11.6.1.
布達第152號　修學院官制 改正　　　　　　官報　光武11.5.31.
學部令第6號　官立養士洞 養賢洞普通學校를 合併하여
　　　　官立於義洞普通學校로 稱하는 件　官報　光武11.6.28.
學部令第7號　學部編纂普通學校敎科書圖書發賣規程
　　　　　　　　　　　　　　　　　　　　官報　光武11.7.9.
奏本 年號를 隆熙로 改定하는 件　　　　　官報　光11.8.2.號外
學部令第1號　公立普通學校名稱 改正　　　官報　隆熙元.9.23.
勅令第23號　成均館官制 改正　　　　　　　勅令　隆熙元.9.28.
勅令第24號　鑛務學校官制,外國語學校,醫學校,中學校
　　　卒業人을 該學校에 收用하는 官制, 宗人學校官制 廢止
　　　　　　　　　　　　　　　　　　　　勅令　隆熙元.9.28.
勅令第15號　陸軍武官學校官制　　　　　　勅令　隆熙元.8.26.
學部令第3號　成均館司業試選規程　　　　　官報　隆熙元.11.2.
詔勅　大小民人에 대한 維新勅諭 (號外→)　官報　隆熙元.11.19
布達第163號　修學院官制 改正　　　　　　官報　隆熙元.11.29.
學部令第4號　師範學校令施行規則,高等學校令施行規則,

外國語學校令施行規則,普通學校令施行規則　改正

官報　隆熙元.12.19.

勅令第53號　法官養成所官制　改正　　　　勅令　隆熙元.12.18.

勅令第54號　學部官制　改正　　　　　　　위와　同日字.

勅令第55號　學部直轄學校及公立學校官制　改正

위와　同日字.

勅令第56號　學部直轄學校職員定員令　改正　위와　同日字.

勅令第62號　中樞院官制,表勳院官制,內閣所屬職員官制,

臨時皇室有及國有財産調査局官制,侍從武官府官制,

皇太子宮陪從武官府官制,　軍部官制,　陸軍武官學校官制

改正　　　　　　　　　　　　勅令　隆熙 2.1.1.

勅令第73號　大韓醫院官制　改正　　　　　勅令　隆熙元 12.27.

勅令第75號　官公立普通學校職員俸給　改正　위와　동일자.

勅令第79號　農林學校官制　改正　　　　　勅令　隆熙 2.12.30.

勅令第80號　工業傳習所官制　改正　　　　위와　동일자

勅令第83號　普通學校令　改正　　　　　　勅令　隆熙 2.1.7 .

學部令第5號　普通學校令施行規則　改正　官報　隆熙 2.1.25.

學部令第6號　官立漢城師範學校附屬普通學校名稱　改正

官報　隆熙 2.1.25.

學部令第7號　學部直轄普通學校校數 及 名稱 改正

官報　隆熙 2.1.25.

1908 法部令第1號　法官養成所令　　　　　官報　隆熙 2.1.25.

各官廳公文書類에 國漢文을 交用하는 件　官報　隆熙 2.2.6.

學部分課規程　　　　　　　　　　　　　官報　隆熙 2.1.28.

學部令第8號　敎育効績者褒賞規程　　　　官報　隆熙 2.2.15.

農商工部令第62號　農商工部所管農林學校規則　改正

官報　隆熙 2.3.6.

法部告示第1號　法官養成所學則　　　　　官報　隆熙 2.3.24.

法部告示第2號　法官養成所學則　改正　　官報　隆熙 2.4.11.

農商工部令第64號　農商工部所管工業傳習所規則　改正

官報　隆熙 2.4.6.

勅令第20號　學部直轄學校職員定員令　改正　勅令　隆熙 2.4.2.

勅令第52號 高等學校令 改正　　　　　　　　勅令 隆熙 3.4.17.
勅令第53號 外國語學校令 改正　　　　　　　勅令 隆熙 3.4.17.
勅令第54號 高等女學校令 改正　　　　　　　勅令 隆熙 3.4.17.
勅令第55號 普通學校令 改正　　　　　　　　勅令 隆熙 3.4.26.
法部令第3號 法官銓衡規則　　　　　　　　　官報 隆熙 3.4.26.
法部令第4號 司法試驗規則　　　　　　　　　官報 隆熙 3.4,26.
勅令第56號 實業學校令　　　　　　　　　　　勅令 隆熙 3.5.1.
學部告示第5號 公立楊根·鎭南普通學校를 公立楊平·龍南
　　　　普通學校로 改稱하는 件
　　　　　　　　　　　　　　　　　　　　　　官報 隆熙 3.5.12.
勅令第59號 學部直轄學校及公立學校官制 改正
　　　　　　　　　　　　　　　　　　　　　　勅令 隆熙 3.5.24.
學府告示第6號 官立仁川日語學校를 官立仁川實業學校로
　　　　變更 改稱하는 件　　　　　　　　　　官報 戎熙 3.5.26.
勅令第61號 文官任用令 改正　　　　　　　　勅令 隆熙 3.5.30.
農商工部令第2號 農商工部所管農林學校規則 改正
　　　　　　　　　　　　　　　　　　　　　　官報 隆熙 3.6.3.
學部告示第7號 公立鍾城普通學校의 設置를 認可하는 件
　　　　　　　　　　　　　　　　　　　　　　官報 隆熙 3.7.1.
學部令第1號 實業學校令施行規則　　　　　　官報 隆熙 3.7.9.
學部令第2號 高等女學校令施行規則　　　　　官報 隆熙 3.7.9.
學部令第3號 師範學校令施行規則　　　　　　官報 隆熙 3.7.9.
學部令第4號 高等學校令施行規則　　　　　　官報 隆熙 3.7.9.
學部令第5號 外國語學校令施行規則　　　　　官報 隆熙 3.7.9.
學部令第6號 普通學校令施行規則　　　　　　官報 隆熙 3.7.9.
學部令第7號 實業學校施行上 法意事項　　　官報 隆熙 3.7.13.
詔勅 軍部와 武官學校를廢止하고 現存兵을 宮中에
　　　　親衛府를 設置하여 管掌케하고 士官養成은
　　　　日本政府에 委託하는 件　　　　　　官報 隆熙 3.7.31.
學部告示第8號 官立仁川實業學校學則　　　官報 隆熙 3.9.1.
學部告示第9號 公立同福普通學校를 設置하는 件
　　　　　　　　　　　　　　　　　　　　　　官報 隆熙 3.9.13.

學部告示第10號 公立藍浦普通學校를 설치하는 件
　　　　　　　　　　　　　　　　　　官報 隆熙 3.9.15.
勅令第77號 陸軍武官學校廢止時期의 件　　勅令 隆熙 3.9.20.
學部告示第11號 官立農林學校本科를 文官任用令에
　　의하여 認定하는 件　　　　　　　官報 隆熙 3.9.29.
學部令第7號 官立漢城高等女學校學則·官立普通學校
　　補習科規程·官立漢城師範學校講習科規程 廢止
　　　　　　　　　　　　　　　　　　官報 隆熙 3.10.23.
學部告示第12號 官立漢城師範學校速成科規程
　　　　　　　　　　　　　　　　　　官報 隆熙 3.10.23.
學部告示第13號 官立校洞普通學校補習科規程
　　　　　　　　　　　　　　　　　　官報 隆熙 3.10.23.
學部告示第14號 官立漢城外國語學校學則 官報 隆熙 3.10.23.
學部告示第15號 官立漢城高等學校學則 官報 隆熙 3.10.25.
學部告示第16號 官立平讓高等學校學則 官報 隆熙 3.10.25.
學部告示第17號 官立漢城高等女學校學則 官報 隆熙 3.10.25.
勅令第84號 法學校官制　　　　　　　勅令 隆熙 3.10.28.
學部分科規程 改正　　　　　　　　　官報 隆熙 3.11.3.
學部令第8號 學部編纂敎科用圖書發賣規程 改正
　　　　　　　　　　　　　　　　　　官報 隆熙 3.11.10.
勅令第99號 文官任用令 改正　　　　官報 隆熙 3.11.13.
學部告示第18號 公立定州實業學校를 設置하는 件
　　　　　　　　　　　　　　　　　　官報 隆熙 3.11.16.
學部告示第19號 公立金泉普通學校廢止　官報 隆熙 3.12.2
1910 學部令第1號 官公私立各學校職員及 學員學徒가
　　政治에 關係함을 禁하는 件　　　官報 隆熙 4.2.2.
學部訓諭第1號 官公私立各學校職員이 政治에 關係함을
　　禁하는 件　　　　　　　　　　　官報 隆熙 4.2.2.
勅令第6號 女子蠶業講習所官制　　　勅令 隆熙 4.1.29.
農商工部告示第2號 農商工部女子蠶業講習所를 設置하는 件
　　　　　　　　　　　　　　　　　　官報 隆熙 4.2.1.
內部令第5號 大韓醫院附屬學校規則　官報 隆熙 4.2,7,

忠淸南道告示第3顯 公私立學校補助規程　　　官報 隆熙 4.2.3.
學部告示第1號 法學校를 文官任用令에 의하여 認定하는 件
　　　　　　　　　　　　　　　　　　官報 隆熙 4.2.19.
勅令第6號 女子蠶業講習所官制　　　　　勅令 隆熙 4.1.29.
勅令第15號 學部官制 改正　　　　　　　勅令 隆熙 4.2.20.
勅令第16號 學部直轄學校職員定員令 改正　勅令 隆熙 4.2.20.
勅令第17號 學部直轄學校及公立學校官制中 改正
　　　　　　　　　　　　　　　　　　勅令 隆熙 4.3.1.
農商工部令第1號 女子蠶業講習所規則　　官報 隆熙 4.2.24.
學部告示第2號 善隣商業學校를 文官任用令에 위하여
　　　　認定하는 件　　　　　　　　官報 隆熙 4.2.25.
學部告示第4號 漢城內 官立普通學校를 公立普通學校로
　　　　變更 改稱하는 件　　　　　　官報 隆熙 4.3.14.
勅令第22號 工業傳習所官制 改正　　　　勅令 隆熙 4.3.14.
慶尙北道告示第4號 公立大邱農林學校를 設置하는 件
　　　　　　　　　　　　　　　　　　官報 隆熙 4.3.23.
全羅北道告示第3號 公立全州農林學校를 設置하는 件
　　　　　　　　　　　　　　　　　　官報 隆熙 4.4.5.
江原道告示第1號 公立春川實業學校를 設置하는 件
　　　　　　　　　　　　　　　　　　官報 隆熙 4.4.5.
學部告示第6號 公立群山普通學校에 公立群山實業學校의
　　　　倂置를 認可하는 件　　　　　官報 隆熙 4.3.22.
全羅北道告示第4號 公立群山普通學校에 公立群山實業
　　　　學校를 倂設하는 件　　　　　官報 隆熙 4.4.20.
學部告示第7號 官立漢城外國語學校에 臨時土地調査技術院
　　　　養成所를, 官立漢城高等學校에 臨時土地調査事務院
　　　　養成所를 附設하는 件　　　　官報 隆熙 4.3.24.
學部告示第8號 公立春川實業學校를 認可하는 件
　　　　　　　　　　　　　　　　　　官報 隆熙 4.3.26.
學部令第1號 實業補習學校規程　　　　　官報 隆熙 4.4.4.
學部告示第9號 公立晉州實業學校의 設置를 認可하는 件
　　　　　　　　　　　　　　　　　　官報 隆熙 4.4.5.

官報 隆熙 4.8.3.
忠淸南道告示第8號 道立公州農林學校를 設置하는 件
官報 隆熙 4.8.3.
學部告示第21號 公立釜山實業學校本科를 文官任用令에
　　의하여 認定하는 件　　　　　　　官報 隆熙 4.8.13.
學部告示第22號 公立北靑實業學校의 設置를 認可하는 件
官報 隆熙 4.8.22.
詔勅 合倂에 관한 件(號外→)　　　　　官報 隆熙 4.8.29

2. 韓國 開化期 各級學校의 教科課程表

普通學校各學年教科課程及 每週教授時數表

(官報 光武 10年 9月 4日)

學科目	時	第1學年	時	第2學年	時	第3學年	時	第4學年
修身	1	人道實踐의 方法	1	左同	1	左同	1	左同
國語	6	日常須知의 文字及普通 문의 讀法 書法 作法	6	左同	6	左同	6	左同
漢文	4	近易한漢字	4	左同	4	左同	4	左同
日語	6	會話及口語 文의 讀法 書法 作法	6	左同	6	左同	6	左同
算術	6	計法 書法 通常 加減 乘除	6	通常加減乘除	6	通常加減乘除 小數의 呼法 書法及加減乘除 와 分數度量衡 貨幣及의 計算	6	左同
地理歷史		本國歷史地理의 大要		左同		本國歷史本國及 外國地理의 大要		左同
理科					2	動物植物鑛物及 自然의 現象	2	簡易한 物理化 學의 現象과 人身生理衛生 의 大要
圖書	2	簡易한 諸 般 形體	2	左同	2	左同	2	左同
體操	3	遊戲 普通 體操	3	左同	3	左同	3	左同
手藝		運針法 編織 刺繡		通常衣類의 法裁法 補綴法		左同		左同
唱歌		單音唱歌		左同		左同		左同
手工		簡易한細工		左同		左同		左同
農業						農業의 大要		左同
商業						商業의 大要		左同
計	28		28		30		30	

普通學校學科課程時數와 施行規則에 따른 敎科課程

(官報 隆熙 3年 7月 9·13日)

學科目	時	第1學年	時	第2學年	時	第3學年	時	第4學年
修身	1	實踐道德	1	左同	1	左同	1	左同
國語及	10	日常須知의 諺	10	左同	10	左同	10	左同
漢文	9	字及漢字의 讀	9			9	9	*상=남자
		法綴法 평이한						하=여자
		漢文讀法						
日語	6	會話及口語文	6	左同		6	左同	6	左同
		의 讀法 書法						
		綴法						
算術	6	簡易한 數의	6	通常의	6	左同及	6	諸算數 分數
		計數法 書法		加減乘除		小數		步合數
		加減乘除						
地理歷史		本國의 歷史地		左同		左同及		左同
		理				外國地理		
理科					2	動物植物鑛物	2	簡易한 物理化
						及自然의現象		學의 現象과
								人身生理衛生
								大要
圖書	2	簡易한	2	左同	2	左同	2	左同
		諸般形體			1		1	
體操	3	遊戲	3	左同	3	左同	3	左同
		學校體操						
手藝	2	運針法	2	通常衣服類	3	左同	3	左同
		編織繡法		綴 裁 繕法				
唱歌		單音唱歌		左同		左同		左同
手工		簡易한 細工		左同		左同		左同
農業						農業의 大要		左同
商業						商業의 大要		左同
計 男	28		28		30		30	
女	29		29		31		31	

師範學校本科學科課程及 每週敎授時數表

(官報 光武 10年 9月 1日)

學科目	時	第1學年	時	第1學年	時	第1學年
修身	1	人倫道德의 要綱	1	人倫道德의 要綱	1	人倫道德의 要綱
敎育	3	敎育의 原理 心理論理의 大要	3	前學年의 續敎授의 原則	3 3	(前半年)敎育法令及 學校管理法 (後半年)實地授業
國語	3	講讀文法作文習字	3	左同	3	講讀 文法 作文
漢文	3	講讀	3	講讀	3	講讀
日語	4	讀法解釋會話習字	4	讀法解釋文法會話	4	左同及 飜譯
歷史	2	本國史	2	外國史의 大要	2	前學年의 續
地理	2	本國地理及 地圖措法	2	左同	2	前學年의 續及 地文의 大要
數學	3	整數 分數 小數	3	前學年의 續及 例百分算	4	代數 幾何의 初步
物,化學	2	物理	2	物理及化學 (중요한 광물)	3	化學(중요한 광물)及 實驗
博物	2	人身生理 植物及動物	2	植物及動物		
圖書	2	自在畵	2	自在畵	2	自在畵及用器畵
體操	3	普通 兵式體操	3	左同	3	左同
音樂	2	單音唱歌	2	單音唱歌 樂器使用法	2	左同
農業	(2)	農事의 大要	(2)	農事의 大要 水産의 大要	2	左同
商業	(2)	商業의 大要	(2)	左同	(2)	左同
手工	(2)	木竹紙의 細工	(2)	左同	(2)	左同及 粘土細工의 大要
計	34		34		34 (30)	

師範學校豫科, 速成科 學科課程及 每週時數表

(官報 光武 10年 9月 1日)

學科	豫科			速成科	
學科目	時	程度	時	程度	
修身	1	人倫道德의 要領	1	左同	
國語	3	講讀·文法·作文·習字	3	左同	
漢文	4	講讀	3	左同	
日語	5	講讀·解釋·會話·習字	4	左同	
歷史地理	3	本國의 歷史地理	3	本國及 外國歷史地理의 大要	
數學	5	算術(整數의 加減乘除)	4	算術(整 分 小數比例 及百分算)	
理科	4	動物·植物 及 自然現象	4	左同	
圖書	2	自在畵(募畵及眞畵)	2	左同	
體操	3	普通體操 及 兵式體操	3	左同	
音樂	2	單音唱歌	2	單音唱歌及 樂器使用法	
敎育			5	敎育原理 敎授原則 敎育法令 及 校管理法 實地授業	
計	32		34		

師範學校本科學科課程及 每週敎授時數表

(隆熙 3年 7月 9日)

學科目	時	第1學年	時	第2學年	時	第3學年
修身	1	實踐道德	1	左同	1	左同及 現制度의 大要
敎育			3	敎育原理(心理理論의大要)敎授法	5	敎授法敎育法令學校管理法學校衛法
國漢文	3	講讀 作文 文法 習字	2	講讀 作文 文法	2	左同
日語	6	讀法 解釋 會話 書取 習字	4	讀法 解析 會話 書取 文法 作文	4	講讀 會話 書取 文法 作文 飜譯
歷史地理	5	本國 外國地理	4	外國歷史 外國地理地圖措法	1	地文
數學	6	算術	2	幾何 代數	2	左同
博物		生理 衛生植物	2	植物 動物		
物理化學			3	物理 化學(중요한 鑛物 포함)	4	左同及 實驗

圖畫	3	自在畫	3	左同	3	左同及 用器畫
手工		諸種의 細工		左同		左同
音樂	2	單音唱歌	2	左同及 樂器使用法	2	左同
體操	1	遊戲 學校體操	3	左同	3	左同
農業			(2)	土壤肥料農具 作物及實習	(4)	造林養畜園藝農業經濟及實習
商業				商業技術簿記 商業 地理		簿記商業文商事要項及實習
計	34		33 (2)		31 (4)	

* 師範學校令施行規則에 의하여 改正

師範學校豫科 · 速成科學科課程及 每週敎授時數表

(隆熙 3年 7月 9日)

學科目	時		時	
修身	1	實踐道德	1	實踐道德
國漢文	6	講讀 作文 習字	4	講讀 作文
日語	6	讀法 解釋 會話 習字	9	讀法 解釋 會話 書取 文法 作文 飜譯
歷,地	3	本國歷史 本國地理	3	本國歷史地理 外國歷史地理
數學	5	算術 (整數의 加減乘除)	4	算術
理科	4	植物 動物 鑛物 自然現象	4	博物 植物 化學
圖畫	2	自在畫(臨畫 寫生畫)	1	自在畫
音樂	2	單音唱歌	1	單音唱歌
體操	3	遊戲 學校體育	2	遊戲 學校體育
敎育			5	敎育原理 敎授法 敎育法令 學校管理法 學校衛生
計	32		34	

高等學校學科課程及 每週敎授時數表

(官報 光武 10年 9月 3日)

學科目	時	第1學年級	時	第2學年級	時	第3學年級	時	第4學年級
修身	1	道德의要綱	1	左同	1	左同	1	左同
國語	7	講讀 文法	7	左同	7	左同	5	左同
漢文		作文 習字						
日語	6	讀法解釋會話 書取習字	6	讀法 會話飜 譯 書取作文 文法	6	左同	6	左同
歷史地理	3	本國歷事 本國地理	3	東洋歷史 外國地理	3	西洋歷史 外國地理	3	本,西洋歷史 左同級地理
數學	4	算術	4	算術代數	4	代數幾何簿記	4	左同
博物	2	動物	2	動物植物	2	動物生理衛生	2	鑛物地質
物化學	2	物理	2	物理化學	2	物理化學	2	物理化學
法經濟							3	法制經濟
圖書	1	自在畵	1	左同	1	自在及用器畵	1	左同
音樂	1	單音唱歌	1	左同	1	單音 復音		
體操	3	普通體操 兵式體操	3		3		3	左同
計	30		30		30		30	

高等學校豫科,補習科 學科課程及 每週敎授時數表

(官報 光武 10年 9月 3日)

學科		豫科			補習科	
學科目	時	程度		時	程度	
修身	1	道德의 要領		1	左同	
國語漢文	5	講讀及 作文 習字		6	讀書及 作文	
日語	7	會話 解釋 作文		6	會話 解釋 作文	
歷史地理	3	本國歷史 地理의 大要		2	本國及 外國의 歷史 地理	
算術	5	整數 分數의 加減乘除				
數學				6	代數 幾何	
理化	2	物理 化學의 大要		2	物理 化學	
博物	1	動植 鑛物 生理大要		2	動物 植物 鑛物及 生理	
圖書	2	自在畵		1	自在畵 用器畵	
音樂	1	單音 唱歌				
體操	3	普通體操		3	普通體操 兵式體操	
計	30			30		

高等學校學科課程及 每週教授時數表

(官報 光武 10年 9月 3日)

學科目	時	第1學年級	時	第2學年級	時	第3學年級	時	第4學年級
修身	1	實踐 道德	1	左同	1	左同	1	左同
國語	6	講讀 文法	6	左同	6	講讀 作文	6	左同
漢文		作文 習字				文法		
日語	7	讀法 解釋	6	左同及	6	講讀 作文	6	左同及
		會話 書取		作文 文法		文法		飜譯
歷史地	3	本國歷事	3	東洋歷史	3	左同	3	左同級地文
理		本國地理		外國地理		左同		
數學	6	算術 代數	5	代數 幾何	4	代數幾何簿記	4	幾何 簿記
博物	4	植物 鑛物	2	動物 生物	2	生理 衛生		
物化學					3	物理化學	4	物理化學
圖書	1	自在畵	1	左同	1	左同及用器畵	1	用器畵
實業	1	實業概說	3	農商工業에	3	左同	5	左同及
				관한 事項及				實習
				實習				
體操	3	學校體操	3	左同	2	左同	2	左同
法經濟							(2)	現行制度及
								經濟의大要
唱歌	(1)	單音唱歌	(1)	左同				
外國語	(2)	讀法 解釋	(3)	讀法 釋解	(2)	左同及	(3)	左同及
		書取 習字		會話 書取		文法		作文
計	31 (3)		30 (4)		31 (3)		30 (5)	

* 高等學校令施行規則에 의하여 改正

修業年限을 短縮한 高等學校學科課程及 每週教授時數表

(官報 光武 10年 9月 3日)

學科目	時	第1學年	時	第2學年	時	第3學年
修身	1	實踐道德	1	左同	1	左同
國漢文	6	講讀 文法	4	講讀 作文 文法	4	左同
		作文 習字				
日語	6	讀法 解釋	6	左同及	6	左同
		會話 書取		作文文法		
歷史地理	3	本國歷史	3	外國歷史	2	左同
		本國地理		外國地理		地文

數學	6	算術 代數	4	代數 幾何	4	幾何 簿記
博物	4	鑛物 動物		動物 生理 衛生		
物化			3	化學	4	化學 物理
圖書	1	自在畵	1	左同	2	左同及 用器畵
實業	1	實業槪說	5	農商工業에 관한 事項及 實習	7	
體操	3	學校體操	2	左同	2	左同
法制經濟					(1)	現行法規及 經濟의 大要
唱歌	(1)	單音唱歌	(1)	左同		
外語	(2)	讀法 譯解 書取 習字	(2)	讀法 譯解 會話 書取	(2)	左同及 文法
計	31 (3)		32 (3)		32 (3)	

高等女學校本科學科課程及 每週教授時數表

(官報 隆熙 3年 7月 9·12日)

學科目	時	第1學年	時	第2學年	時	第3學年
修身	1	實踐道德	1	左同	1	左同
國漢文	5	講讀 作文 習字 文法	4	左同	4	左同
日語	5	讀法 解釋 會話 書取	4	左同及 作文 文法	4	左同
歷史	2	本國歷史		左同		
地理		本國地理	2	本國에 관계가 有한 外國地理	1	左同及 作文
算術	2	整數 分數	2	分數 小數 珠算	2	比例 步合算 珠算
理科	2	動 植理 生理 衛生	2	化學 鑛物	2	物理
家事	1	衣食住	2	左同及 養老	2	育兒 看護 割烹 家事 經濟
圖畵	1	臨畵 寫生畵		左同	1	左同及 考案畵
裁縫	4	運針法 普通衣冠의縫法裁法 繕法	5	左同	5	左同及 裁縫器機 使用法
音樂	2	單音唱歌	2	左同	2	單音唱歌 復音唱歌 樂器使用法

學科	時		時		時	
體操	2	遊戲 學校體操	2	學校體操	2	左同
手藝		編物 造化 刺繡		左同		左同及 組絲
外國語				讀法譯解書取習字		讀法 譯解 會話 文法
敎育						敎育에 관한 事項
計	27		27		27	

高等女學校豫科 · 技藝專修科學科課程及 每週敎授時數表

(官報 隆熙 3年 7月 9 · 12日)

區分		豫科			技藝專修科			
學科	時	第1學年	時	第2學年級	時	第1學年	時	第2學年
修身	1	實踐道德要旨	1	左同	1	實踐道德	1	左同
國語 漢文	5	日常普通國語 漢文 講讀 書法 綴法	5	左同	3	讀法 作文 習字	3	左同
日語	5	會話口語文의 讀法書法綴法	5	左同		會話 作文		左同
算術	3	計算法書法整 數의 簡易한 加減乘除	3	左同	2	簡易한整數의 加減乘除		左同 珠算
理科			2	動植物及 自然環境				
圖書	1	臨畫	1	左同				
裁縫	4	運針法普通衣 服의 縫法	4	左同	12	普通衣服의 縫法裁法繕法	12	各種衣服縫 裁繕法裁縫 機械使用法
音樂	2	單音唱歌	2	左同				
體操	3	遊戲 學校體操	2	左同				
手藝 家事		紙細工編物造 花		左同 組絲		編物 造花 刺畫 組絲 衣食住		左同 養老 育兒 看護 割烹 家事 經濟
計	24		25		28		28	

成均館學科目及 每週敎授時數表

(官報 隆熙 2年 11月 25·27日)

學科目	時	第1學年	時	第2學年	時	第3學年
修身	1	道德의 要領	1	左同	1	左同
經學	7	講讀 文法 作文 習字	9	左同	9	左同
國語	6	講讀 作文 文法	6	左同	6	左同
日語	4	讀法 譯解 會話 書取 習字	4	讀方 譯解 飜譯 會話 書取	4	左同
歷史地理	3	本國歷史 本國地理	3	東洋歷史 東洋地理	3	萬國歷史 萬國地理
算術	4	算術	4	左同	4	左同
理科	2	物理	2	物理 化學	2	左同
圖書	2	自在畫	2	左同	2	自在畫 用器畫
法經濟	2	法制大意 經濟大意	2	左同	2	左同
體操	3	體操	3	左同	3	左同
計	34		36		36	

農林學校學科課程及 每週敎授時間表

(官報 光武 10年 9月 13日)

區分	本科				研究科			
學科	時	第1學年	時	第2學年級	時	農學科	時	林學科
修身	1	人倫道德 要旨	1	左同	2	土壤學	5	造林數學
日語	6	會話 書取 讀書	4	會話 書取 讀書 作文	4	肥料學	5	造林及森林 保護學
數學	3	筆算 珠算	3	代數 幾何 測量	3	動物 生理學 及作物病蟲害	3	造林經濟學
理化氣象	3	物理 化學 氣象			3	畜 産 學	3	森林利用學
博物	3	動植物			3	養蠶及 製絲	2	林政學
農學大意	2		1		3	農産製造學		
土壤肥			2		2	農政學		
作物	2	作物栽培	2	作物栽培 園藝病害				
畜産			1					

養蠶	1		1				
農産製造			1				
林學大意	3		1				
造林			3				
獸醫大意			3				
經濟法意			1				
計	24		24		18		18	
實習	無定時		無定時				

農業學校學科課程及 每週敎授時數表

(官報 隆熙 3年 7月 9·12日)

學科目	時	第1學年	時	第2學年	時	第3學年
修身	1	實踐 道德	1	左同及實業道德	1	左同
國漢文	36	講讀 作文 習字	2	講讀 作文	2	左同
日語	6	讀法 解釋 會話	3	讀法 解釋	2	左同
		作文 習字		會話 作文		
數學	5	算術 幾何	4	幾何 代數	4	代數 簿記
理科	4	博物 物理	3	物理 化學	2	化學 生理 衛生
圖書	1	自在畵				
法規					1	農業에 관한 法規 의 大要
農業	9	農業에 관한 事項	15	左同	15	左同
實習	6-10	農業實習	6-10	左同	6-10	左同
測量			2	平面測量	3	平面 高低測量
體操	1	學校體操				
計	30		30		30	

商業學校學科課程及 每週敎授時數表

(官報 隆熙 3年 7月 9·12日)

學科目	時	第1學年	時	第2學年	時	第3學年
修身	1	實踐道德	1	左同及 實業道德	1	左同
國漢文	4	講讀 作文 習字	2	講讀 作文	2	左同
日語	10	讀法 解釋	8	讀法 解釋	7	左同
		會話 作文 習字		會話 作文		
地理	2	本國 및 外國地理				
數學	5	算術 珠算	4	幾何 代數	3	左同
理科	4	博物 物理	4	物理 化學	2	地文 生理 衛生
圖書	1	自在譁	1	自在畫		
法規					1	商業에 관한 法規 大要
商業	6	商業에 관한 事項	13	左同	13	左同·
實習					3-6	商業實習
體操	1		1	左同	1	左同
計	34		34		34	

工業學校學科課程及 每週敎授時數表

(官報 隆熙 3年 7月 9·12日)

學科目	時	第1學年	時	第2學年	時	第3學年
修身	1	實踐道德	1	左同及 實業道德	1	左同
國漢文	3	講讀 作文 習字	2	講讀 作文	2	左同
日語	6	讀法 解釋	3	讀法 解釋 會話	2	左同
		會話 作文 習字				
數學	5	算術 幾何	5	幾何 代數	5	代數 三角術 簿記
理科	4	博物 物理	4	物理 化學	4	地文 生理 衛生
圖書	1	自在畫				
法規					1	工業에 관한 法規 大要
工業	9	工業에 관한 事項	15	左同	15	左同
實習	6-10	工業實習	6-10	左同	6-10	左同
體操	1	學校體操				
計	30		30		30	

官立仁川實業學校學科課程及 每週敎授時數表

（官報　隆熙 3年 9月 1·3日）

學科目		時	第1學年	時	第2學年	時	第3學年
	修身	1	實踐道德	1	左同及實業道德	1	左同
	國漢文	3	講讀 作文 習字	2	講讀 作文	2	左同
	日語	10	讀法 譯解 會話 作文 習字	6	讀法 解釋 作文 會話	4	左同
	地理	3	本國地理	2	本國及外國地理	1	外國地理
	歷史				本國歷史	2	
	數學	5	算術 珠算	5	左同及 代數	5	左同及幾何
	理科	3	博物 物理	3	物理 化學	3	地文 生理 衛生
	圖書	1	自在畵	1	用器畵		
	法規					1	工業에 관한 法規大要
商	法制經濟			1	商業法規大要經濟大意	2	左同
	商事要項	3	商業大意	3	各論	2	左同
	簿　記	3	商業簿記	3	左同及銀行簿記	3	銀行會社官廳簿記
業	商　品			3	重要商品	3	左同
	英語			2	讀法譯解 書取習字	2	左同及會話作文
	實習					3	商業實習
	體操	3	遊戱 學校體操	2	學校體操	2	左同
	計	33		33		33	

官立漢城外國語學校 日語部學科課程及每週敎授時數表

（官報　隆熙 3年 10月 23日）

學科目	時	第1學年	時	第2學年	時	第3學年
修身	1	實踐道德	1	左同		左同
日讀方 譯解	8	日常須知의 文字及普通文	6	左同	5	左同及 近古文
日會話	4	讀方譯解를 準據함	5	左同	3	左同
日書取	2	讀方譯解를 準據함	1	左同	1	左同
日反譯	3	日文韓譯 韓文日譯	3	左同	3	左同

學科目	時	第1學年	時	第2學年	時	第3學年
日作文 文典			1	國語文 文語文	2	左同及書翰文 品詞篇 文章篇
國漢文	3	講讀 作文	3	左同	2	左同
數學	4	算術 附珠算	4	左同	4	代數 幾何初步
歷地理	2	本國歷史 本國地理	3	外國歷史 地理	3	1·2학년과 동일
理科			2	博物 生理	2	物理 化學
法經濟					2	現行法規經濟大意
簿記	3				2	官廳及商用簿記
體操	3	學校體操	3	左同	3	左同
隨意科 英語			(1)	文字及簡易 普通文	(1)	簡易普通文
計	30		30 (1)		32 (1)	

官立漢城外國語學校 日語速成科學科課程及每週敎授時數表

學科目	時數	敎育程度
讀方,譯解	11	日常須知의 文字及普通文
會話,古典	8	讀方譯解를 準據함
反　譯	3	日文韓譯 韓文日譯
書　取	1	讀方譯解를 準據함
	23	

官立漢城外國語學校 英語部學科課程及 每週敎授時數表

(官報 隆熙 3年 10月 23日)

學科目	時	第1學年	時	第2學年	時	第3學年
修身	1	實踐道德	1	左同	1	左同
英讀方譯解	7	日常須知의 文字 及 普通文	8	左同	7	左同及 高等普通文
英會話	2	讀方譯解를 準據 함	1	左同	1	左同
英書取	6	讀方譯解를 準據 함	6	左同	6	左同
英作文典	2	普通文	4	左同及 初等文典	5	左同及 高等文典
英習字	2	草書				

學科目	時	第1學年	時	第2學年	時	第3學年
國漢文	1	講讀 作文	2	左同	2	左同
數學	4	四則	3	左同及 小數	2	分數及比例
歷地理	2	本國歷史 本國地理	3	本國歷 外地理	4	1·2학년과 동일
理科			1	博物 生理	1	物理 化學
體操	3	學校體操	3	左同	3	左同
隨意科日語			(2)	假名及 簡易口文	(1)	簡易한 口語文
計	30		32 (2)		32 (2)	

官立漢城外國語學校 漢語部學科課程及 每週敎授時數表

(官報 隆熙 3年 10月 23日)

學科目	時	第1學年	時	第2學年	時	第3學年
修身	1	實踐道德	1	左同	1	左同
漢學話	10	日常須知의 文字	10	左同	5	左同及 近古文
漢會話	1	學話를 準據함	1	左同	3	左同
漢書取	1	學話를 準據함	1	左同	2	左同
漢反譯	1	漢文韓譯 漢文韓譯	2	左同	2	左同
漢四聲	1	圈四聲	1	編四聲		
漢讀法					1	句讀法
漢證言	1	普通字音	1	左同		
漢文典			1	日常語法及文典	2	左同
國漢文	3	講讀 作文	3	左同	2	左同
數學	5	四則	5	左同及 小數	5	分數及比例
歷地理	2	本國歷史 本國地理	2	左同	2	左同及 外國地理
理科			1	博物 生理	1	物理 化學
體操	3	學校體操	3	左同	3	左同
隨意科日語			(2)	假名 及簡易口文	(2)	簡易口語文
計	30		32 (2)		32 (2)	

官立漢城外國語學校 法語部學科課程及 每週敎授時數表

(官報 隆熙 3年 10月 23日)

學科目	時	第1學年	時	第2學年	時	第3學年
修身	1	實踐道德	1	左同		左同
法讀方譯解	5	日常須知의 文字及普通文	7	左同	5	左同及 近古文
法會話	1	讀方譯解를 準據함	2	左同	2	左同
法書取	3	讀方譯解를 準據함	3	左同	3	左同
法反譯	2	法文韓譯 韓文法譯	2	左同	2	左同
法作文文典	3	簡易普通文 初等文典	4	普通文 初等文典	4	書翰文高等文典
法習字	2					
國漢文	3	講讀 作文	2	左同	3	左同
數學	5	四則	5	左同及 小數	3	分數 比例
歷地理	2	本國歷史 本國地理	2	左同	5	1·2同 外國地理
理科			1	博物 生理	1	物理 化學
體操	3	學校體操	3	左同	3	左同
隨意科日語			(2)	假名及 簡易口文	(2)	簡易口語文
計	30		32 (2)		32 (2)	

官立漢城外國語學校 德語部學科課程及 每週敎授時數表

(官報 隆熙 3年 10月 23日)

學科目	時	第1學年	時	第2學年	時	第3學年
修身	1	實踐道德	1	左同		左同
德讀方譯解	6	日常須知의 文字及普通文	5	左同	4	左同
德會話	6	讀方譯解를 準據함	5	左同	2	左同
德書取	3	讀方譯解를 準據함	3	左同	2	左同
德反譯					3	德文韓譯 韓文德譯

德作文典			3	品詞篇	4	左同及書翰文
德正字學			3	正字大要	1	左同
德詩					2	現時流行詩
德習字	3	草書				
國漢文	3	講讀 作文	3	左同	2	左同
數學	5	四則	4	左同及小數	3	分數及比例
歷地理			2	本國歷史 地理	4	左同及 外國地理
理科			1	博物 生理	1	物理 化學
體操	3	學校體操	3	左同	3	左同
隨意科日語			(2)	假名及 簡易한 口語文	(2)	簡易한 口語文
計	30		30 (2)		32 (2)	

大韓醫院附屬醫學科學科表

(官報 隆熙 4年 2月 7日)

學年	學期	學科目
1	前	生物學, 化學, 解剖學, 組織學, 數學, 日語, 體操
	後	生物學, 化學, 解剖學及實習, 組織學實習及胎生學, 數學, 日語, 體操
2	前	局所解剖學及實習, 生理學, 病理解剖組織學及實習, 藥物學, 診斷學, 外科總論, 日語, 體操
	後	局所解剖學及實習, 生理學及醫化學, 病理解剖組織學及實習, 習藥物學處方調劑學及實習, 診斷學, 外科總論, 日語, 體操
3	前	內科名論臨床講義, 外科名論臨床講義繃帶學, 眼科學及臨床講義, 婦人科學及臨床講義, 細菌學及實習, 日語, 體操
	後	內科名論臨床講義, 外科名論臨床講義, 眼科學及臨床講義, 婦人科學及臨床講義, 細菌學及實習, 衛生學, 日語, 體操
4	前	內科名論臨床講義, 外科名論臨床講義, 眼科學及臨床講義, 婦人科學臨床講義, 産科學及臨床講義, 小兒科學及臨床講義, 皮膚病學及臨床講義, 日語, 體操
	後	內科臨床講義, 外科臨床講義, 眼科臨床講義, 婦人科學及臨床講義, 産科學及臨床講義, 精神病學及臨床講義, 耳鼻咽喉科學及臨床講義, 日語, 體操
* 必要가 有한 경우에는 본표 이외에 左記一學科나 又學科目을 가함. 法醫學 醫用動植物學 衛生制度		

大韓醫院附屬藥學, 産婆科學, 看護科學科表

學年	學期	學科目		
		藥學科	産婆科	看護科
1	前	物理學, 化學, 鑛物學, 動物, 數學, 日語, 體操	修身, 解剖學大意, 生理學大意, 數學, 日語	修身解剖學大意生理學大意, 消毒法 實習, 數學, 日語
	後	物理, 化學, 藥用植物學及實習, 分析學及實習 數學, 日語, 體	修身, 解剖學大意, 生理學大意, 産婆學, 數學, 日語	修身, 解剖學大意, 生理學大意 看護及學實習, 繃帶學實習, 數.日
2	前	藥局法, 生理學, 製藥化學及實習, 分析學及實習, 日語, 體操	修身, 胎生學, 消毒法及實習, 産婆學及實習	修身手術介補及 消毒法, 病室裝置法, 看護學實習, 繃帶法實習, 器械取扱法, 日語
	後	藥品鑑定理論, 生藥學實習, 製藥化學及實習, 日語, 體操	修身, 育兒法, 産婆學及實習	修身, 手術介補及消毒法, 救急法, 看護學實習, 繃帶法實習, 械械取扱法, 日語
3	前	藥品鑑定實習, 調劑學及實習, 日語, 體操 衛生化學及實習, 調劑學及實習, 裁判化學及實習, 日語, 體操		
	後			

官立漢城高等學校學科課程及 每週敎授時數表

(官報 隆熙 3年 10月 25日)

學科目	時	第1學年級	時	第2學年級	時	第3學年級	時	第4學年級
修身	1	實踐 道德	1	左同	1	左同	1	左同
國語 漢文	6	講讀 文法 作文 習字	6	左同	6	講讀 作文 文法	6	左同
日語	6	讀法 解釋 會話 書取	6	左同及 作文文法	6	講讀 作文 文法	6	左同及 飜譯
歷史地理	3	本國歷事 本國地理	3	東洋歷史 外國地理	3	左同	1	左同級地文
數學	6	算術 代數	6	代數 幾何	4	代數幾何簿記	4	幾何 簿記
博物	4	植物 鑛物	2	動物 生物	3	生理 衛生		
物化學					3	物理 化學	4	物理化學

學科目	時	第1學年	時	第2學年	時	第3學年	時	第4學年
圖書	1	自在畫	1	左同	1	左同及用器畫	1	用器畫
實業	1	實業概說	3	農商工業에 관한 事項 及 實習	3	左同	5	左同及實習
體操	3	學校體操	3	左同	2	左同	2	左同
法經濟							(2)	現行制度及 經濟의大要
唱歌	(1)	單音唱歌	(1)	左同				
外國語	(2)	讀法 解釋 書取 習字	(2)	讀法 釋解 會話 書取	(2)	左同 及文法	(2)	左同及 作文
計	32 (2)		32 (2)		32 (2)		32 (2)	

官立漢城高等女學校學科課程及每週教授時數表

(官報 隆熙 2年 6月 3日)

學科目	豫科				本科					
	時	第1學年	時	第2學年	時	第1學年	時	第2學年	時	第3學年
修身	1	人倫道德 要旨	1	左同	1	左同及 作法	1	左同	1	左同
國語 漢文	5	日常普通 文의讀法 書法綴法 近易漢文	5	左同	6	강독 작문 문법 습자	6	左同	6	左同
日語	5	會話日語 文讀法 書法綴法	5	左同	5	講讀 繪畫 作文 習字 文法	4	左同	4	左同
歷地理					1	本國歷史 及 地理의 大要	2	本國歷史及 本國關係에 유한外國地 理	2	左同
算術	3	數法書法 簡易한整 數의加減 乘除	3	左同	2	整數及 分數珠算	2	分數及 小數珠算	2	比例步合算 珠算
理科	2	動植物及 自然現象	2	左同	2	生理 衛生 化學	1	化學 鑛物	1	物理

科目	時	第1學年	時	第2學年	時	第3學年	時	第4學年	時	第5學年
圖書	2	臨畫	2	左同	2	臨畫及寫生畫	2	左同	2	左同及考案畫
家事					1	衣食住	2	左同	2	養老育兒看護家事經濟
手藝 (裁縫)	6	運針法普通衣服의縫法	6	左同及縫法裁法	6	左同 및 縫法裁法繕法	6	左同	6	左同及미싱사용법
音樂	2	單音唱歌	2	左同	2	左同	2	單,復音唱歌樂器使用法	2	左同
體操	2	普通體操遊戲	2	左同	2	左同	2	左同	2	左同
教育 外國語 (日語除)								發音綴字讀法譯解習		理論大要讀法 譯解會話 文法
手藝 (裁縫外)		編物		編物 刺繡 造化		左同		左同 외 組絲物		左同 외 割烹
計	28		28		30		30		30	

官立漢城高等女學校本科學科課程及每週敎授時數表

(官報 隆熙 3年 10月 26·28日)

學科目	時	第1學年	時	第2學年	時	第3學年
修身	1	實踐道德	1	左同	2	左同
國漢文	5	講讀 文法 作文 習字	4	左同	4	左同
日語	5	讀法 譯解 會話 書取	4	左同及 作文 文法	4	左同
歷史地理		本國歷史 本國地理		左同 本國에관계 가 有한外國地理		左同 地文
算術	2	整數 分數	2	分數 小數 珠算	2	比例步合算珠算
理科 家事	4	動物 植物 生理 衣食住	4	化學 鑛物 左同及養老	4	物理 育兒看護割烹 家事經濟
圖書	1	臨畫 寫生畫	1	左同	2	左同及考案畫
裁縫	5	運針法普通衣服 의 縫法裁法繕法	7	左同	7	左同及 裁縫器械使用法

學科目	時	第?學年	時	第?學年	時	第?學年
音樂	2	單音唱歌	2	左同	2	左同 復音唱歌 樂器使用法
體操	2	遊戲 學校體操	2	學校體操	2	左同
手藝	(5)	編物 造花 刺繡	(6)	左同	(6)	左同及組絲
教育					(1)	教育에관한事項
計	29 (5)		27 (6)		27 (7)	

官立漢城高等女學校豫科·技術專修科學科課程及 每週敎授時數表

(官報 隆熙 3年 10月 26·28日)

學科目	豫科				技術專修科			
	時	第1學年	時	第2學年	時	第1學年	時	第2學年
修身	1	人倫道德要旨	1	左同	1	左同	1	左同
國語及漢文	5	日常普通에 國語漢字의 讀書綴法	5	左同	2	講讀 作文 習字	2	左同 *상=남자
日語	5	會話口語文의 讀書綴法	5	左同	(2)	會話 作文	(2)	左同
算術	3	計數法書法 整數의 簡易한 加減乘除	3	通常의 加減乘除	2	簡易한 정도의 加減乘除	2	左同及珠算
理科			2	動物植及 自然現象				
圖書	1	臨畫	1	左同				
裁縫	5	運針法普通 衣服의 縫法						
音樂	2	單音唱歌	2	左同		左同		左同
體操	3	遊戲學校體操	2	左同				
手藝	5	紙細工 編物 造花	(5)	左同	12	普通衣服縫法 裁法 繕法	12	각종衣服縫 裁繕法裁縫 機械使用法
家事					(2)	衣食住	(2)	養老 育兒 看護 割烹 家事 經濟
計	25 (5)		26 (5)		29 (4)		31 (4)	

官立平讓高等學校學科課程及 每週敎授時數表

(官報 隆熙 3年 10月 25日)

學科目	時	第1學年	時	第2學年	時	第3學年
修身	1	實踐道德	1	左同	1	左同
國漢文	6	講讀 文法 作文 習字	4	講讀 作文 文法	4	左同
日語	6	讀法 譯解 會話 書取	6	左同及 作文文法	6	左同
歷史 地理	3	本國歷史 本國地理	3	外國歷史 外國地理	2	左同及地文
算術	6	算術 代數	4	代數 幾何	4	幾何 簿記
博物	4	鑛物 植物	3	動物 生理 衛生		
物化			3	化學	4	化學 物理
實業	1	實概說	5	農事事項及實習	7	左同
圖書	1	自在畵	1	左同	2	左同及用器畵
體操	3	遊戲 學校體操	2	學校體操	2	左同
法經濟					1	現行制度 經濟大意
外語	(2)	讀法譯 書取習字解	(2)	左同	(2)	左同及文法
計	31 (2)		32 (2)		33 (2)	

私立普通學校課程의 學科課程表

(官報 隆熙 2年 9月 1·14日)

科目	時	第1學年	時	第2學年	時	第3學年	時	第4學年
修身		인도실천의 방법		左同		左同		左同
國語		日常須知의 文字 普通 文의 讀法 書法 綴字		左同		左同		左同
漢文		近易한 漢字 漢文		左同		左同		左同
日語		會話及國語 文의 讀法書 法綴法		左同		左同		左同

科目	第1學年	第2學年	第3學年	第4學年
算術	數法書法 通常의 加減 乘除	通常의 加減乘除	通常의 加減乘除 小數의 讀法 書法及加減乘除	左同及分數度量衡貨幣及 時의計算
歷史地理			本國地理歷史의 大要	本國歷史 本國及外國地理의 大要
理科			動物植物鑛物 自然現象	簡易한 物理化學上의 現象 人身生理衛生의 大要
圖書	簡易한 諸般形態	左同	左同	左同
體操	遊戲普通體操	左同	左同	左同
手藝	運針法編物刺繡	通常衣服의 綴 裁 繕法	左同	左同
唱歌	單音唱歌	左同	左同	左同
手工	簡易한 細工	左同	左同	左同
農業			農業의 大要	左同
商業			商業의 大要	左同
計				

私立高等學校課程의 學科課程表

(官報 隆熙 2年 9月 1·14日)

科目	時	第1學年	時	第2學年	時	第3學年
修身		實踐道德		左同		左同
國漢文		講讀文 作文 習字		左同		左同
日語		讀法 飜譯 會話 書取 習字		讀法 會話 飜譯 書取 作文 文法		左同
歷史		本國歷史		左同		外國歷史
地理		本國地理		外國地理		左同及地文
數學		算術		算術 代數		代數幾何簿記
博物		動植物		鑛物 生理 衛生		左同及地質
物化		物理		物理 化學		左同

法制經濟			現行法規及 經濟의 大要
圖書	自在畵	自在畵用器畵	左同
音樂	單音唱歌	左同	復音唱歌
體操	普通體操	普通 兵式體操	左同
農業		實業要項農業大意	左同
商業		實業要項商業大意	左同
工業		實業要項工業大意	左同
計			

參考文獻

1. 史料

『朝鮮王朝實錄』.
『承政院日記』.
『日省錄』.
『增補文獻備考』.
『詔勅, 法律』, 서울大圖書館, 1991.
『議案, 勅令』, 서울大圖書館, 1991.
金榮潤, 『開闢誌押收原本選集』, 現代社, 1980.
金玉均, 『金玉均全集』, 亞細亞文化社, 1979.
金玉均 外 지음, 李民樹 外 譯, 『韓國의 近代思想』, 三省出版社, 1981.
金允植, 『續陰晴史』, 國史編纂委員會, 1960.
文定昌, 『軍國日本占領36年史』, 栢文堂, 1965.
朴泳孝, 「建白書 - 開化上疎文 - 」, 日本外務省 編, 『日本外交文書』 卷21,
　　　　東京：日本國際聯合協會, 1949.
朴殷植, 『朴殷植全書』, 檀國大學校 東洋學研究所, 1975.
宋炳基 외, 『韓末近代法令資料集』, 國會圖書館, 1970~71.
申采浩, 『丹齋申采浩全集』, 螢雪出版社, 1972.
安鼎福 外 지음, 李民樹 外 譯, 『韓國의 歷史思想』, 三省出版社, 1981.
吳知泳, 『東學史』, 永昌書館, 1940.
兪吉濬, 「西遊見聞」, 『兪吉濬全書』, 一潮閣, 1971.
柳馨遠 外 지음, 姜萬吉 外 譯, 『韓國의 實學思想』, 三省出版社, 1981.
尹致昊, 『尹致昊日記』.
李康勳, 『抗日獨立運動史』, 正音社, 1974.

李光麟 外,『史料로 본 韓國文化史 - 近代篇 - 』, 一志社, 1984.
李珥,『栗谷集』, 景仁文化社, 1977.
李鍾一,『默菴備忘錄』.
李滉,『退溪集』, 景仁文化社, 1977.
一然,『三國遺事』.
張志淵,『張志淵全書』, 檀國大學校 東洋學硏究所, 1979.
丁若鏞,『與猶堂全書』.
趙中孚 外,『近代中韓關係史資料彙編』1-8, 臺北 : 國史館.
崔益鉉,『勉庵集』, 景仁文化社.
秋憲樹,『資料韓國獨立運動』, 延世大學校出版部, 1971.
洪大容,『湛軒書』, 景仁文化社.
黃嗣永,『帛書』.
黃玹,『梅泉野錄』, 國史編纂委員會, 1955.
國史編纂委員會,『高宗時代史』1~6, 1966~1972.
國史編纂委員會,『韓國獨立運動史』(資料), 1968.
檀國大學校附設 東洋學硏究所,『朴殷植全書』, 1975.
獨立運動史編纂委員會,『獨立運動史資料』1~13, 1970~1976.
東學宗團協議會,『海月先生法說註解』, 1979.
社會問題資料硏究會,『社會問題資料叢書』 1~10, 京都 : 東洋文化社,
        1977.
朝鮮日報社,『朝鮮日報社史』, 1991.
朝鮮總督府,『統計年譜』, 1918.
天道敎中央總部,『天道敎經典』, 1981.
韓國精神文化硏究院,『韓國獨立運動史資料』, 1983.
韓國學文獻硏究會,『舊韓國官報』, 亞細亞文化社, 1976.
韓國學硏究所,『東學思想資料集』, 亞細亞文化社, 1978.
『大韓每日申報』, 韓國新聞硏究所, 1976.
『독립신문』, 甲乙出版社, 1981.
『萬歲報』.
『皇城新聞』, 韓國新聞開發社, 1971.
『그리스도신문』.
『畿湖興學會月報』1908年 8月~1909年 7月.
『大朝鮮獨立協會報』1896年 11月~1897年 8月.

『大韓留學生會學報』1907年 3月～1907年 5月.

『大韓自彊會月報』1906年 7月～1907年 7月.

『大韓興學報』1909年 3月～1910年 5月.

『西北學會月報』1908年 6月～1910年 1月.

『西友』1906年 12月～1908年 5月.

『녀자지남월보』.

『협성회회보』.

『죠선그리스도인회보』.

2. 著書

姜萬吉,『韓國近代史』, 創作과 批評社, 1984.

姜在彦,『近代朝鮮の變革思想』, 日本評論社, 1973.

姜在彦,『朝鮮の開化思想』, 東京：岩波書店, 1980.

姜在彦,『韓國近代史研究』, 한밭출판사, 1982..

姜在彦,『근대한국사상사연구』, 미래사, 1983.

姜在彦,『韓國의 近代思想』, 한길사, 1985.

郭安全,『韓國敎會史』, 韓國基督敎書會, 1961.

權相老,『朝鮮佛敎略史』, 新文館, 1917.

琴章泰,『韓國實學思想研究』, 集文堂, 1987.

金淇周,『韓末 在日韓國留學生의 民族運動』, 느티나무, 1993.

金吉煥,『朝鮮朝 儒學思想研究』, 一志社, 1980.

金光洙,『韓國基督敎成長史』, 基督敎文社, 1979.

金道泰,『徐載弼博士自敍傳』, 首善社, 1948.

金得榥,『韓國宗敎史』, 白岩社, 1978.

金得榥,『韓國思想史』, 韓國思想研究所, 1973.

金柄夏,『韓國經濟思想史』, 一潮閣, 1977.

金成植,『日帝下韓國學生運動史』, 正音社, 1977.

金泳謨,『朝鮮支配層研究』, 一潮閣, 1977.

金龍德,『朝鮮後期思想史研究』, 乙酉文化社, 1977.

金龍德,『韓國史隨錄』, 乙酉文化社, 1984.

金容燮,『韓國近代農業史研究』, 一潮閣, 1975.

金源模, 『近代韓國外交史年表』, 檀國大學校出版部, 1984.
金元姬, 『韓國의 開化敎育思想』, 載東文化社, 1979.
金益洙, 『儒家思想과 敎育思想』, 螢雪出版社, 1982.
金正義, 『韓國少年運動史』, 민족문화사, 1992.
金仁會, 『韓國人의 價値觀』, 文音社, 1980.
金活蘭, 『그 빛속의 작은 생명』, 여원사, 1965.
盧榮澤, 『日帝下民衆敎育運動史』, 探求堂, 1979.
노태구, 『동학혁명연구』, 백산서당, 1982.
문순태, 『동학기행』, 어문각, 1986.
閔泰援, 『金玉均傳記』, 乙酉文化社, 1974.
朴善泳, 『儒敎의 敎育思想』, 同和出版社, 1981.
朴容玉, 『韓國近代女性運動史研究』, 韓國精神文化研究院, 1984.
朴鍾鴻, 『韓國思想史論攷』, 瑞文堂, 1977.
朴昌建, 『水雲思想과 天道敎』, 天道敎中央總部, 1971.
白樂濬, 『韓國改新敎史』, 延世大學校出版部, 1973.
白鍾基, 『韓國近代史研究』, 博英社, 1981.
孫仁銖, 『韓國敎育思想史』, 載東文化社, 1964.
孫仁銖, 『韓國近代敎育史』, 延世大學校出版部, 1971.
孫仁銖, 『韓國開化敎育研究』, 一志社, 1981.
宋建鎬, 『韓國民族主義의 探究』, 한길사, 1977.
宋敏鎬, 『日帝下의 文化運動史』, 民衆書館, 1970.
申圭植 지음, 閔丙河 譯, 『韓國魂』, 博英社, 1975.
신복용, 『동학사상과 한국민족주의』, 평민서당, 1978.
스칼라피노 외, 『新幹會研究』, 동녘, 1983.
愼鏞廈, 『獨立協會研究』, 一潮閣, 1976.
愼鏞廈, 『朴殷植의 社會思想研究』, 서울대出版部, 1982.
愼鏞廈, 『韓國近代社會史研究』, 一志社, 1987.
申一澈, 『崔水雲研究』, 景仁文化社, 1973.
申一澈, 『申采浩의 歷史思想研究』, 高麗大出版部, 1981.
安秉植 외, 『韓國近代民族運動史』, 돌베개, 1980.
吳天錫, 『韓國新敎育史』, 現代敎育叢書出版部, 1964.
禹貞相·金煐泰, 『韓國佛敎史』, 建修堂, 1968.
劉元東, 『李朝後期商工業史研究』, 韓國研究院, 1968.

劉準基, 『韓國近代儒敎改革運動史』, 삼문, 1994.
柳洪烈, 『韓國天主敎會史』, 카톨릭出版社, 1963.
柳洪烈, 『韓國社會思想史論攷』, 一潮閣, 1980.
윤경노, 『105人 事件과 新民會硏究』, 一志社, 1990.
義菴孫秉熙先生記念事業會, 『義菴孫秉熙傳記』, 1985.
李光麟, 『韓國開化史硏究』, 一潮閣, 1969.
李光麟, 『開化黨硏究』, 一潮閣, 1981.
李光麟, 『韓國開化思想硏究』, 一潮閣, 1981.
李光麟, 『韓國開化史의 諸問題』, 一潮閣, 1986.
李能和, 『朝鮮佛敎通史』, 京城 : 新文館, 1918.
李敦化, 『天道敎創建史』, 天道敎中央敎理院, 1933.
李敦化, 『新人哲學』, 天道敎中央總部, 1973.
李敦化 外, 『朝鮮道敎史』, 晉成文化社, 1983.
李萬珪, 『朝鮮敎育史』, 乙酉文化社, 1947.
李萬烈, 『丹齋 申采浩의 歷史學 硏究』, 문학과 지성사, 1990.
李元浩, 『韓國技術敎育史』, 瑞文堂, 1975.
李章熙, 『朝鮮時代 선비硏究』, 博英社, 1989.
李泰鎭, 『朝鮮儒敎社會史論』, 지식산업사, 1989.
李炫熙, 『韓國開化百年史』, 乙酉文化社, 1976.
李炫熙, 『韓國近代史와 民衆意識』, 探求堂, 1981.
李炫熙, 『東學思想과 東學革命』, 청아출판사, 1984.
李炫熙, 『東學革命과 民衆』, 大光書林, 1986.
李炫熙, 『韓國近代女性開化史』, 二友出版社, 1982.
張眞鎬, 『民族敎育의 展開』, 實學社, 1974.
全得柱 外, 『現代思潮의 理解, 1982.
鄭德基, 『韓國近代農政史硏究』, 螢雪出版社, 1982.
鄭英熹, 『韓國史槪說』, 螢雪出版社, 1882.
鄭英熹, 『分類韓國史』, 聖文社, 1995.
丁若鏞 저, 李翼成 譯, 『茶山論叢』, 乙酉文化社, 1974.
丁堯燮, 『韓國女性運動史』, 一潮閣, 1984.
鄭雲彩, 『人乃天眞理와 事人如天主義』, 省文社, 1973.
鄭雲彩, 『自由主義思想 開闢』, 천도교총본부, 1988.
鄭在哲, 『일제의 대한식민지 교육정책』, 일지사, 1985.

鄭晋錫, 『韓國言論史硏究』, 一潮閣, 1983.
趙東杰, 『韓國近代史의 試鍊과 反省』, 知識産業社, 1988.
趙容萬, 『韓國文化史序說』, 探求堂, 1964.
趙容萬 外, 『日帝下의 文化運動史』, 民衆書館, 1973.
趙恒來 편, 『1900年代의 愛國啓蒙運動硏究』, 아세아문화사, 1993.
千寬宇, 『韓國史의 再發見』, 一潮閣, 1974.
車文燮, 『朝鮮時代 軍制硏究』, 檀國大學校出版部, 1973.
車錫基, 『韓國民族主義敎育 硏究』, 進明文化社, 1978.
崔東熙, 『崔水雲硏究』, 景仁文化社, 1970.
崔埈, 『韓國新聞社』, 一潮閣, 1960.
崔昌圭, 『韓國의 思想』, 瑞文堂, 1975.
최현식, 『갑오동학혁명사』, 금강출판사, 1980.
韓基斗, 『韓國佛敎思想硏究』, 一志社, 1980.
韓基彦, 『韓國敎育史』, 博英社, 1963.
韓龍雲, 『朝鮮佛敎維新論』, 萬海思想硏究會, 1983.
韓永愚, 『韓國의 文化傳統』, 乙酉文化社, 1988.
한우근, 『동학과 농민봉기』, 일조각, 1983.
韓興壽, 『近代韓國民族主義硏究』, 延世大學校出版部, 1977.
황선희, 『한국근대사상과 민족운동』, 혜안, 1996.
洪淳昶, 『韓末의 民族思想』, 探求堂, 1975.
홍우, 『동학문명(문명의 결실)』, 한길사, 1991.
洪以燮, 『韓國近代史』, 延世大學校出版部, 1975.
洪以燮, 『韓國精神史序說』, 延世大學校出版部, 1975.
홍장화, 『천도교운동사』, 천도교총부, 1990.
高麗大學校 民族文化硏究所, 『韓國文化史大系』, 1972.
高麗大學校 民族文化硏究所, 『韓國現代文化史大系』, 1980.
國史編纂委員會, 『韓國現代史』, 探求堂, 1982.
東亞日報社, 『三·一運動 五十週年記念論集』, 1969.
東亞日報社, 『日帝下의 禁書33卷』, 1977.
義菴孫秉熙先生記念事業會, 『義菴孫秉熙先生傳記』, 1967.
天道敎史編纂委員會, 『天道敎百年略史』, 1981.
天道敎中央總部, 『天道敎運動史』, 1990.
天道敎中央總部, 『天道敎敎理와 思想』, 1990.

韓國思想硏究會,『최수운연구』, 보성사, 1974.
한국일보,『再發掘 韓國獨立運動史』1~3, 1988.
김병민,『신채호 문학연구』, 료녕 : 료녕민족출판사, 1988.
胡春惠 저, 辛勝夏 譯,『中國 안의 韓國獨立運動』, 檀國大學校出版部,
　　　　1978.
黃龍國 外,『朝鮮族革命鬪爭史』, 沈陽 : 遼寧民族出版社, 1988.
早稻田大 우리同窓會,『韓國留學生運動史』, 1976.
高橋賓吉,『朝鮮敎育史考』, 帝國地方行政學會朝鮮本部, 1927.
高橋亨,『李朝佛敎』, 寶文館, 1929.
大野謙一,『朝鮮敎育問題管見』, 朝鮮敎育會, 1936.
渡部學,『近世朝鮮敎育史硏究』, 雄山閣, 1969.
Ch. Dallet 저, 安應烈·崔奭祐 譯,『韓國天主敎會史』, 분도出版社, 1979.
D. J. Commer 著, 成基山 譯,『敎育哲學』, 集文堂, 1982.
James E. Fisher, *Democracy and Misson in Korea*, Reprinted by Yon
　　　　Sei University Press, Seoul, Korea, 1970.
F. A. Mckenzie, *Korea's Flight for Freedom*, Reprinted by Yon Sei
　　　　University Press, Seoul, Korea, 1969.
F. A. Mckenzie, *The Tragedy of Korea*, Reprinted by Yon Sei
　　　　University Press, Seoul, Korea, 1969.
Lak Geoon George Paik, *The History of Protestant Missions in Korea
　　　　1832~1910*, Yon Sei University Press, Seoul, Korea, 1971.
G. F. Kenllers, Education Anthropology, New York : John Willit & Sons
　　　　Inc., 1965.

3. 論文

姜吉遠,「白岩 朴殷植硏究」, 延世大 碩士學位論文, 1978.
姜敬培,「韓國近代化와 基督敎의 形態 및 影響範圍」,『韓國史學』 1,
　　　　1980.
姜在彦,「新民會의 活動과 百五人事件」,『韓國의 開化思想』, 1981.
具滋赫,「張志淵思想硏究」, 檀國大 博士學位論文, 1989.
琴章泰,「天主敎의 傳來와 西歐思想의 受容」,『韓國哲學硏究』, 東明社,

1978.

金敬泰, 「韓國近代敎育形成의 思想的 背景」, 『梨花史學硏究』 10, 1978.

金光敏, 「開化期의 敎育近代化論議에 관한 硏究」, 서울大 博士學位論文, 1985.

金東冕, 「協成會活動에 관한 考察」, 『韓國學報』 25, 1981.

金東旭, 「李朝妓女史序說」, 『亞細亞女性硏究』 5, 淑大 亞細亞女性問題硏究所, 1966.

金明姬, 「兪吉濬의 敎育思想과 그 活動」, 忠南大 博士學位論文, 1982.

金炳厦, 「高宗詔書에 나타난 敎育思想에 관한 硏究」, 『韓社大論文集』 3, 1972.

金良善, 「韓國近代敎育思想에 있어서 基督敎學校의 位置와 그 貢獻」, 『宗敎大論文集』 3, 1970.

金泳鎬, 「開化思想의 形成과 그 性格」, 『韓國史(16)』, 國史編纂委員會, 1975.

金玉姬, 「西學의 受容과 그 意識構造」, 『韓國史論』 1, 1973.

金正義, 『韓國少年運動史硏究』, 誠信女大 博士學位論文, 1992.

金正義, 「韓國近代少年運動史의 歷史的 背景에 關한 硏究」, 『백산박성수 敎授 華甲紀念論叢』, 1991.

金項勾, 「大韓協會(1907~1910)硏究」, 檀國大 博士學位論文, 1993.

金享錫, 「韓國近代史와 基督敎敎育」, 『韓國의 近代化와 基督敎』, 崇實大 基督敎文化硏究所, 1983.

金鎬逸, 「近代私立學校의 設立理念硏究」, 『史學硏究』 23, 1972.

金鎬逸, 「韓國敎育振興運動史」, 『韓國現代文化史大系(7)』, 高麗大學校 民族文化硏究所, 1980.

金鎬逸, 「大韓民國臨時政府의 敎育思想」, 『韓國史論』 9, 1981.

金鎬逸, 「韓國學生運動史硏究」, 檀國大 博士學位論文, 1987.

金孝善, 『朴殷植의 敎育思想硏究』, 延世大 博士學位論文, 1985.

南都泳, 「開化期寺院의 敎育制度」, 『南溪曺佐鎬博士回甲記念論叢』, 1977.

南都泳, 「韓國寺院의 敎育制度」, 『歷史敎育』 28, 1980.

南都泳, 「舊韓末의 明進學校」, 『歷史學報』 90, 1981.

盧榮澤, 「日帝下의 書堂硏究」, 『歷史敎育』 16, 1976.

都珍淳, 「근대민족주의 형성과 분화」, 『韓國近代史論叢』 1, 駕洛國史蹟開

發研究院 韓國古代史研究所, 1991.

睦貞培, 「韓國宗敎運動史」, 『韓國現代文化史大系(7)』, 高麗大學校 民族
　　　文化研究所, 1980.

朴萬圭, 「三均主義 定立의 民族運動史的 背景考察」, 『邊太燮博士華甲紀
　　　念史學論叢』, 三英社, 1985.

朴星來, 「韓國近世의 西歐科學 受容」, 『東方學志』20, 1978.

朴鍾鴻, 「西學思想의 導入과 影響」, 『韓國思想論攷』, 瑞文堂, 1977.

손인수, 「近代敎育의 普及」, 『韓國史(20)』, 國史編纂委員會, 1984.

宋炳基, 「光武改革研究」, 『史學誌』10, 1976.

宋炳基, 「19世紀末 近代意識의 成長」, 『韓國史學』1, 韓國精神文化研究
　　　院, 1980.

愼淳鐵, 「愛國啓蒙期의 儒敎改革思想」, 『韓國宗敎』8, 圓光大學校 宗敎
　　　問題研究所, 1983.

愼鏞廈, 「朴殷植의 敎育救國思想에 대하여」, 『韓國學報』1, 一志社, 1975.

愼鏞廈, 「新民會의 創建과 그 國權恢復運動」(上・下), 『韓國學報』8・9,
　　　1977.

愼鏞廈, 「申采浩의 愛國啓蒙思想(上)」, 『韓國學報』19, 一志社, 1980.

申一澈, 「崔水雲의 歷史意識」, 『開化思想』12, 韓國思想研究會, 1974.

柳永烈, 「韓末愛國啓蒙運動과 尹致昊」, 『史學研究』 38, 韓國史學會,
　　　1984.

尹慶老, 「新民會의 創立過程」, 『漢城史學』1, 漢城大學, 1986.

尹炳喜, 「大韓帝國末期 兪吉濬의 思想과 活動」, 西江大 博士學位論文,
　　　1993.

元裕漢, 「朝鮮後期貨幣流通構造論의 一面」, 『歷史學報』56, 1972.

元裕漢, 「封建朝鮮社會解體過程에 대한 一考察」, 『崔虎鎭博士 回甲紀念
　　　論叢』, 1974.

李光麟, 「舊韓末 官立外國語學校」, 『鄕土서울』20, 1964.

李光麟, 「書堂에서 學校로」, 『韓國現代史』, 新丘出版社, 1969.

李光麟, 「開化派의 改新敎觀」, 『歷史學報』66, 歷史學會, 1975.

李光麟, 「開化期 關西地方과 改新敎－改新敎受容의 一事例－」, 『金瑩南
　　　博士古稀紀念論集』, 崇田大學校出版部, 1974.

李起龍, 「韓國近代敎育機關의 發展科程」, 『목원대논문집』6, 1983.

李箕永, 「佛敎思想」, 『韓國現代文化史大系(3)』, 高麗大學校 民族文化研

究所, 1980.
李丙燾, 「東學敎門과 그 發生의 諸要因」, 『國史上의 諸問題』 6, 國史編纂委員會, 1960.
李瑄根, 「東學運動과 韓國의 近代化 科程」, 『韓國思想』 4, 한국사상강좌 편찬위원회, 1962.
李延馥, 「天道敎靑年黨과 新文化運動」, 『韓國思想』 12, 1974.
李佑成, 「鹿庵 權哲身의 思想과 그 經典批判」, 『韓國의 歷史像』, 創作과 批評社, 1982.
李元淳, 「朝鮮後期 實學者의 西學意識」, 『歷史敎育』 17, 1975.
李元淳, 「星湖 李瀷의 西學思想」, 『敎會史硏究』 1, 1977.
李元浩, 「近代民族敎育의 展開와 葛藤」, 『釜山大敎育論叢』 3, 1978.
李元浩, 「東學의 人間觀과 現代敎育的 意味」, 『韓國傳統敎育思想』, 韓國精神文化硏究院, 1983.
李載順, 「韓末新民會에 관한 硏究」, 『梨大史苑』 14, 1977.
李春蘭, 「美國監理敎 朝鮮宣敎部의 宗敎敎育活動 1885~1930」, 『韓國文化硏究院論叢』 23, 梨花女子大學校 韓國文化硏究院, 1974.
이충호, 「舊韓末 天主敎會의 敎育活動」, 『歷史敎育論集』 4, 1983.
李鉉宗, 「舊韓末의 靑年運動」, 『靑年硏究』 1, 유네스코 한국위원회, 1978.
李炫熙, 「開化期의 人物과 思想」, 『韓國思想』 17, 韓國思想硏究會, 1980.
李炫熙, 「韓末 中人開化思想家의 改革運動」, 『韓國史學』 34, 1982.
李炫熙, 「韓末 開化思想의 普及과 葛藤問題」, 『素軒南都泳博士 華甲紀念史學論叢』, 太學社, 1987.
李炫熙, 「日帝의 韓國敎育·宗敎侵略政策의 硏究」, 『崔永禧先生 華甲紀念韓國史學論叢』, 探求堂, 1987.
李炫熙, 「張志淵의 變革思想硏究」, 仁荷大 博士學位論文, 1989.
丁淳睦, 「韓國開化敎育의 思想과 展開」, 『韓國敎育硏究』 1, 韓國精神文化硏究院, 1980.
鄭世鉉, 「韓國女性의 新文化運動」, 『亞細亞女性硏究』 10, 淑大 亞細亞女性問題硏究所, 1971.
鄭英熹, 「開化期 實業敎育에 관한 硏究」, 『又仁金龍德博士停年紀念 史學論叢』, 1988.
鄭英熹, 「開化期 近代學校設立에 관한 硏究」, 『龍巖車文燮敎授回甲紀念 史學論叢』, 1989.

鄭英熹,「開化期의 女性敎育」,『仁川大論文集』14, 1989.

鄭英熹,「開化期의 基督敎敎育」,『仁川大論文集』15, 1990.

鄭英熹,「東學의 組織과 指導理念硏究」,『仁川大論文集』16, 1991.

鄭英熹,「開化期 佛敎界의 敎育改革運動硏究」,『中濟張忠植博士華甲記
　　　　念叢』, 1992.

鄭英熹,「開化期 儒敎界의 新敎育運動硏究」,『西巖趙恒來博士回甲記念
　　　　韓國史學論叢』, 1992.

鄭英熹,「開化期 天道敎界의 敎育運動硏究」,『仁川大論文集』17, 1992.

鄭英熹,「開化期 女性團體의 愛國啓蒙運動硏究」,『仁川大論文集』18,
　　　　1993.

鄭在哲,「開化時代의 韓國敎育」,『韓國學』, 永信아카데미 韓國學硏究所,
　　　　1975.

趙珖,「黃嗣永帛書의 社會思想的 背景」,『史叢』21·22합집, 1977.

趙鍾煥,「朴殷植의 愛國啓蒙的 國權恢復思想 硏究」, 慶熙大 博士學位論
　　　　文, 1992.

趙芝薰,「韓國民族運動史」,『韓國文化史大系(1)』, 高麗大 民族文化硏究
　　　　所, 1964.

車文燮,「舊韓末 陸軍武官學校硏究」,『亞細亞問題硏究』16, 1973.

車文燮,「三·一運動을 前後한 親日韓人의 動向」,『三·一運動 50周年
　　　　紀念論文集』, 東亞日報社, 1969.

車文燮,「一進會」,『韓國現代史』, 新丘文化史, 1969.

千寬宇,「張志淵과 그의 思想」,『白山學報』3, 白山學會, 1967.

千敬花,「日帝下 在滿韓人敎育에 關한 硏究」,『白山學報』25, 1977.

崔敬淑,「皇城新聞의 愛國啓蒙에 關한 硏究」, 嶺南大 博士學位論文,
　　　　1991.

崔東熙,「東學의 基本思想」,『韓國史學』1, 1980.

崔明仁,「韓國近代의 敎育運動」,『人文科學硏究』2, 聖信女大, 1982.

崔武錫,「東學의 民族敎育運動 - 崔海月을 중심으로 - 」,『敎育哲學』4,
　　　　韓國敎育哲學會, 1983.

韓㳓劤,「東學唱導의 時代的 背景」,『斗溪李丙燾博士 九旬紀念韓國史學
　　　　論叢』, 知識産業社, 1987.

洪德昌,「基督敎가 韓國의 開化 및 學校敎育에 미친 影響」,『總神大學論
　　　　文集』4, 1984.

黃善嬉, 「1920년대의 天道敎와 新文化運動」, 『龍巖車文燮博士 華甲紀念
　　　史學論叢』, 1989.

4. 校史

『京畿七十年史』, 京畿高等學校70年史編纂會, 1970.
『京畿女高60年史』, 京畿女子中高等學校, 1968.
『徽新八十年略史』, 徽新中高等學校, 1966.
『德成六十年史』, 德成學園, 1985.
『東大七十年史』, 東國大七十年史編纂委員會, 1976.
『同德50年史』, 同德女子中高等學校, 1960.
『培材史』, 培材中高等學校, 1955.
『普成』, 普成中高等學校, 1966.
『成均館大學校史』, 成均館大學校史編纂委員會, 1978.
『淑明五十年史』, 淑明女子高等學校, 1956.
『崇田大學校80年史』, 崇田大學校史編纂委員會, 1979.
『崇義60年史』, 崇義女子中高等學校, 1963.
『연세대학교사』, 연세대학교, 1969.
『연세대학교백년사』, 연세대학교출판부, 1985.
『梨花九十年史』, 梨花90年史編纂委員會, 1975.
『貞信75年史』, 貞信女子中·高等學校, 1962.
『徽文七十年史』, 徽文中高等學校, 1976.
『八十年志』, 學校法人 東萊學院, 1975.

찾아보기

【ㅈ】

「自强會問答」 77
張樂韶 160
張志淵 43, 76, 61, 121
前秦 99
접소·접주제 34
接主制 180, 182
頂覺寺 110
鄭廣朝 211
鄭喬 61
鄭萬朝 94
『精選講義菜根潭』 122
貞信女學校 154
丁若鏞 26, 136, 138
丁若銓 138
淨土宗 107
丁夏祥 159
鄭顯奭 38
『帝國新聞』 43
제너럴 셔먼(General Sherman) 호
  147, 149
曹溪宗 101
趙大福 147
趙東植 218
曹洞宗 107, 128
조미통상조약 36
「朝鮮敎育令」 114, 125, 129, 214
『朝鮮文學史』 122
『朝鮮佛敎略史』 122
『朝鮮佛敎史槪說』 122
『朝鮮佛敎史藁』 122
『朝鮮佛敎維新論』 122, 129
『朝鮮策略』 83

朝鮮總督府 92
『朝鮮漢文學史』 122
趙芝薰 20, 33, 281
趙義淵 182
坐佛堂 105
坐禪 105
佐野前勵 108, 110, 111
『주교요지』 144
周文謨 143, 144
朱子學 57
朱熹 57
中橋義熟 167
中立會 182
中央學校 45
중앙학림 124, 132
『中庸』 56
『증보대한강역고』 81
『증보문헌비고』 81
知訥 101
池錫永 37
知藏和尙(西堂) 101, 103
進明會 44
進步會 182
珍山事件 142
眞言宗 107
陳田寺 101
津田仙 149
眞宗 107
陳震應 116, 127, 131

【ㅊ】

彰新社 219
千寬宇 21, 24, 38

정영희(鄭英熹)

1944년 출생
중앙대학교 사학과 졸업
연세대학교 교육대학원 역사교육전공
단국대학교 대학원 사학과 문학박사
현재 인천대학교 인문대학 교수
논저 :『한국사 개설』 외 다수

개화기 종교계의 교육운동 연구

정 영 희 저

초판 1쇄 인쇄·1999년 2월 24일
초판 1쇄 발행·1999년 2월 27일

발행처·도서출판 혜안
발행인·오일주
등록번호·제22 - 471호
등록일자·1993년 7월 30일
121 - 210 서울 마포구 서교동 326 - 26
전화·02) 3141 - 3711, 3712
팩시밀리·02) 3141 - 3710

값 12,000원

ISBN 89 - 85905 - 72 - 4 03910